세상을 뒤흔든 톨게이트 노동자들의 7개월

이용덕 지음

숨쉬는
책공장

책을 내며

2019년 7월 2일 청와대 사랑채 앞에서 한복을 입은 두 명의 여성 노동자가 땀을 뻘뻘 흘리며 경찰에게 길을 열어 달라고 항의했다. 경부고속도로 안성영업소에서 요금수납원으로 일했던 박미숙, 이란화 조합원은 경찰이 모든 인도와 골목을 다 가로막자 꾀를 냈다. 이란화 조합원은 중국어를 잘했다. 중국에서 온 관광객 흉내를 내면 들여보내 주지 않을까. 광화문 근처 한복대여점에서 한복을 빌렸다. 반팔 옷만 입고 있어도 땀이 저절로 솟아오르는 날씨에 반팔 옷에 조끼에 한복까지 입으니 몸에서 불이 나는 것 같았다. 그래도 어떻게든 청와대 앞 분수대로 가서 작은 펼침막이라도 들고 이렇게 외치고 싶었다. "문재인 정부는 대답하라, 1,500명 집단해고가 노동 존중인가. 가짜 정규직인 자회사 말고 온전한 정규직화 실시하라!"

직접고용을 위한 톨게이트 노동자들의 열정과 의지를 보여 주는 한 장면이다. 톨게이트 노동자들은 대단한 열정과 의지로 2019년 6월부터 2020년 1월까지 수많은 투쟁을 했다. 서울영업소 캐노피 고공농성을 했고 한국도로공사 김천 본사 점거 농성을 했다. 수백 번의 집회와 문화제를 열었다. 경찰들과 숱한 몸싸움도 했다. 그동안 누구도 거들떠보지 않았으나 이 사회를 힘 있게 지탱했던 요금수납원의 존재는 여성, 비정규직, 장애인 노동자가 겪어야 하는 고통스러운 현실과 함께 세상에 알려졌다.

애초부터 한국도로공사는 요금수납원들에게 무리한 요구를 했다. 요금수납원과의 고용 형태가 불법파견이 아니라 도급 계약 관계일 뿐이라는 걸 인정하라는 거였다. 요금수납원들은 출근해 자리에 앉자마자 도로공사 영업 차장의 전화를 받았다. 도로공사의 지휘와 명령 아래 모든 일을 했다. 수납 업무, 하이패스 관련 업무, 각종 단속 업무에 대한 지시는 전국 52개 고속도로를 통합 관리하는 도로공사가 아니면 할 수 없다. 기껏해야 1~2개 영업소를 관리하는 용역업체가 무엇을 할 수 있겠는가? 이미 법원에서도 "요금수납원들이 도로공사 소속 노동자에 해당한다"라고 판단했다. 그런데 정부는 자회사라는 이름으로 도로공사가 직접고용을 회피할 수 있는 길을 터 줬다.

톨게이트 노동자들은 비정규직의 설움을 너무나 많이 겪었다. 대부분 여성 노동자들이다. 약 80%가 넘는다. 전체 요금수납원에서 장애인이 차지하는 비율도 25% 정도다. 새터민도 상당수다. 도로공사와 용역업체는 쉽게 일자리를 찾기 힘든 노동자들의 처지를 이용해 정말 악랄하게 노동자들을 쥐어짰다. 노동자들은 인간 이하의 대접을 받았다. 비정규직에서 벗어날 기회가 생기자 노동자들은 불굴의 용기로 싸웠다. 심하게 억눌렸던 용수철이 그만큼 세게 튀어 오르듯 노동자들의 저항은 강렬했다. 《우리가 옳다!》는 이 강렬한 저항의 기록을 담았다. 가장 열심히, 가장 뜨겁게 함께했던 아사히비정규직지회와 KEC지회 노동자의 이야기도 담았다.

톨게이트 노동자 투쟁은 한국 사회에 많은 질문을 던졌다. 촛불로 정부가 바뀌었는데 왜 노동자의 삶은 달라지지 않는가? 자회사는 왜 덩치 큰 용역업체일 뿐인가? 수십 년에 걸친 요금수납원의 노동이 없었으면 지금의 도로공사도, 스마트톨링도 없었을 텐데 노동자들은 자동화 앞에서 그냥 사라져야 하는가? 수년, 수십 년 일한 50대 여성 노동자들에게 시험 쳐서 정규직이 되라는 논리는 과연 공정한가? 일터에서의 억압과 가정에서의 억압이라는 이중 굴레에 갇혀 있던 여성 노동자들은 얼마나 이 굴레에서 벗어났는가?

노동자들의 인간다운 삶을 위해, 갈수록 불평등과 실업난이 심해지는 이 사회의 미래를 위해 반드시 고민해야 할 주제다. 톨게이트 투쟁이라는 소중한 창(窓)으로 함께 고민해 볼 수 있길 기대한다.

노동해방투쟁연대 준비모임은 많은 글을 쓰고 동영상과 카드뉴스를 만들어 톨게이트 노동자 투쟁을 알렸다. 본사 점거 농성에 함께했으며, 서울에서의 투쟁도 끝까지 함께했다. 시민대책위 활동도 함께했다. 중요한 국면마다 여러 통로로 투쟁 방향을 제시하기도 했다. 최대한 직접 보고 느낀 걸 바탕으로 이 글을 썼다. 그럼에도 우리의 실천은 폭이 너무 좁았다. 글재주도 워낙 부족해 위대한 투쟁 과정을 충분히 담아내지 못했다. 빠뜨린 부분이 많이 있다. 소중한 글을 모았지만, 지면의 한계로 다 담지 못했다. 다른 분들이 다른 글과 책으로 채워 주길 기대한다.

복잡하고 처절한 수많은 노동자 투쟁을 뒤돌아볼 때 '승리 속의 패배, 패배 속의 승리'라는 말을 자주 쓴다. 톨게이트 노동자들의 투쟁도 전진과 후퇴, 승리와 패배가 부단히 자리바꿈하는 과정이었다. 우리는 투쟁의 의의와 성과만이 아니라 한계와 오류까지 되돌아보려 했다. 실패를 거치지 않고 승리에 도달할 방법은 없다. 중요한 쟁점도 피하지 않았다. 다른 견해는 있을 수밖에 없다. 진지한 토론을 진심으로 바란다.

톨게이트 노동자들에게 존경의 마음을 보낸다. 그들은 정말 상상할 수 없는 고통을 이겨 내며 싸웠다. 용기, 투혼, 정직함, 성실함, 인내심, 동료애, 자기희생 정신 등 세상을 바꾸기 위해 꼭 필요한 힘을 모두 보여 줬다.

우리가 옳다!

함께 싸우고 함께 연대한 모든 분에게 고마움을 전한다. 우리는 그들의 아주 작은 일부였을 뿐이다. 그들에게 배우지 못했다면 이 책은 나오지 못했을 것이다. 현장에서 온몸으로 찍은 귀한 사진을 보내 준 《충남노동자뉴스길》의 백승호 기자님도 너무 고맙다. 추천 글을 써 준 안재성 소설가, 하종강 성공회대 교수, 한상균 민주노총 전 위원장에게도 고마움을 전하고 싶다. 숨쉬는책공장 편집부와 이진미 디자이너 그리고 출판 노동자들도 정말 고맙다.

차례

1.

자를 사람
적어 내라

직접고용이
정답이다.
자회사가
정규직이면
그럼 탱자도
밀감이냐?
민주연합노동조합 톨게이트
비정규직 철폐
차별 철폐
민주일반연맹
비정규직
없는 세상
차별 없는
단결

거인의 어깨

전국 52개 고속도로의 하루 평균 통행량은 400만 대가 넘는다. 가까운 거리를 가든 먼 거리를 가든 고속도로를 이용하려면 요금을 내야 한다. 요금수납원들은 단지 현금 수납만이 아니라 하이패스 미납 체크, 미납 독촉 전화, 미납 독촉 문자 발송, 영상 판독, 과태료 부과, 과태료 변경, 하이패스 상담, 하이플러스 카드 판매 등 하이패스와 연결된 일도 모두 다 했다. 과적 체크, 민원 상담 등 요금 관련 이외의 일도 아주 많았다. 많은 사람은 이 일을 하찮은 일로 치부했다. 고속도로 없는 일상생활, 국가 경제를 상상할 수 없다고 하면서도 고속도로를 이용할 수 있게 만드는 여러 노동의 가치를 깎아내렸다.

요금수납원들은 이지로드텍, 미성엠프로, 동호기업, 우리피엔에스 같은 용역업체 소속이었다. 용역업체 사장들은 주로 한국도로공사(이하 도로공사) 정규직 퇴직자였다. 영업소 소장은 도로공사 정규직 과장이나 부장이었다. 도로공사가 모든 일을 시켰다. 도로는 국가의 주요 기반 시설이다. 모든 도로는 연결되어 있다. 정부가 모든 도로의 상태와 통행량, 교통흐름을 다 파악하고 있어야만 안전하게 도로를 관리할 수 있고 새로운 도로도 건설할 수 있다. 용역업체가 독자적으로 감당할 수 있는 일은 하나도 없다.

2015년 1월 서울동부지방법원은 도로공사와 용역업체가 맺은 계약의 목적과 대상, 업무 수행 과정, 계약 당사자의 적격성 등을 감안하면 도급계약이 아니라 불법파견에 해당한다고 봤다. 재판부는 "수납 업무 등 공사의 필수적이고 상시적인 업무를 요금수납원에게 맡겼다. 또 노동자들은 수납뿐 아니라 각종 단속 업무 등 공사가 지시하는 업무를 수행했다"라고 판시했다. 도로공사가 노동자에 대한 교육과 훈련을 주도하는 등 사실상 직접 사용자로서 지휘명령권을 행사했다고 봤다. 도로공사가 일일이 근무표 작성, 출퇴근 관리에 개입했기 때문에 도급 계약으로 볼 수 없다는 의미다. 재판부는 용역업체가 자신의 사업자 등록부터 회사 관리까지 모두 도로공사의 지침대로 이행했기 때문에 용역업체로서의 적격성도 없다고 봤다. 재판부는 이를 토대로 "요금수납원들이 도로공사 소속 노동자에 해당한다"라고 판단했다. 서울고등법원도 2017년 2월 1심 재판부와 같은 판단을 내렸다.

구 파견법 적용 노동자(2005년 7월 1일 이전 입사자)들은 일한 지 2년이 지났을 때 도로공사에 고용된 것으로 봐야 한다. 또한 현행 파견법 적용 대상자들은 불법파견 판결 즉시 도로공사가 직접고용 해야 한다.

노동자들에겐 너무 자명한 판결이었다. 근로자지위확인 소송이란 게 있는지도 잘 몰랐지만. 일단 소송을 넣은 후엔 이기는 게 당연하다고 생각했다. 법원이 현실을 완전히 부정하지만 않는다면 패소는 있을 수 없다고 생각했다. 그런데 알고 보니 엄청나게 싸워야만 명백한 불법파견도 인정받을 수 있었다. 보수적인 법원이 사장들의 손을 들어 주는 경우가 너무나 비일비재하기 때문이다.

한 톨게이트 노동자는 현대차 비정규직, 기아차 비정규직, KTX 여승무원 등 수많은 불법파견 철폐 투쟁 사례를 듣고 "자신들이 거인의 어깨 위에 올라타 있는 것 같다"라고 했다. 선배 노동자들이 싸우지 않았다면 우리들의 싸움은 더 힘들었을 거다. 아마 시작조차 힘들지 않았을까. 자연스럽게 이런 생각을 했다.

사실 합법파견, 심지어 도급 계약의 경우에서도 원청이 주요 업무의 결정권을 쥐고 있다. 원청이 기침 한 번 하면 하청은 독감에 걸린다. 원청 한마디에 무더기로 사람이 잘리고 업체가 문을 닫는 일은 너무 흔하다. 합법이든 불법이든 도급이든 비정규직 노동자들은 고용불안에 시달린다. 자동차, 조선소, 백화점, 대학교 모든 곳에서 원청은 권한을 다 누리고 책임은 하청업체, 도급업체에 다 떠넘긴다. 공기업인 도로공사도 다르지 않았다.

자를 사람 적어 내라

요금수납원은 원래 비정규직이었을 것이라고, 힘든 일자리는 원래부터 비정규직 일자리라고 생각하는 사람이 많다. 알고 보면 그렇지 않다. 힘든 일자리가 비정규직이어야 할 이유는 없다. 요금수납원들도 원래 정규직이었다. 도로공사는 IMF 사태 이후 외주화를 시작하더니 2008년 전면 외주화를 단행했다. 그 이후 노동자들은 끔찍한 고용불안과 지독한 차별을 겪었다.

　도로공사는 요금수납원들에게 자회사로 가면 임금을 30% 올려 주고 정년을 1년 연장해 주겠다고 제안했다. 노동자들은 이것 때문에 흔들리진 않았다. 그런데 자회사를 거부하면 수납 업무를 주지 않겠다는 협박은 달랐다. 전혀 다른 일을 해야 한다니 고민하지 않을 수 없었다. 장애인들의 고민은 더 컸다. 다른 업무를 하는 게 더 쉽지 않기 때문이다. 더군다나 도로공사는 요금수납원이 직접고용 되면 기존에 일하던 영업소에서 멀리 떨어진 영업소로 배치하겠다고 했다. 안산에서 평택으로 옮기는 일도 쉽지 않은데 안산에서 광주, 강릉으로 옮겨야 한다고 한다면 누가 선뜻 직접고용을 선택할 수 있을까? 자식들, 부모들과 계속 같이 지내다 갑자기 떨어져 지내는 게 어디 쉬운가? 특히 아이가 아직 너무 어리다면, 부모님이 많이 아프시다면.

결국, 5,000여 명이 울며 겨자 먹기로 자회사를 선택했고 1,500여 명이 자회사를 거부했다. 정부와 도로공사는 놀랐다. 모든 방법을 다 썼는데 이렇게 많은 사람이 거부할 줄 몰랐다. 그만큼 노동자들은 고용불안이 지긋지긋했다. 고용불안 때문에 온갖 차별과 억압을 겪고도 말 한마디 할 수 없는 비참한 현실에서 벗어나고 싶었다.

노동자들은 고용불안이 만든 서글픈 모습을 많이 얘기했다. 인천지역 일반노조 조합원들의 얘기다.

"소장은 맨날 너희들 잘린다는 말을 밥 먹듯 했어요. 이력서가 산더미처럼 쌓여 있다면서. 15년을 근무했는데 매일 살얼음판 위에 있는 것처럼 살았죠. 하루하루 너무 스트레스를 많이 받았어요. 가슴 졸였어요. 모욕적이고 자존심 상했죠. 그런 걸 더 이상 당하기 싫어요. 해마다 인원 감원 지시가 내려오는데 도저히 그만둘 사람이 없으면 우리가 월급을 쪼개서 일자리를 나눴어요. 우리끼리 결정했죠. 많을 때는 한 달에 20만 원까지 냈어요. 120만 원 받을 때였어요. 사장은 싱글벙글했어요. 자기 돈 한 푼 안 들이고 사람을 한 명 더 쓸 수 있으니까요."

"가끔 정년이 안 됐는데도 그만둔다는 사람이 생기면 너무 고마워서 눈물이 났어요. 그 노동자도 더 일하고 싶은데 다른 동료들이 너무 힘든 걸 아니까 그만두는 거예요."

"아프면 서로가 미워집니다. 아픈데 왜 그만두지 않는 겁니까?"

2002~2007년 충주영업소에서는 이런 일도 있었다. 사장이 데리고 온

부인(서무)의 갑질이 장난 아니었다. 늘 구조조정이 있었다. 어떤 때는 1명을 잘라야 한다면서 노동자들에게 자를 사람을 적어 내라고 했다. 자신이 적은 사람이 떠나가는 모습을 차마 볼 수 없었던 노동자들의 마음속에는 응어리가 계속 쌓였다.

사장들과 관리자들은 왕처럼 군림했다. 그들은 노동자들의 인격을 무참히 짓밟았다.

"저는 일한 지 5년 좀 넘었는데, 10년 넘은 사람들은 울분이 말로 표현할 수 없어요. 관리자 속옷 빨아 오라고 해서 그렇게 한 사람도 있어요. 그긴 시간 억눌리면서 잘못된 걸 알고도 말 못했고요. 회식 자리에서도 관리자들이 껴서 성희롱하고……. 언니들이 긴 세월 한이 너무 많이 맺혔어요."
(최수정 조합원[1])

1년마다 심지어 3개월, 1개월마다 잘려 나가는 파리 목숨 신세에서 벗어날 기회가 찾아왔다. 문재인 정부의 '공공부문 비정규직 제로 정책' 발표를 계기로 여기저기서 꿈에 부푼 노동자들의 이야기가 들려왔다. 그래, 우리도 잘릴까 봐 말 한마디 못하는 이 참담한 현실에서 탈출하자! 한 노동자는 고용불안에서 벗어나고 싶은 열망을 이렇게 표현했다. "단 하루를 다니더라도 정규직으로 다니고 싶습니다."

1 꼭 필요한 경우가 아니면 조합원의 이름이나 소속은 밝히지 않았다. 민주노총 소속 4개 조직(민주연합노조 톨게이트지부, 공공연대노조 영업소지회, 경남일반노조, 인천지역일반노조)의 노동자들과 한국노총 톨게이트노동조합 노동자들이 함께 싸웠다. 노동자들은 '자회사 반대, 1,500명 전체 직접고용' 요구를 내세우며 힘을 모았다. 조끼 색이 달라도 하나의 목소리를 내기 위해 노력했다. 소속이 중요한 건 아니었다. 이름을 밝히지 않은 인터뷰와 대화도 많다. 다만 모두 가감 없이 기록했다.

공공부문 비정규직 제로 선언, 그러나 현실은?

문재인 대통령은 취임하자마자 소득주도성장 정책을 내걸었다. 2020년까지 최저임금을 1만 원으로 올리겠다고 했다. 2017년 5월에는 인천공항을 찾아가 공공부문 비정규직 제로 정책을 발표했다. 노동자들은 기대했다. 그러나 정부 약속은 시간이 지나면서 흉한 몰골을 드러냈다. 최저임금 산입범위 개악으로 최저임금 인상은 완전히 물거품 됐다. 공공부문 비정규직 제로 정책도 속 빈 강정으로 판명 났다.

"20만 명 대 5만 명. 앞은 공공부문 정규직 전환 목표치이고, 뒤는 자회사 정규직으로 간 노동자 추산치입니다. 정규직 전환자 넷 중 한 명이 자회사로 간 겁니다.

62개. 현 정부 들어서 공공기관들이 정규직 전환을 명목으로 세웠거나 세울 자회사 수입니다. 문제는 대부분의 자회사가 모회사의 건물과 시설을 청소·관리하는 '인력 공급형 용역회사'처럼 운영된다는 사실입니다.

87억. 공공기관 90여 개가 자회사 설립 과정에서 지출한 민간 컨설팅 비용입니다. 정부가 지원하는 무료 전문가 컨설팅도 있었지만, 공공기관들은 수억 원짜리 민간 컨설팅을 찾았습니다.

206만 원. 자회사로 간 노동자들의 평균 월급입니다. 최저임금에 준하는 기본급에 당직비와 법적 상여금 등을 더한 액수입니다."

(통계로 보는 공공 비정규직 제로 정책의 구멍, 《한겨레》, 2020년 1월 6일)

다른 연구를 살펴보자.

"공공부문을 5개의 범주로 나누어 파견·용역 정규직 전환 성적을 표로 나타내 보았다. 그랬더니 중앙부처, 자치단체, 교육기관의 경우 자회사 전환은 단 1명도 없으며 정규직 전환된 파견·용역 비정규직은 전원 해당 기관의 직접고용으로 바뀌게 되었다. 오, 그렇다면 이들 3개 범주의 기관들은 매우 모범적인 축에 속하는 것일까?

구분	파견용역 총인원	정규직 전환	자회사 전환
중앙부처(49개)	16,079명	10,780명	0명
자치단체(245개)	13,392명	3,976명	0명
공공기관(334개)	104,222명	45,754명	29,333명
지방공기업(149개)	6,808명	2,092명	581명
교육기관(76개)	29,275명	24,104명	0명
총계	169,775명	86,706명	29,914명

안타깝게도 그렇지가 않다. 이들 3개의 범주에 속하는 기관들은 기업법인 형태가 아니라서 자회사가 원천적으로 불가능하다. 생각해 보자. 서울시나 경기도가 자회사를 만들 수 있나? 서울교육청이나 부산대학교에서는 가능할까? 기획재정부, 고용노동부와 같은 중앙행정기관에서는? 그렇다. 애초부터 자회사 설립이 불가능하기에 직접고용 하는 수밖에 없다.

구분	파견·용역	정규직 전환 (전환비율)	직접고용 (비중)	자회사 (비중)
공공기관 (334개소)	104,222명	45,754명 (43.90%)	16,335명 (35.70%)	29,333명 (64.11%)
지방공기업 (149개소)	6,808명	2,092명 (30.73%)	1,511명 (72.23%)	581명 (27.77%)
합계	111.030명	47,846명 (43.09%)	17,846명 (37.30%)	29,914명 (62.52%)

우리가 옳다!

5개의 범주 중에서 자회사 설립이 가능한, 그래서 정규직 전환에서 자회사 전환방식을 쓸 수 있는 것은 기업법인 형태를 갖고 있는 △공공기관과 △지방공기업 뿐이다. 그렇다면 이들 2개의 범주에서 자회사 전환 비중은 어떻게 나타날까? 해당 범주들의 수치만 따로 뽑아서 앞과 같이 표를 만들어 보았다. 공공기관·지방공기업 자회사 전환비중 무려 62.52%나 된다.”

('자회사'로 몰아넣고 '비정규직 제로'?, 문재인 정부의 지난 2년간 정규직 전환 성적표는?, <오민규의 '인사이트 경제'>, 《프레시안》, 2019년 8월 26일)

　　중요한 문제가 또 있다. 정부는 공공부문 비정규직 노동자 정규직화 기준으로 '생명, 안전과 밀접한 업무'라는 잣대를 들이댔다. 2018년 12월 10일 태안화력에서 일했던 스물네 살 청년 비정규노동자 김용균은 컨베이어벨트에 끼어 처참하게 목숨을 잃었다. 이후 정부는 발전소 비정규직 노동자의 정규직화를 거부했다. 정부가 2017년 7월 20일 발표한 공공부문 정규직화 가이드라인에서 정한 '생명, 안전과 밀접한 업무'도 아니고, '위험한 업무'도 아니라는 이유에서였다. 궤변도 이런 궤변이 있을까. 위험한 업무가 아니라고? 그렇다면 김용균은 왜 목숨을 잃어야 했는가? 지난 10년간 태안화력 발전소에서 일하다 생명을 잃은 노동자만 12명이나 된다.

　　이 노동은 생명, 안전과 밀접하고, 저 노동은 밀접하지 않다는 식으로 노동을 분할하는 게 과연 올바른 일일까? 이 사회를 움직이는 노동자들의 노동이 서로 뗄 수 없이 연결돼 있는데 말이다. 예컨대 공항, 기차역, 지하철역 등에서 볼 수 있는 청소 노동자들의 일은 생명, 안전과 아무런 관계가 없는 것처럼 보일 수 있다. 하지만 근래 빈번하게 발생하는 신종 바이러스 감염병 확산과 그에 따른 사망 등의 피해를 떠올린다면, 우리 생활 환경의 위생을 담당하는 청소 노동이 청소 노동자 자신 및 시민들의 생명, 안전과 무관하다고 누구도 단언할 수 없을 것이다.

　요금수납원의 노동 역시 생명, 안전과 밀접하게 연관돼 있다. 과거 톨게이트 노동자들은 초번(아침 6시부터 오후 3시까지), 중번(오후 2시부터 11시까지) 입구 근무 때 하이패스 차로에서 차를 세워 미납 요금을 받아야 했다. 하이패스 차로의 차는 멈추지 않고 통과한다. 그 차를 세우는 건 운전자와 톨게이트 노동자 모두에게 너무나 위험한 일이었다. 무엇보다 요금수납원의 노동이 중단되면, 고속도로는 더 이상 정상적으로 가동될 수 없다. 정상적으로 가동될 수 없다면 고속도로 이용자, 고속도로에서 일하는 노동자 모두 위험해진다. 그런데 고속도로 안전순찰원은 '생명, 안전과 밀접한 업무'라 정규직으로 전환할 수 있는데 요금수납원은 안 된다는 논리가 과연 정당한 논리인가?

　한국노총 톨게이트노조 송미옥 전 위원장이 2013년 근로자지위확인 소송을 냈고 서산톨게이트 노동자들도 2014년 3월 소송을 냈다. 뒤늦게 이 사실을 안 노동자들이 차례로 소송을 시작했다. 다 똑같은 소송이었는데 가장 먼저 난 판결에서 노동자들이 이겼다. 앞에서 얘기한 것처럼 서울동부지방법원과 서울고등법원은 각각 2015년 1월, 2017년 2월에 도로공사가 이들을 직접고용 해야 한다고 판결했다. 문재인 정부의 공공부문 비정규직 정규직 전환 가이드라인 발표 시점은 서울고등법원이 직접고용 판결을 내린 후인 2017년 7월이었다.

　그런데 법원 판결보다 못한 자회사를 밀어붙이다니, 노동자들은 납득할 수 없었다. 다음은 2019년 7월 1일 인천지역일반노조 구경숙 지부장의 발언이다.

우리가 옳다!

"본사로부터 욕먹고 고객에게 욕먹고 '안녕하십니까, 고객님'을 수천 수만 번 뱉어 냈습니다. 그 결과가 '내일부터 나오지 마'입니까? 우리는 이미 도로공사 직원임을 법으로 인정받았습니다. 이것을 인정하지 않는 자회사 전적 강요는 기만적인 정규직 쇼에 불과합니다. 당당히 투쟁해서 직접 고용 갈 테니 자회사 정규직 같은 헛소리를 이제 그만하길 바랍니다."

정부는 노동을 분할하고 정규직화 포장지에 자회사를 끼워 넣고도 공공부문 비정규직 제로 정책이 잘 이행된다고 했다. 정부는 이 모든 상황 앞에 '효율화'라는 구호를 덧붙였다. 사장들의 배를 살찌우는 데는 물론 효율적일 터다. 하지만 저들의 효율화를 위해 노동자의 인생이 원료처럼 불태워졌다는 사실까지 허울 좋은 정규직화 포장지로 감출 순 없다.

손 안 대고 코 풀기

2014년 기준, 전체 334개의 영업소 가운데 87%인 291개 영업소를 도로공사의 퇴직자가 운영했다. 도로공사는 정규직 퇴직자들이 받을 퇴직 금액을 미리 계산하여 수의 계약을 체결했다. 수의 계약 대상자는 15년 이상 근속한 도로공사 직원 중 잔여 정년이 2년 이상인 자로 한정했다. 퇴직자들은 손쉽게 영업소 운영권을 따냈다. 매년 언론에 도피아(도로공사 마피아) 문제가 심각하다는 기사가 떴다. 전관예우도 이렇게 심한 전관예우가 없었기 때문이다.

도로공사는 공개경쟁입찰 운영 영업소에 비해 수의 계약 영업소의 이윤 반영률을 3배쯤 높게 책정했다. 사장은 땅 짚고 헤엄쳤다. 그래도 돈에

환장한 사장들은 평균 5년간의 수의 계약 기간 내에 최대한 많은 돈을 뽑아 먹기 위해 최소한의 인원만 뽑았다. 영업소가 성과를 많이 내면 도로공사는 운영 기간을 연장해 주었다. 그렇기 때문에 사장들은 노동자들을 더 들 들 볶았다. 도로공사의 인원 감축 지시가 내려오면 칼같이 이행했다. 사람은 늘 부족했다.

　도로공사에도 이 파견 시스템은 아주 효율적이었다. 하이패스가 늘어날 때마다 용역업체에 공문 하나를 보내 매년 수백 명씩 잘랐다. 손 안 대고 코 풀면 그만이었다. 하이패스 도입 후 새로운 일이 많이 늘어났지만 그건 사장들이 노동자를 쥐어짜 해결하면 됐다. 정부의 공공부문 정규직화 가이드라인에 포함된 자회사도 요금수납원들의 근로자지위확인 소송 대법원 선고를 앞둔 도로공사에는 직접고용을 회피할 수 있는 탁월한 방법이었다. 노동자들이 무조건 자회사를 받아들였다면 정부나 도로공사나 모든 생색을 다 낼 수 있었다.

동료를 아끼고 보듬었지만

노동자들은 한 평도 안 되는 부스 안에 몸과 팔을 비틀고 앉아서 8시간씩 일했다. 노동자들은 보통 2시간 일하고 20~30분 쉬었다. 그 시간에 동전도 바꿔야 했고, 식사도 해결해야 했다. 부스 밖의 일도 많았다. 부스 안에서 일을 끝내면 사무실에 가서 각종 서류를 정리했고 돈을 계산했고 미납 고객에게 전화를 걸었다. 심지어 화장실 청소, 민원실 청소, 숙소 청소, 차로 풀 뽑기, 눈 치우기까지 해야 했다. 그리고 사장 텃밭 가꾸기까지 하는 경우도 있었다. 3교대는 8시간 근무가 기본인데 시간 외 근무 1~2시간 포함

9~10시간 근무가 기본이었다.

특히 미납 업무가 중요했다. 피 터지게 미납 요금을 받아야만 했다. 그게 영업소 실적에 많이 반영되기 때문이었다. 미납을 많이 받지 못하면 저성과자로, 해고 1순위로 찍히기 십상이었다.

고객들의 온갖 욕을 참아 가며 일해야만 했다. 세상 처음 보는 사람에게 세상 처음 듣는 욕을 들었다.

"서비스업종들이 비슷하겠지만 요금수납 업무도 고객 응대 업무라 차가 몇 대만 밀려도, 업무 처리가 조금만 늦어도, 통행료 미납 전화를 할 때도 소리부터 지르고 욕부터 하는 고객들을 상대해야 했습니다. 꼬투리 잡아서 억지부터 부리는 고객들을 응대할 때가 있습니다. 성희롱하는 고객들도 많습니다. 이럴 때는 속이 터지고 울화가 치미는데 근무복 벗어던지고 똑같이 하고 싶을 때도 많지만 그러다간 사장에게 찍혀 잘릴까 봐 어쩌겠어요. 목구멍이 포도청이고 그러면 안 되지, 하는 마음으로 자신을 달래가며 일한 적이 빈번했습니다. 현장에서 일하는 저희는 도로공사의 총알받이였습니다. 그렇다고 임금이나 많나, 전혀 아닙니다. 처음 도로공사가 자회사 설명회 때 우리 임금이 월 290만 원이라 하더군요. 저희는 어이가 없어 입이 딱 벌어졌습니다. 최저임금에 연장을 2개 이상 해야 월 200만 원이 될까 말까 했습니다. 그게 무슨 뜻입니까? 도로공사와 용역업체가 계약을 그렇게 해 놓고 중간에서 용역사장(도로공사 퇴직자)들이 이리저리 우리 몫을 갈취했다는 얘기밖에 더 되겠습니까? 도로공사 퇴직자인 용역 사장들만 먹여 살린 셈입니다." (이명금 부지회장)

욕받이, 총알받이. 고객의 욕과 성희롱이 쏟아져도 노동자들은 방어할 권리가 없었다. 노동자들이 같이 항의하곤 했지만, 사장이나 관리자들은 모르는 척했다. 노동자들은 참고 사느라 화병을 달고 살았다. 생전 처음 보는 사람에게 쌍욕을 들어야 했을 때 화조차 낼 수 없다면 자존감이 유지될 수 있겠는가? 자기 자신을 지키는 것조차 힘들었다. 그래도 동료들의 고통을 외면만 하고 살지는 않았다. 아무리 살벌한 영업소라도 일하는 사람이 어떻게 하느냐에 따라 현장 분위기는 어느 정도 달라지기 마련이다. 노동자들은 일단 자신이 열심히 일해서 동료들의 부담을 덜어 주려 했다.

노동자들은 아픈 동료를 위해 근무를 바꿔 줬다. 근무를 자주 바꾸면 안 된다는 사장 말에 눈치를 보면서도 바꿔 줬다. 노동자들은 일반 차로인데 하이패스 차로인 줄 알고 그냥 가는 차를 잡아야 했다. 그 차를 잡겠다고 부스에서 급하게 뛰어나가다 갈비뼈가 나간 노동자, 화장실 자주 못 가 방광염에 걸린 노동자, 자주 쓰는 손목에 마비가 온 노동자, 어깨가 비틀어진 노동자. 아픈 사람은 늘 많았다.

사실 위험에도 노출되어 있었다. 2019년 4월 12일 오후 9시 평택시흥고속도로 서시흥영업소에서 통행료를 징수하던 여성 수납원이 고속버스에 치여 숨지기도 했다. 일반 차량 부스에서 일했는데 사고 당시에는 톨게이트 통로에서 쓰레기를 수거했다. 고속버스 운전자는 일반 차로를 하이패스 전용 차로로 착각해 속도를 줄이지 않고 운행했다. 일반 차로를 하이패스 차로로 만들다 보니 차로 폭이 좁아 수시로 옆 부스를 치고 가는 차도 많았다. 부서지는 부스가 많았다. 너무 무서워 그 부스엔 들어가고 싶지 않았지만 그래도 들어가서 일해야만 했다. 드물지만 차가 요금소를 직접 들이받는 경우도 있었다. 그래도 항상 고객만을 생각하며 일했다. 부스에 비가

들이쳐 통행권이 젖으면 수건으로 닦아 가며 일했다. 통행권이 젖어 기계에 잘 들어가지 않으면 시간이 오래 걸리니까. 그래도 도로공사는 부스를 고쳐 주지 않았다.

일이 너무 힘들 땐 밖에서 차도 마시고 가까운 곳으로 바람도 같이 쐬러 갔다. 시골 영업소에선 자기 집 텃밭에서 나오는 채소나 과일을 나눠 먹는 일이 아주 흔했다. 김장도 같이했다. 평범한 일상이었다. 이렇게 서로를 아끼고 많은 걸 함께 나눴던 노동자들도 해고 칼날 앞에서는 무력했다. 뭉치지 못했기 때문이다. 사람이 잘리고, 남은 사람들은 더 힘들게 일하고, 그래도 또 보듬고 지냈는데, 또 사람이 잘리고. 악순환의 연속이었다.

그나마 자회사 얘기가 나오기 전까진 언니, 동생 하며 잘 지낸 노동자들이 많았다. 자회사는 한솥밥 먹던 노동자들을 한순간에 갈라놓았다. 한 영업소 노동자 전체가 직접고용을 선택하면 모르겠는데 그런 경우는 드물었다. 영업소마다, 사람마다 생각이 달랐다. 직접고용을 선택했다 자회사로 바꾸고, 자회사를 선택했다 내용증명 보내 직접고용으로 바꿨다. 노동자들은 하루에도 맘이 열두 번씩 바뀌었다. 그만큼 힘든 선택이긴 했다. 어쨌든 선택이 바뀔 때마다 내 편, 네 편도 바뀌었다. 좀 더 용기를 내 주면 좋을 텐데, 원망도 쌓였다. 자신은 자회사 가지만 직접고용 지지한다는 노동자들도 많았다. 하지만 "정년 얼마 남았다고, 얼마나 더 다닌다고 난리냐", "도로공사가 어떤 곳인데 이길 수 있을 것 같냐?"고 비아냥대는 노동자들도 있었다. 그때를 돌아보며 한 조합원은 이렇게 얘기했다.

"노동자들끼리 싸우도록 만들었습니다. 결국, 노노갈등을 조성해 도로공사가 원하는 안을 밀어붙이려 한 겁니다."

뭔가 있구나

10년 일하는 동안 도로공사 지사장 얼굴 한 번 본 적 없는데 이젠 거의 매일 찾아와 자회사가 좋다고 설명했다. 노동자들은 의심하기 시작했다. 본사, 지사 관리자들이 영업소 찾아와 민주노총만 가입하지 말아 달라고 했을 때, 아! 뭔가 있구나 싶었다. 저들이 노동자들을 위할 사람이 아닌데.

"저는 내년이 정년입니다. 1인지회 소속입니다. 처음에 여섯 명이 민주노총에 가입했다가 회사의 협박에 자회사로 갔습니다. 정말 회사가 집요하게 자회사 가라고 회유하고 협박했습니다. 도로공사 차장이 와서 저에게 이렇게 얘기했습니다. 나이가 많은데 배가 부르니 자회사 안 가고 직접고용 주장한다고. 저희는 최저임금도 제대로 못 받았습니다. 미납 요금도 대납시켰습니다. 그래서 제가 배부른 데 보태 준 거 있냐고 따졌습니다.

자회사 가면 정년을 1년 연장시켜 준다고 했습니다. 임금도 올려 준다고 했습니다. 그래서 저는 그 돈 안 받고 직접고용 가겠다고 했습니다. 그래도 계속 도로공사 관리자가 찾아왔습니다. 주말에도 찾아왔는데 도로공사 관리자가 저 보고 '선생님, 잠깐 자리에 앉으세요.' 그랬습니다. 그래서 '제가 왜 댁의 선생님입니까.' 반박했습니다. 제가 장애인으로 2002년 입사했습니다. 그동안 언제 그렇게 대우해 줬다고 선생님, 선생님 합니까.

저는 나이가 많고 직접고용이 된다 해도 얼마 다니지 못합니다. 후배들이 많습니다. 정말 이 나라에 비정규직이 많습니다. 고달픈지도 모르겠습니다. 농성장에 갇혀 있어서 답답해서 그렇지, 힘든지도 모릅니다. 청와대 앞에서도 즐겁게 싸웠습니다. 다 좋아요. 제 60 평생에 이런 일을 언제

우리가 옳다!

해 보겠습니까. 후배들을 위해, 비정규직을 줄이기 위해 끝까지 싸우겠습니다."(조미경 조합원)

"매년 근로계약서를 다시 써야 하는 고용불안도 없을 것 같고 명절이나 공휴일 주말도 상관없이 돌아가는 3교대 근무 패턴에서 벗어날 수 있을 것 같았습니다. 무엇보다 도로공사에서 영업소 찾아와 회유하고 전화하면서 '민주노총만 가입하지 말아 달라'고 했을 때, 아! 뭔가 있구나 싶었습니다."(방경희 조합원)

톨게이트 노동자들은 책에서 '자회사'를 배운 게 아니다. 도로공사는 하이패스가 생긴 후 조합원들에게 하이패스 카드 판매 수량을 할당했다. 홍보와 판매를 강요했다. 노동자들은 이마트와 동네 시장에 가서 팔아야 했다. 그러다 쫓겨나기도 했다. 친인척에게도 팔았다. 도로공사는 하이패스 카드 판매율을 최대치로 올려놓고 '하이플러스카드(주)'라는 자회사를 만들었다. 그러더니 바로 후불 카드를 홍보하기 시작했다. 뒤죽박죽이었고 한 치 앞을 내다보지 못했다. 도로공사는 '하이플러스카드(주)'의 수익성이 떨어지자 바로 매각했다. 2007년에 만든 후 4년 만에 매각한 거다. 'DB정보통신'이라는 자회사도 마찬가지 과정을 밟았다. 자회사는 언제든 원청 마음대로 생겼다가 없어졌다. 노동자들에게는 아무런 권한도 없었다.

비정규직 노동자를 위해 자회사를 만들 도로공사가 아니었다. 조합원들은 이렇게 얘기했다.

"요금 자동수납 시스템인 '스마트톨링'을 추진할 가능성이 큽니다. 수납 업무만을 하는 자회사로 갈 경우 고용불안은 불가피합니다. 도로공사가 자회사를 고집하는 것도 향후 구조조정을 염두에 둔 것이기 때문에……."

"쉽게 해고하기 위해 자회사를 만들었습니다. 자회사가 노동자를 통째로 해고해도 도로공사는 자신들과 관계없는 일이라고 발뺌하면 되니까……."

"대법원에서 질 걸 예상하고 급하게 만들었습니다. 달라진 게 하나 없습니다. 건물도 그대로 일도 그대로. 그냥 사람만 자회사로 빼 간 겁니다. 또 다른 인력 공급 회사일 뿐입니다."

도로공사는 최고의 고속도로 전문 서비스회사를 만들겠다고 했다. 그런데 '한국도로공사서비스'는 자본금이 10억 원 정도였다. 현물 자산도 없다. 무엇으로 최고를 만들겠다는 건가. 얼마나 급하게 만들었는지 한국도로공사서비스 사장도 이강래였다.

얘는 얼마짜리

"사람을 돈 덩어리로 보고 얘는 얼마짜리, 얘는 얼마짜리 이렇게 등급을 나눕니다. 저들이 우리가 예뻐서 쓰겠습니까? 돈 덩어리로 보고 쓰는 거지."
(서성숙 조합원)

도로공사에 따르면 2018년 기준 전체 영업소의 장애인 고용률은 25.1%다. 요금수납원 네 명 중 한 명이 장애인이다. 한국장애인고용공단에서는 장애인 노동자의 고용 촉진을 유도하기 위해 의무 고용률(민간: 3.1%, 공공: 3.4%)을 넘겨 장애인을 고용하는 사업주에게 지원금을 지급

우리가 옳다!

한다. 지원금은 장애 등급에 따라 매월 남성은 30~50만 원, 여성은 매월 40~60만 원이다.

각 영업소에 장애 2~3급 노동자가 많지는 않았다. 2~3급 노동자에 대한 지원금은 사라지지 않으니 영업소마다 장애 2~3급 노동자들을 안 놓치려 갈등을 많이 일으켰다. 4~6급은 3년 지나면 지원금이 없어진다. 그래서 해당 노동자를 3년 되기 전에 바꿔 쳤다. 연수가 차면 다른 쪽 영업소로 돌렸다. 예를 들어 한 사장이 2개 영업소를 운영하는 경우 한쪽 영업소에서 다른 쪽 영업소로 돌리고 그쪽 영업소에서 이쪽 영업소로 돌렸다. 너무 자주 썼던 편법이다.

"3년 되면 바꿔 치기 당하니까 그 전에 옮기려는 노동자들이 있습니다. 1년 하고 옮기려고 하면 일단 잡습니다. 그래도 말을 안 들으면 어떤 어떤 영업소에서 일을 못하게 만들겠다고 협박하고 윽박질렀습니다. 다른 영업소 사장들도 다 도로공사 퇴직자여서 짜고 협박합니다. 노동자들만 당합니다." (서성숙 조합원)

"지원금이 있으면 노동자들의 노동 조건은 좀 나아질 수 있지 않을까요? 그런데 노동자들에겐 10원 한 장 돌아오지 않았습니다. 예를 들어 영업소에 장애인이 몇 명 있으면 의자를 몇 개 지원하라는 규정이 있습니다. 지체장애인 이름으로 지원 신청은 하는데, 정작 의자를 쓰는 건 다른 사람들입니다. 시각장애인을 위한 PC 지원도 있습니다. 그런데 사장 책상에 갖다 놓습니다. 이런 건 약과입니다. 사장들은 아예 지원금을 뭉텅이로 가로채기도 했습니다." (김호중 조합원)

한 조합원은 이렇게 폭로했다.

"사장이나 관리자들은 장애인 여성을 너무나 쉽게 생각했습니다. 자기들 마음에 들면 '너, 내 애인해라.' 그런 소리까지 했습니다. 장애인들도 강제로 시간 외 일을 시켰습니다. 장애인들에게도 텃밭 가서 고추, 배추, 상추 심고 가꾸는 일을 시켰습니다. 초번 끝나고 집에 가지도 못하고 땀 뻘뻘 흘리며 일했습니다. 사무실 앞 정원 풀 다 뽑으라 해서 뽑았습니다. 자기들 맘에 안 들면 다 해고시켰습니다."

사장들은 장애인과 비장애인의 갈등을 부추기기도 했다. 사람이 부족해 일이 많아지고 힘들어지는 건데 장애인 탓으로 돌렸다. 장애인을 고용하려면 비장애인이 나가야 한다고 말했다. 장애인 고용 정도가 비장애인의 고용을 결정하는 게 아닌데 마치 장애인이 고용을 결정하는 것처럼 꾸몄다. 실제론 장애인도 지원금이 중단되면 가차 없이 잘리거나 바꿔 치기 당했다.

사장들은 새터민도 지원금을 노리고 고용했다. 입사 1년차까진 매월 50만 원의 보조금을 받는다. 2~4년차까지는 고용보조금 70만 원을 받는다. 그 이후엔 나오지 않으니 잘라 버리는 경우가 많이 있었다. 이렇게 드러나는 일은 빙산의 일각이었다.

"경기지방경찰청 지능범죄수사대는 요금소 운영권을 따낸 뒤 비용을 과다 청구, 10억 원대 부당이득을 챙긴 혐의(사기 등)로 한국도로공사 전직 간부 권모(60)씨 등 5명을 불구속 입건했다고 5일 밝혔다. 한국도로공사 1~2급 직원이었던 권씨 등은 2009년 2월부터 올 1월까지 6년간 경부고속도로 A영업소를 운영하면서 노무비 등을 72차례 부풀려 청구해 17억5,000만 원을 부당 수령한 뒤 3억5,000만 원씩 나눠가진 혐의를 받고 있다."

('도피아'밥 된 고속도로 톨게이트 운영권,《한국일보》, 2015년 11월 5일)

이들은 연평균 20여 명의 새터민을 파트타임으로 채용해 놓고 용역비 산출 땐 마치 용역업체 정규직 직원들이 일한 것처럼 근무표를 조작해 돈을 빼돌렸다. 새터민을 고용하면 정부가 인건비의 절반을 지원하고 건강보험료를 면제해 준다는 점을 악용했다.

작은 씨앗

민주연합노조 톨게이트지부 도명화 지부장은 서산 톨게이트에서 2015년 3월 해고됐다. 기나긴 복직 투쟁 끝에 2019년 4월 복직했다. 4년 1개월 만이었다. 6월 30일 또다시 해고됐다. 다른 1,500명처럼 자회사를 거부했다는 이유였다.

도로공사에서 명예퇴직한 후 서산영업소를 꿰찬 용역업체 사장은 온갖 치졸한 방법으로 노동자를 쥐어짰다. 유령 직원을 만들고, 근무 일수를 조작하여 인건비를 착복하고, 미군차량 통행료 부당 면제액 4년 치를 톨게이트 요금수납원들에게 떠넘겼다. 나중에 알고 보니 다른 영업소에서도 일어난 일이었다.

서산톨게이트 노동자들은 근로자지위확인 소송이 진행되던 2014년 노동조합을 만들어 한국노총에 가입했다. 노조를 자세히 알진 못했다. "노조는 필요한데 민주노총은 너무 센 것 같다." 그게 노동자들의 생각이었다.

2015년 새로운 업체가 들어섰는데 그 업체는 지부장을 포함한 핵심 간부 3명의 고용을 승계하지 않았다. 노조는 해고자 3인 원직복직과 조합 활동과 조합원 교육 시간 월 2시간 보장, 타임오프, 노조사무실 지급, 연 유급휴가 1일, 정기검진 등을 요구했다. 유급휴가 1일 요구가 눈에 띈다. 노동자들은 단 하루의 유급휴가도 없이 일했다. 명절에도 연휴에도 쉴 수 없었다.

노동자들이 내세워야 할 최소한의 요구가 너무 많았다. 도로공사는 정말 비인간적인 노동 조건을 강요했다. '설사 아니면 화장실 금지.' 북여주 영업소가 요금수납원 노동자들에게 내렸던 지침이다. 일하는 시간에 화장실을 가면 요금 받을 사람이 없다는 이유였다. 잠깐만 누가 대신 일해 주면 되는데. 노동자들은 이렇게까지 해야 했다.

"화장실을 맘껏 못 가니 방광염 등 질병이 생기는 사람도 있다. 생리 때도 화장실에 충분히 못 가 생리 양이 많은 사람 중에는 생리를 안 하려고 팔에 피임기구를 넣는 시술을 하는 경우도 있다."

(도명화 지부장 인터뷰 내용 일부, 도로 위 섬...'매연은 일상, 화장실 안 가려 피임시술도', 《머니투데이》, 2017년 4월 29일)

이런 고통을 겪다 보니 억울하고 비참해서 나가는 노동자들도 많았다. 억울하고 비참했지만 한 번도 '아니오'라고 얘기하기 어려웠다. 결국, 그만두는 게 유일한 '아니오'였다. 변화를 갈망했지만, 방법이 없었다. 체념에 익숙해졌다. 서산톨게이트 노동자들이 그 체념을 깨뜨리기 시작했다.

하지만 도로공사와 용역업체는 노동자들이 계속 체념하기를 원했다. 용역업체는 노동자들의 절실한 요구와 상관없는 한국노총 단체협약을 가져오면 사인해 주겠다고 했다. 한국노총은 노동자들의 천막농성 때문에 자신들이 시끄러운 얘기들을 들어야 하냐는 한가한 소리만 했다. 노동자들은 사측의 요구를 거부한 다음 파업을 선택했고 민주노총 민주일반연맹 민주연합노조 서산톨게이트지부를 새로 만들었다.

도로공사는 서산톨게이트 노동자들의 파업을 깨기 위한 전략도 직접 짰다. 도로공사는 수도권본부장과 대전충청본부장 등에게 '영업소 외주근로자 노동쟁의 시 통행료 수납 업무 이행방안'이라는 공문을 내려 보냈다. 그 공문엔 '외주업체 자체 인력 운영→공사 인력 지원→계약해지 및 임시 운영권 부여'라는 3단계 파업 시 업무이행방안이 담겨 있었다. 평소에도 모든 지시를 내리고 모든 결재를 받았는데, 직접 파업 대비 방침까지 세웠다. 이러고도 직접 사용자가 아니라니 누가 믿겠는가?

서산톨게이트 노동자들은 2015년 82일 파업으로 <용역근로자보호지침>의 고용승계 조항을 모든 영업소에 적용하게끔 만들었다. 업체 변경이 되더라도 고용승계가 될 수 있도록 하는 조항이었다. 하지만 뭉치지 못한 다른 곳의 노동자들은 이 내용을 알지 못했다.

많은 충남지역 노동자가 서산톨게이트 투쟁에 함께했다. 노동자들은 민주노총의 힘을 느꼈다. 더 많은 톨게이트 노동자들이 민주노총에 가입하고 함께할 때 승리할 수 있다고 믿었다. 그래서 여러 곳을 찾아다녔다. 그 중 한 곳이 전주영업소였다. 이때 전단지도 못 받은 전주영업소 노동자는 2019년 8월 24일 서울영업소 집회에서 이렇게 얘기했다. 얼마나 놀라운 변화인가?

"정년이 6개월 남았습니다. 제가 직접고용 간다고 하니 관리자는 지나가는 개가 웃겠다고 비웃었습니다. 2015년 서산톨게이트 동지들이 전주영업소 왔을 때 외주 사장 눈치 보느라 전단지도 못 받은 비겁한 저였습니다. 지금이라도 늦지 않았습니다. 절 비웃은 그 나쁜 놈 때문이라도 끝까지 직접고용 가겠습니다. 지금 제 오른쪽 다리는 사고로 인해 쓸 수 없다는 진단을 받았지만 전 단 하루도 행진을 빠진 적이 없습니다. 제가 설령 직접고용되기 전에 정년이 도래한다 해도 후회하지 않습니다. 젊은 동지들을 위해서라도 도움 안 되는 저일지라도, 전 이 자리를 지킬 것입니다." (송다겸 조합원)

포기하지 않고

서산, 매송 톨게이트 노동자들을 중심으로 2015년 10월 민주연합노조 톨게이트지부가 꾸려졌다. 다 합해야 30여 명이었다. 민자고속도로(서울외곽순환고속도로) 쪽 조합원들은 고용승계가 이루어지자 탈퇴했다. 25명만 남았다. 그래도 포기하지 않았다. 2017년 여름에도 도명화 지부장, 박순향 부지부장이 전국 영업소를 돌아다녔다. 계속 외면당했다. 오라는 데도 거의 없었다. 어렵게 찾아갔던 영업소에서도 냉대받기 일쑤였다. 노동자들은 영업소 관리자 눈 밖에 나기를 꺼려했다. 그래도 포기하지 않고 명함을 주고 선전물을 돌렸다. 조합원은 조금씩 늘어 70여 명 정도 됐다. 2017년 7월 문재인 정부의 공공부문 정규직 전환 가이드라인이 발표되고 11월 노사전협의회[2]가 꾸려지자 노조 가입을 문의하는 노동자들이 많아졌다. 중간에 노동조합 활동을 포기했더라면 이 문의도 받지 못했을 것이다. 아니 이런

---

2 정규직 전환 노사전(전문가)협의회는 노측 6명(정규직 2명 포함), 사측 6명, 전문가 위원 3명(나중에는 1명이 빠져 2명)으로 구성됐다.

문의가 자체가 없었을지 모른다.

2018년 9월 5일, 노사전협의회 9차 회의에서 전문가 위원이 협의 종료를 선언했다. 전문가 위원과 직접고용을 주장하던 민주노총 대표 박순향 부지부장이 퇴장했다. 전문가 위원조차 퇴장할 수밖에 없었던 이유는 이미 노동자들이 근로자지위확인 1심, 2심 소송에서 이겼기 때문이다. 대법원 선고만 남아 있는데 자회사에 사인한다면 소송 결과조차 묵살하는 꼴이 되어 버리기 때문에, 명분이 너무 없어 더 이상 중재를 할 수 없었다. 하지만 도로공사는 끝까지 남은 사람들의 서명을 받아 냈다.

요금수납원들의 직접고용을 반대했던 정규직노조 부위원장은 순순히 서명했다. 노사전문가협의회에 참여한 무노조 대표 3명은 한국노총 산하에 '한국도로공사영업소노조'를 만들었다. 도로공사는 이들을 회유했다. 이미 한국노총 톨게이트노조 위원장은 조합원들의 의견을 묵살한 채 자회사 전환을 지지했다가 조합원들에게 탄핵까지 당했지만, 도로공사는 '탄핵된 위원장도 근로자대표 자격이 유지된다'라는 노동부의 유권해석을 빌미로 서명을 받아 냈다. 해석이 불가능한 해석을 해 준 노동부의 공이 컸다.

이대로는 안 되겠다고 판단한 박순향 부지부장은 9월 19일 강원랜드 비정규직 노동자들과 함께 여의도 민주당사 점거 농성에 들어갔다. 박순향 부지부장은 추석을 그곳에서 보내고 9월 28일부터 8일 동안 단식 투쟁을 했다.

이 무렵 현장의 공기는 달라지고 있었다. 노동자들은 자신들에게도 기회가 왔다고 느꼈다. 그런데 이 기회가 오자마자 달아나고 있는 것 같았다. 붙잡아야 했다. 민주연합노조 톨게이트지부의 진심도 전해지기 시작했다. 찾아와 달라는 영업소도 많았다. 심지어 설명할 시간을 확보해 주는 곳도 있었다. 도명화 지부장의 차는 2018년에 7만 4천 킬로미터를 달렸다. 그런데 도명화 지부장, 박순향 부지부장은 노동자들에게 민주노조 필요성을 다 얘기해 놓고 정작 가입원서는 선뜻 주지 못했다. 본인들 의지 없이 자신들만 보고 온다던가, '민주노조가 다 해 주겠지'라는 생각으로 와 봐야 소용없다고 생각했다. 강요해서 오는 노동자들보다는 스스로 선택해 오는 노동자들로 정예부대를 만들겠다는 생각도 했다. 그랬더니 한국노총으로 가는 노동자들도 꽤 있었다. 이래선 안 되겠다 싶어 설명하고 동의하면 바로 가입원서를 주었다. 이곳저곳에서 민주노조의 문을 두드리는 소리가 들렸다.

이제는 말할 수 있다

2018년 11월부터 2019년 5월까지 한 달에 세 번씩 대전에서 모였다. 공동 투쟁본부 회의도 있었고 민주연합노조 자체 회의도 있었다. 보통 40~50여 명이 모였고 막바지에는 100여 명이 모였다. 조합원 연수 교육도 진행했고 강원, 경기 등 권역별 교육도 진행했다.

2018년 말부터 2019년 초까지 한국노총과 민주노총은 따로 도로공사를 만났다. 이때도 한국노총에서 민주노총으로 넘어오고 싶어 한 조합원들이 있었다. 한국노총 톨게이트노조 박선복 위원장이 무능하고 너무 자신을 신격화시킨다고 비판하는 조합원들이 있었다. 그럴 때마다 박선복 위원장은 민주노총과 공동 투쟁을 협의하고 있다고, 그러니 함께 싸우는 거라고 하면서 조합원들의 이탈을 막았다.

2019년 6월 30일 자회사를 거부한 1,500여 명이 해고되기 전에 자회사 시범영업소에서 해고가 먼저 시작됐다. 6월 1일, 6월 15일 두 번에 걸쳐 90여 명이 넘게 해고됐다.

우리가 옳다!

고덕영업소 집회

노동자들은 해고가 시작된 시범영업소를 매일 돌아가며 집회를 열었다. 해고된 영업소 조합원들만이 아니라 휴무인 조합원들도 모였다. 집회 때마다 항상 예상보다 많은 조합원이 모였다. 40명 정도를 예상했는데 항상 그 이상이었다. 70명이 모이기도 했고 100명이 모일 때도 있었다.

조합원들은 아침에 모일 때 간식거리와 음료수를 스스로 챙겨 왔다. 일단 그 정성이 사람들의 마음을 움직였다. 여러 색깔의 천으로 현수막도 걸었다. A4용지에 이강래 사장에 대한 욕과 구호를 적어 온 창문과 벽을 도배했다. 영업소를 무당집처럼 꾸몄다. 노래도 배우고 율동도 배우고 선동도 배웠다. 사진 찍는 연습도 했다. 관리자들이 함부로 사진 찍고 감시하면 사진 다 지우게 하고 아예 사무실에서 못 나오게 했다.

영업소 관리자들은 당황했다. 노동자들이 이렇게 당당하게 나올 줄 몰랐다. 이 사람들이 어제의 그 사람들인가? 노동자들에게 그전까지 도로공사 관리자들은 두려움의 대상이었다. 노동자들이 두려워하지 않으니까 사장들이 두려워하기 시작했다.

　조합원들이 계속 시끄럽게 하니까 민원이 많이 들어왔다. 경찰도 주민들이 신고했다고 을러댔다. 하지만 조합원들은 기죽지 않았다. 양평이든 북여주든 어디에서든 함께하기 위해 달려온 노동자들이 있었다. 나 혼자가 아니다. 그것만으로도 조합원들은 신났다. 속사영업소 김미랑 조합원은 함께하기로 했던 조합원들이 다 떠나 혼자만 남았는데 여러 노동자가 찾아와서 엄청 힘을 받았다고 했다.

　뭉치니까 말문이 트였다. 조합원들은 그동안 당했던 고통을 다 쏟아내기 시작했다. '이제는 말할 수 있다'라는 분위기였다. 나만의 고통이 아니었고 우리 영업소에서만 있었던 일이 아니었다.

　"회식 때 술만 먹으면 사장이 바지를 벗는데 그걸 또 올려 줬던 노동자가 있었어요."

　"10년을 일하나 20년을 일하나 최저임금 주면서 연차수당도 떼먹고 도대체 임금이 어떻게 나오는지 알 수 없어요. 연차수당 20만 원을 사무장이 중간에서 가로챘죠."

　"여름에 부스 안에서 구슬땀 흘리며 힘들게 근무할 때 고장 난 에어컨을 고쳐 주지 않더니, 실적과 관련된 입구 정보조회 시스템이 고장 나자 바로 수리했어요. 언제나 근무자보다 중요한 건 실적이에요."

　"실수하면 무릎 꿇고 30분 동안 벽 보고 있으라 했어요."

　도명화 지부장은 시범영업소를 돌며 노동자들을 만나길 너무 잘했다고 생각했다. 도로공사는 자회사 시범영업소 노동자들을 해고해 나머지 노동자들을 흔들려고 했는데 노동자들은 오히려 그 의도를 역전시켰다. 흔들린 게 아니라 더 강해졌다. 뭉칠 수 있다는 자신감이 생겼다.

공공연대노조 영업소지회는 2018년 5월 출범했다. 공공연대노조도 6월 30일 전에 열심히 각각 영업소를 돌며 투쟁을 시작했다.

"강원도 노동자들이 첨 노조 가입할 때 좀 힘 있는 노조에 가입해야겠다는 생각을 많이 한 것 같아요. 한국노총도 따져 보고 여러 노조 따져 보다 결국 민주노총으로 왔는데 경험해 보니, 지사 관리자들이 우리를 함부로 못하게 하는 힘이 있더라고요. 사실 첨에 노조 가입할 때 두려움이 좀 있었어요. 불이익당하지 않을까 하고요. 관리자들이 우리를 너무 배제하니까요. 관리자들이 이렇게 말했어요. 왜 하필 민주노총이냐고? 한국노총 가입하라고요. 지금 생각해 보면 너무 잘했죠. 노조 안 했으면 여기까지 오지도 못했어요. 진짜 1년 동안 KTX 타고 온 기분이에요. 그렇게 빨리 온 기분요. 5월에 노조 가입하고 1인시위 피켓시위 엄청나게 했어요. 한 달 동안 강원도 모든 영업소를 돌았죠. 가는 곳마다 꽹과리 치며 출근 투쟁을 했어요. 저희는 한 달 먼저 해고되었으니까 매일 했죠. 아직 해고당하지 않았던 분들도 함께 근무하면서 하고요. 그렇게 하면서 자신감이 생겼어요." (유명희 조합원)

애초 도명화 지부장과 박순향 부지부장은 6월 말이 되면 조합원 숫자가 250명에서 100명으로 줄지 않을까 걱정했다. 그러나 줄지 않았다. 싸울 수 있는데 왜 노조를 나가? 조합원들은 웃으며 얘기했다.

"이제 안 자르면 어떻게 하지? 회사 다니며 싸우기 힘든데."

무릎을 꿇어

해고당한 청북영업소 조합원들의 평균 나이는 쉰두 살이었다. 직접고용에 대해 아무런 지식이 없었기 때문에 거리낌 없이 자회사에 동의했다. 그런데 새로운 업체가 들어오면서 직원 모집 광고를 붙였다. 자회사 설립까지 4개월 정도 남은 상태였다. 굳이 4개월밖에 안 남았는데 새로운 직원을 모집했다. 노동자들은 그 4개월 동안 해고당할까 불안할 수밖에 없었고, 수년 동안 사장이 시키는 대로 다 했는데 마지막까지 우롱당하는 느낌이었다.

"쓰다 버려지는 소모품 된 듯한 기분이었습니다. 억울하고 분해서 모두 도로공사에 내용증명을 보내고 자회사 동의를 철회하고 노조에 가입했습니다. 시범영업소인 청북영업소 노동자들은 6월 15일 해고됐습니다. 직접고용을 선택한 14명의 노동자는 해고 전날부터 일할 수 없었습니다. 알아서 나가란 뜻이었습니다.

노동자들은 잘리는데 그냥 나갈 순 없었다고 했습니다. 자존심이 있지. 근무 마지막 날 아침부터 집회를 열었습니다. 사복으로 다 갈아입고 14명의 작업복을 연결해 나무에 걸었습니다. '해고는 살인이다! 우린 일하고 싶다'라는 문구를 써서 작업복에 붙였습니다. 쉬는 시간에는 부스에서 나와 집회를 같이했습니다. 막판에는 쉬는 시간이 아닌데도 나와 버렸습니다. 요금을 받을 사람이 없으니 차가 밀리고 난리가 났습니다.

도로공사에서 하이패스 차로 하나 빼고 모든 차로를 막을 수밖에 없었습니다. 이때 민주연합노조 김성환 위원장과 도명화 지부장이 차를 몰고 늦게 도착했는데 도명화 지부장은 요금을 내고 통과하겠다고 버텼습니다.

우리가 옳다!

차에 하이패스 단말기가 없고 외상은 싫어한다고 하면서. 그러니까 나중엔 관리자가 그냥 면제해 줄 테니 가라고 계속 얘기했습니다. 한 편의 코미디였습니다.

지사장이 집회할 때 찾아와 '난 너희들을 해고하지 않았다'라고 몇 번이나 큰 소리로 외쳤습니다. 정말 가증스러웠습니다. 우리가 말할 수 있는 욕은 다했던 것 같습니다. 실랑이할 때 지사장은 조합원들이 밀지도 않았는데 넘어지는 쇼를 했습니다. 도명화 지부장이 지사장 보고 창피하지 않냐고 했더니 슬며시 일어났습니다.

그다음 날도 집회를 열었습니다. 민주노조 조합원들에게 정산을 해줘야 할 돈이 조금 있어 사무실 안으로 모두 들어갔을 때 자회사로 넘어간 서무가 경찰에 신고까지 했습니다. 전날까지 같이 일하던 동료에게 이게 할 짓이냐고 따져 서무한테 사과 받는 일도 있었습니다.

민주노총 쪽 조합원이 청북영업소 통과하면서 의뢰할 일이 있어 물어보자 근무자가 부스 창문을 닫아 버려 민원을 제기했습니다. 민원을 받은 기간제 근무자는 처음엔 자신은 잘못이 없다고 얘기했습니다. 그런데 도로공사 정규직 관리자와 영업소노조 간부가 그 조합원에게 무조건 잘못했다고 빌라며 무릎을 꿇으라고 했습니다. 그 노동자는 바로 우리에게 무릎을 꿇었습니다. 그래서 도명화 지부장이 우리 조합원들에게도 무릎을 꿇으라고 했습니다. 마치 우리가 강제로 무릎 꿇리는 상황을 연출하기 위한 정규직 관리자의 의도에 넘어가면 안 되었기 때문입니다.

해고를 당하고 2개월 후 지사에서 청북영업소 근무자였던 5명의 조합원을 집시법 위반으로 고소까지 했습니다. 이게 10년, 20년 피땀 흘린 노동자를 대하는 도로공사와 관리자들의 태도입니다." (김경남 지회장)

아줌마들이 얼마나 가겠어!

도명화 지부장은 4년 1개월 해고 투쟁을 하면서 도로공사의 야비한 행태를 숱하게 봐 왔다. 노동자들이 애원하면 할수록 도로공사는 노동자들을 더 밟을 것이었다. 1,500명 해고 앞에서도 당당해야 했다. 그래야 미래의 싸움에서도 밀리지 않을 수 있었다. 해고할 테면 해고해라. 차라리 잘리고 싸우겠다. 도명화 지부장은 조합원들에게 이런 당당함을 불어넣으려 애썼다.

조합원들도 이미 각오는 되어 있었다. 그래도 설마 하긴 했다. 그래도 공기업인데. 그래도 촛불 정부라는데. 가진 것 없는 비정규직 여성 노동자 1,500명을 해고할까? 뭔가 대안을 내놓지 않을까? 쥐꼬리만 한 임금이라도 그것으로 가족 생계를 책임졌다. 그것마저 없으면 미래 설계가 불가능했다. 당장은 실업급여가 나오지만, 그것마저 끊기면 큰일이다. 과연 얼마나 싸울 수 있을까? 온갖 생각을 해 보지 않을 수 없었다.

이런 와중에 정부가 도로공사 사태 해결을 위해 다섯 명의 강제중재단을 내려보내 해고를 한 달 연기할 수 있다는 소문이 돌았다. 정부와 도로공사는 이런 계산을 했을 수 있다. 해고 기간을 미루고 한 달 동안 조합원들을 구워삶아 무너뜨릴 수 있지 않을까? 자회사로 대거 밀어 넣을 수 있지 않을까?

노동자 입장에서는 불리한 카드가 결코 아니었다. '청와대가 압박을 받기 시작했다'라는 해석을 해 주고 '정말 끈기 있게 싸우면 절대로 질 수 없는 싸움'이라고 서로를 북돋아 주면서 기세를 올리면 되기 때문이었다. 투쟁 일정에 차질이 생길 수 있지만, 연월차 무시하고 집회 때 그냥 빠져나오면 됐다. 이래 돼도 해고 저래 돼도 해고인데 한 달 남겨 놓고 근무태도 잘 보이면 뭐하겠는가? 필요할 때 '나 나가요' 하고 나오면 됐다. 그게 오히려 해고 전 현장 투쟁에 도움이 될 수 있는 일이었다.

하지만 강제중재단이 내려오지도 않았고 해고 연기도 없었다. 정부와 도로공사는 더 늦게 해고하면 조합원들의 사기만 올라가 자신들이 힘들어지지 않을까 생각했을 것이다. 무엇보다 그들은 쉽게 제압할 수 있다고 확신했다. 노동자의 힘을 우습게 봤다. 관리자들은 이렇게 얘기했다.

"한 달이면 두 손 두 발 다 들걸요. 집안일 해야 하는 아줌마들이 얼마나 가겠어요."

"지금 몰라서 싸운다고 하는데. 정말 아줌마들이 몰라서 그런 겁니다. 두 달 지나면 한 명도 안 남아요. 그때 가서 후회해도 소용없습니다. 생고생하지 말고 편하게 자회사 가세요."

"민주노총이 얼마나 도와주겠습니까? 한두 달? 잘 생각하세요."

청와대와 도로공사는 한 몸

정부는 도로공사와 자회사 추진을 긴밀하게 협의했다. 말이 '협의'지 도로공사가 공기업이라는 점을 고려할 때 정부가 거의 다 지시했다고 볼 수 있다. 여기, 빼도 박도 못할 증거가 있다. 6월 말 자회사 홈페이지 첫 화면에 있던 내용이다. 6월 26일 BH(BLUE HOUSE, 청와대) 시민사회수석, 일자리수석, 사회조정비서관 등 핵심 실세들이 도로공사 이강래 사장과 영업처장을 만났다. '도로공사와 정부는 기본적인 인식을 같이한다'라는 문구가

요금수납원 정규직 전환 관련 협의 결과 공유

정부의 비정규직 정규직 전환 정책에 따라 추진 중인 요금수납 업무와 자회사 전환 진행상황에 대한 BH와의 협의 결과를 다음과 같이 공유하오니 참고하시기 바랍니다.

<다음>
□ 時·所: 2019.6.25.(화) 16:00~17:50, BH 시민사회수석실
□ 참석자:
ㅇ (BH): 시민사회수석, 일자리수석, 사회조정비서관, 고용노동비서관, 상황실 행정관
ㅇ (공사): 사장, 영업처장

□ 주요 내용: 그간 진행된 전환 협의 결과 설명
① 노·사 및 전문가 협의회 진행 결과
ㅇ 17.7.20 시행된 정부의 정규직 전환 가이드라인에 따라 그해 10.30 노·사 및 전문가 협의회 구성
　　*공사 6명, 근로자 대표 8명, 전문가 3명
ㅇ 17년 11월부터 본회의 9회, 개별협의 5회, 실무협의 40회를 진행하였고,
　　18.9.5 자회사 방식의 정규직 전환에 대해 노·사 자율 합의
　　-자회사 방식 전환, 임금 30% 인상, 정년 61세 등
　　*근로자대표 6인 중 5인 합의 서명(민주노총 제외), 전문가 위원은 중재 곤란 인정
② 전환동의자 동향
ㅇ 비동의자들에 대한 수납 업무 부여는 반대 입장이며, 공사가 이를 강행할 경우 자회사 지지 철회 및 직접고용
　　투쟁 돌입 선언
　　*6.25(화) BH앞 집회, 7.1(월) 수납 업무 거부 및 BH 앞 대규모 집회 예정
ㅇ 기존 자회사 전환 동의 수납원에 대한 신의성실의 원칙 준수 요구
③ 비전환 톨게이트 노조 및 민주노총 협의 경과
ㅇ 비동의 수납원의 의견을 청취하고 공사 입장에 대한 올바른 정보를 전달하는 등 갈등 완화를 위해
　　갈등관리협의회 운영
ㅇ 2019년 1월부터 총 18회 개최하여 현장 의견 청취 및 공사 입장을 설명하셨으나, 공사 직접고용과 수납 업무
　　부여만을 요구

□ BH 협의 결과
ㅇ 자회사 방식의 통행료수납 업무 정규직 전환에 대해 공사와 BH는 기본적인 인식을 같이함.
① 18.9.5 합의 내용에 따라 19.7.1부 자회사 전환 차질 없이 추진
　　-전환 시 부족 인력에 대해서는 자회사에서 외부 기간제 수납원 채용
② 7.1 이후 요금수납 업무는 자회사에서만 수행하며, 공사는 직접 도는 외주용역 등 어떠한 형태의 수납 업무도
　　수행하지 아니함.
　　-대법원 확정 판결 이후에도 이 원칙에는 변함없으며, 공사가 패소할 경우 직접고용되는 수납원에 대해서는
　　실무직(조무원) 업무만 부여
③ BH는 18.9.5 합의에 따른 자회사 설립을 지지하고, 비동의 수납원의 자회사 전환에 적극 지원 약속
　　*고용노동비서관은 2018.9.5. 노·사가 합의한 내용의 중요성을 충분히 인식하고 그 내용에 따라 진행될
　　수밖에 없음에 동의

있다. '청와대는 2018년 9월 5일 합의에 따라 자회사 설립을 지지한다'는 내용도 있다.

맨 밑에 '고용노동비서관은 9월 5일 노사가 합의한 내용의 중요성을 충분히 인식하고 그 내용에 따라 진행될 수밖에 없음에 동의'라고도 되어 있다. 이 청와대 고용노동비서관이 전문가 위원으로 노사전협의회를 주관했던 조성재(당시 한국노동연구원 노사 관계연구본부장)다.

"이때 그는 노동부 등에 보고하기 위한 보고서에서 '협의회가 1년여의 활동을 벌여 왔지만 노사 간, 회사와 전문가 간 이견을 좁히지 못해 (2018년) 9월 5일 제9차 본회의에서 사안을 잠정 종결한다'며 '노동부와 국토교통부의 새로운 판단과 방향 제시를 구한다'고 밝혔다. 협의회에서 정규직 전환 방식을 합의하는 데 실패했으니 정부가 방안을 제시해 달라는 의미다.

조성재 고용노동비서관은 당시 보고서에서 합의 실패 책임이 사측에 있다고도 했다. 그는 '전문가 위원들은 직접고용, 자회사, 분리 선택 등 3가지 복수 안을 제안했으나 공사 측은 이 틀을 거부하고 자회사 방식 일변도의 수정안을 제시했다'라며 '조정과 협의를 지속했으나 이견이 좁혀지지 않은 상태에서 더 이상의 회의는 무의미하다고 판단된다'라고 밝혔다.

전문가 위원들과 민주연합노조 소속 대표(박순향 부지부장)가 '서명이 이뤄지더라도 협의회 이름으로 기록이 남을 수 없다'라고 항의한 뒤 퇴장했지만 서명을 막지 못했다."

(도로공사, '자회사 전환' 노사 합의 없이 강행했다, 《경향신문》, 2019년 10월 8일)

노동자들이 자신의 운명을 전문가에게 맡길 이유는 없다. 노사전협의회는 노동자들에게 강요된 것일 뿐인데, 이걸 걷어차지 못했을 때 결과가 좋을 가능성은 사실상 없다. 노사전협의회라는 것 자체가 사측으로 기울어진 운동장이기 때문이다. 보통 '전문가'라 불리는 사람들은 현장과 멀리 떨어져 있는 사람들이며, 노동자의 처지와 입장에 서서 생각해 왔던 사람들이 아니다. 노동자들이 그 사람들에게 영향을 미칠 수단도 거의 없다.

전문가들이 아무리 말로는 '중립'을 외치더라도 실제로는 노동자들에게 양보를 강요하는 경우가 비일비재하다. 정부와 사장들의 영향력을 강하게 받기 때문이다. 백번 양보해 조성재 같은 전문가 위원이 어떤 결정을 반대하더라도 최종 결과는 달라지지 않는다. 더 높은 위치에 있는 사람들이 협의 따위는 무시해 버리고 힘으로 관철하기 때문이다. 투쟁하는 노동자들은 들러리가 된다. 청와대는 물 샐 틈 없이 자회사 전환을 추진하기 위해 청와대 고용노동비서관의 동의를 강조했다. 조성재 비서관은 끽소리도 못하고 침묵했다.

누구에게 투쟁의 운명을 맡길까?

10월 9일 한국노총 톨게이트노조가 도로공사와 합의하기 전까지는 한국노총 톨게이트노조와 민주노총 소속 4개 노조는 함께 싸웠다. 민주노총과 한국노총이 함께한 투쟁, 이게 톨게이트 노동자 투쟁의 특별한 색깔 중 하나였다. 민주노총과 한국노총은 역사 자체가 다르고 노선과 정책 역시 다르다. 그래도 함께 싸울 수 있었던 이유는 무엇일까?

한국노총 톨게이트 조합원들도 똑같은 요금수납원으로 직접고용 열망이 아주 강했기 때문이다. 노동자들이 한국노총 톨게이트노조 지도부를 지지하거나 한국노총을 잘 알고 가입한 것도 아니었다. 이런 경우가 있었다. 덕유산영업소 노동자들은 처음에 서산영업소에 근무했던 박순향 부지부장과 통화했다. 근데 영업소를 잘못 찾아갔다. 서산을 예산으로 잘못 알아듣고 예산영업소를 갔는데 거기에 한국노총 톨게이트노조 사무국장이 있었다. 노동자들은 노조를 잘 몰랐고 뜻이 같으면 큰 문제는 없을 거라고 판단했다. 나중엔 산은 같은 산인데, 너무 달라 후회를 했고 9월 중순에 톨게이트노조를 탈퇴했다. 어쨌든 직접고용을 위해 소송을 한다고 하니 가입한 노동자들이 많았다. 관리자들이 톨게이트노조를 많이 얘기해서 가입한 사례도 있었다.

톨게이트노조 조합원 수는 약 800~900여 명으로 민주노총보다 많았다. 톨게이트노조는 이 노동자들의 직접고용 열망을 대 놓고 무시할 수 없었다. 송미옥 위원장은 자회사를 찬성해 탄핵까지 당했다. 박선복 위원장은 조합원들의 직접고용 열망을 어느 정도 대변하는 척이라도 해야 했다. 물론 "탈퇴하면 아무 소송도 할 수 없다"라고 하며 탈퇴를 막았고 나중에는 쓰레기 합의안에 서명함으로써 도로공사를 도와줬지만 말이다.

민주노총의 투쟁도 출발부터 순탄하지는 않았다. 애초 도로공사는 자회사를 거부하는 수납원들을 기간제로 채용할 생각이었는데 민주연합노조는 기간제로 들어가 법원 판결을 기다리면서 현장에서 투쟁을 만들자는 입장을 가지고 있었다. 대규모 해고에 맞선 투쟁이 쉽지 않으니 들어가서 싸우는 게 낫다는 판단이었다. 하지만 민주연합노조 톨게이트지부 도명화 지부장과 박순향 부지부장은 기간제는 생각도 안 했고 조합원들도 언제 내팽개쳐질지 모르는 기간제로 들어갈 생각이 전혀 없었다. 결국 현장의 의견이 반영됐고, 민주연합노조는 최선을 다해 투쟁을 지원하기로 결의했다.

민주노총 소속 노동자들과 한국노총 소속 노동자들의 소통에 가장 큰 기여를 한 건 '같이 가자! 톨게이트 노동자 전환 정보방'이라는 네이버 밴드였다. 2018년 9월에 만들어졌고 많을 땐 2,000여 명 가까이 가입했다. 요금수납원이라면 누구나 가입할 수 있는 밴드였고 지금도 있다. 여기서 많은 정보를 공유했다.

민주노총은 당연히 한국노총과의 공동 투쟁을 반대하지 않았다. 함께 싸우길 원하는 노동자들의 마음을 일부러 떼어 놓을 필요가 어디 있겠는가? 조합원 수는 한국노총보다 적었지만 투쟁의 주력은 민주노총이었다. 민주노총 노조의 구성과 주요 간부는 다음과 같다.

- **민주일반연맹 위원장** 이양진
- **민주일반연맹 민주연합노조**(위원장 김성환)
  톨게이트본부지부 지부장 도명화, 부지부장 박순향
- **민주일반연맹 공공연대노조**(위원장 이성일)
  영업소지회 지회장 유창근, 부지회장 이명금
- **민주일반연맹 경남지역일반노조**(위원장 정대은)
  칠서톨게이트지회 지회장 전서정, 부지회장 주현주, 사무장 김송숙
- **민주노총 인천본부 인천지역일반노조**
  지부장 구경숙, 부지부장 박삼옥, 사무국장 김종수(인천지역일반노조는 인천본부 직가입 노조로 민주일반연맹 소속이 아니라 인천본부 소속이다.)

민주연합노조는 2019년 6월 말 조합원이 약 260여 명이었다. 공공연대노조는 약 200여 명에서 출발했다. 경남일반노조는 26명이 시작해서 본사 점거 과정에서 여러 동지가 다쳐 여섯 명이 치료를 받았고 20명이 김천과 서울에서 투쟁했다. 인천지역일반노조는 약 40명이 시작해서 20여 명이 대법원에서 승소해 중간에 현장으로 들어갔고 나머지 20여 명 중 10여

명이 끝까지 싸웠다. 민주연합노조가 전체 투쟁 인원의 반 이상이었고 3분의 2정도 될 때도 있었다. 같은 민주노총 소속이었지만 더군다나 3개 조직은 민주일반연맹 소속이었지만 각 조직의 역사와 기풍이 달랐고, 투쟁에 대한 생각도 다를 때가 종종 있어 갈등도 많았다.

도명화 지부장과 박순향 부지부장은 조합원들에게 늘 "민주연합노조가 앞장서야 한다. 한 발이라도 더 움직여야 한다"라고 얘기했는데 어떤 때는 민주연합노조 조합원들만 고생하는 것 같아 답답하다고 했다. 조합원들에게 미안하다고 했다. 다른 조직의 지도부들은 자기들도 다 열심히 하고 있는데 그런 내색을 하는 게 불편했고 언론 보도와 인터뷰는 물론 연대 오는 노동자들의 관심도 민주연합노조에 쏠리니 소외감을 느꼈다.

조합원들도 지도부 사이의 갈등과 분열을 느꼈다. 하지만 조합원들은 그 시시비비를 다 가리려 하기보다는, 전체의 힘 있는 결정이 내려지길 바랐고, 그걸 따랐다. 지도부도 어쨌든 하나의 목표를 위해 나아가고 있었고, 그 과정에서 생각의 차이나 투쟁 방법의 차이는 항상 나타날 수 있기에, 조합원들은 이해하려 했다. 지도부의 결정이 내려지면 그대로 실천하려 했다. 조합원들 사이의 거리는 훨씬 가까웠고, 애틋했다. 서로를 배려하면서 자기 몫을 다하기 위해 최선을 다했다.

조합원들이 서로를 어떻게 생각했는지 알 수 있는 장면이다. 도명화 지부장, 유창근 지회장이 단식에 들어갔을 때의 일이다. 투쟁 막바지였고 민주당 국회의원 사무실을 지켜야 하는 사람, 지치거나 불가피한 사정 때문에 집에 가 있는 사람이 많이 있어 집회 땐 조합원이 얼마 없었다.

"오늘도 우리 네 노조가 같이하잖아요. 인천 일반 동지님이 발언하러 나왔어요. 우리는 그래도 오늘 30명이 나왔다 쳐요. 거기는 동지들이 원래 소수라서 빠지면 몇 명 안 된단 말이에요. 인천 일반 동지님들이 다섯 명 안팎이에요. 나와서 같이 투쟁하는 동지들에게 미안한 거예요. 우리 다 같이 하면 좋은데, 거기는 몇 명 참여를 못하니까 울더라고요. 울면서 뭐라고 하냐면, 미안하다고요. 여러 명 같이 나와야 하는데, 미안하다고 울면서 이야기를 하는 거예요. 발언하러 나와서 앞에 단식하고 있는 동지가 있으니까 미안한 거예요. 노조는 똑같은 민주노총 소속인데, 자기 조직이 몇 명 안 된다고 너무 미안해하는 마음이 느껴졌어요. 열 마디보다 그 미안하다는 한 마디가 나에게 오더라고요. 또 다짐하는 거지요. 그래, 마음을 다잡아야지 하고요." (이민자 조합원, 기록노동자 희정의 인터뷰, 2020년 1월 19일)

지도자들의 손에 투쟁의 운명을 맡기는 게 바람직할까? 그건 대단히 위험한 일이다. 조합원들의 의지가 반영되지 않거나 왜곡될 수 있기 때문이다. 조합원들이 스스로 투쟁의 주체로, 자기 운명의 주체로 거듭나는 걸 막기 때문이다.

대표자들만이 아니라 참여하고 싶은 사람은 모두 참여할 수 있는 투쟁위원회를 구성해 거기서 주요 주제를 결정했다면, 평조합원들이 이 투쟁을 더 많이 주관할 수 있었을 것이다. 대표자 회의를 넘어 각 노조의 조장들을 포함한 전체 간부 회의나 전체 조합원 총회를 수시로 열었다면 분열을 더 줄였을 수 있고 효과적인 투쟁 방법도 더 많이 찾을 수 있었을 것이다. 다시 말해 전체가 모여 토론하고 결정하는 방법을 자주 썼다면 말이다.

김천 농성장의 조회나 종례, 집회 등 전체 조합원이 모이는 자리는 많았지만, 그 자리가 전체 조합원이 토론할 수 있는 자리는 아니었다. 전체 조합원이 투쟁의 주요 주제를 결정할 수 있는 자리도 아니었다. 대부분 보고하는 자리였다. 중요한 토론은 거의 조직별로만 했다. 각 조직의 모든 간부와 조합원이 섞이고, 함께 토론하면서 차이를 좁힐 기회가 너무 부족했다. 충분한 시간이 있었는데도 말이다. 함께 싸우고 있는 노동자들이 꼭 조직별로만 토론해야 할 이유가 어디 있을까?

1,500명의 고립(?)

1,500여 명이나 자회사를 거부했는데 고립이라니 무슨 얘긴가? 자회사로 넘어간 노동자들로 구성된 영업소노조는 도로공사에 자회사 추가 모집을 중단하라는 성명서를 냈다. 영업소노조는 직접고용 선택한 노동자들을 경쟁의 대상으로 봤다. 도로공사에 자회사 인원을 더 늘리지 말라고 요구한 이유는 수납 업무를 약속받고 자회사를 갔는데 자신들의 일자리가 불안해지지 않을까 우려해서다. 도로공사가 노노갈등을 부추긴 결과다. 도로공사 노동조합(한국노총 소속 정규직노조), 한국도로공사 안전순찰 노동조합, 한국도로공사 시설노동조합, 한국도로공사영업소 노동조합 등 8개 조직으로 구성된 고속도로 노동조합 연대회의 역시 자회사를 지지하는 성명서를 냈다.

"도로공사는 2019년 조기 자회사 설립의 어려움을 알면서도 성급하게 추석 직전 자회사 홍보물을 나누어 주고, 9월 말 우리 조합과는 사전 협의도 없이 영업직 직원들을 투입하여 반강제적으로 자회사 근로계약 신청서를 받았다. 이번이 마지막이다, 다시는 신청서를 받지 않겠다는 협박과 함께 신청서를 받아 갔다.

그러나 지금 도로공사의 행태를 보면 분노를 금할 길이 없다. 우리를 상생의 대상이 아닌 도공의 허수아비로 취급하며 자회사 전환 전까지 약속했던 임금 지급과 시설물 개선은 제대로 하지 않고, 직접고용을 주장하는 사람들을 찾아다니면서 언제든 선택만 하면 갈 수 있는 곳으로 만들고 있다."

(2019년 4월 16일 한국도로공사영업소노동조합 성명서 중 일부)

"고속도로 연대회의는 요금수납 노동자들의 '고용과 노동의 질 개선'을 위해 노사전합의사항인 '자회사 방식의 정규직 전환을 적극 지지'하며, 자회사 전환 노사합의대로 '고용단절 시 도공의 기간제가 아닌 자회사 기간제 부여는 절대 불가'함을 천명한다. 또한, 요금수납 자회사의 안정적 운영과 소속 노동자들의 고용안정 및 근로조건 향상을 위해 함께 강고하게 연대하고, 강력하게 투쟁할 것이다!"

(2019년 6월 20일 전국 고속도로 노동조합 연대회의 일동 성명서 중 일부)

도로공사 노동자들만이 아니라 많은 민주노총 소속 대공장 노동자들도 IMF 사태 직후 펼쳐진 대규모 정리해고 공세 앞에서 한편으로 민주노조가 갖는 힘의 한계를 절감하고 한편으로 지도자들의 배신에 절망하고 길들여지면서 보수화되었다. 이후 여러 구조조정 투쟁에서 만만치 않은 저항의 힘을 보여 주기도 했지만 자신감이 예전처럼 올라오진 않았다.

상당한 임금을 받고 있고 고용불안을 덜 느끼는 대공장 정규직 노동자들은 비정규직의 비참한 삶을 바라보며 그들에 대한 연민이나 연대의식을 느끼는 것 이상으로 좀 더 나은 노동 조건과 소비 능력을 가진 자신에 대해 우월감과 안도감을 느끼고 있다. 그런데 그 안도감 이면에는 의식하든 못 하든 뿌리 깊은 불안감이 자리 잡고 있다. 비정규직 노동자들의 투쟁이 점점 더 커지고 정당성을 키워 가면 자신이 지금 누리고 있는 상대적으로 안정적인 지위가 흔들릴지도 모른다는 불안감. 그 불안감 때문에 일부 정규직 노동자들의 영혼은 피폐해졌다. 비정규직 노동자들의 처절한 투쟁에 등을 돌리는 일이 수시로 발생했다.

노동자들은 '자회사 저지'를 내세웠지만 이미 자회사는 2019년 7월 1일 출범을 준비하고 있었다. 협박과 강요 때문이었지만 어쨌든 5,000여 명이 자회사를 선택했다. 당장 자회사를 없앨 순 없었다. 노동자들은 요금 수납 업무를 계속해야 한다고 주장했지만, 당장 해결할 수 없는 벅찬 문제였다. 수납 업무 때문에 자회사를 선택한 노동자들은 반대할 게 뻔했다. 도로공사에 맞서 싸워야 했을 뿐 아니라 그들을 설득하여 함께 일자리를 나눌 수 있어야 했다. 압도적인 힘이 없는 이상 단기간 안에 이루어질 수 없는 일이었다. 9월 말 이후에는 많은 조합원이 힘의 한계를 느끼며 수납 업무 문제 양보를 불가피한 것으로 느꼈다.

톨게이트 투쟁이 한창이었던 2019년 하반기 한국 사회는 조국 전 법무부 장관과 윤석열 검찰총장을 둘러싼 논쟁이 모든 이슈를 집어삼켰다. 톨게이트 노동자들은 곤혹스러웠다. 한 노동자는 9월 9일 본사로 가는 길에 차 안에서 아무리 싸워도 조국, 윤석열 이슈에 묻히지 않을까 많이 걱정했다고 했다. 다른 노동자는 정말 시급한 건 사법 개혁이 아니라 비정규직 개혁이 아니냐고 했다.

"나라가 어려웠을 때 비정규직을 그만큼 늘렸으면 이젠 비정규직도 대우해 줘야 하는 게 아닌가 합니다. 사법개혁이 아니라 비정규직 개혁이 시급합니다. 용역업체가 중간착취로 빼앗아 간 돈, 그것만 우리 주면 됩니다. 충분히 해 줄 수 있습니다. 우리가 정규직 것 뺏어 갈 거 없습니다. 안 해 줄 이유 없습니다. 자회사 6,500명은 되는데 직접고용 6,500은 안 된다? 말이 안 됩니다. 우리가 아는 이상 자회사 못 갑니다. 뻔히 아는데. 이제껏 당하고 살았는데, 입바른 소리 하면 잘렸는데. 때가 왔으면 이제 해 줘야지. 왜 우리 권리 찾기 위해 이렇게까지 싸워야 하나. 억울합니다."
(안다현 조합원)

노동자들은 조국, 윤석열을 둘러싼 논쟁이 자신의 삶, 자신의 투쟁과 어떤 관련이 있는지 이해할 수 없었다. 기득권을 놓지 않으려는 싸움이 아니라면, 국민을 위한 싸움이라면 노동자들이 절박하게 외치는 비정규직 개혁, 고용안정, 정규직 전환 등의 문제를 어떻게 풀겠다고 얘기해야 하는 게 아닌가. 톨게이트 노동자들은 자신들의 삶과 너무 거리가 먼 논쟁이라 느꼈다. 조국, 윤석열 논쟁 때문에 언론의 관심에서 밀렸지만 톨게이트 투쟁만큼 언론의 관심을 받은 투쟁도 없다. 주목하지 않으려야 않을 수 없도록 싸웠기 때문이다.

어쨌든 당장에 도로공사 안에서 지지와 연대의 손길을 찾을 수 없었고 사회적 여건도 좋지 않았다. 그래도 노동자들은 자신감이 있었다. 합법적 정당성이 있었기 때문이다. 뭉칠 수 있었기 때문이다. 그러나 도로공사에서 일하는 많은 노동자가 함께 뭉쳐 싸울 수 있는 조건이 아니었기 때문에 그만큼 어려움이 컸던 게 사실이다. 더욱이 상대는 거대 공기업 도로공사와 정부였다. 결국, 1,500명 직접고용은 연대의 힘에 달려 있었다. 톨게이트 투쟁을 전체 노동자의 투쟁으로 만드느냐에 달려 있었다. 하지만 처음으로 투쟁에 나선 톨게이트 노동자들은 아직 이 열쇠를 정확히 알지 못했다.

2.
하늘을
이불 삼아

캐노피 고공농성

서울영업소 캐노피(지붕 형태의 구조물)에 올라가기로 마음먹은 노동자들은 6월 30일 새벽 3시에 죽전휴게소에 모였다. 마지막 만찬은 우동이었다. 긴장한 티 나면 안 된다고 모두 밝게 웃었다. 누군가 사다리차를 끌고 왔다. 조합원들은 인원이 많아 중간에 경찰에게 저지당할까 걱정했다. 다행히 저지는 없었다. 부리나케 올라갔다. 막상 올라가니 앞이 잘 보이지 않았다. 너무 깜깜해서 무서웠다. 그래도 해야 할 일을 찾았다. 일단 장판부터 깔고 잠잘 채비를 했다.

아침에 바로 여러 언론에서 고공농성 소식을 알렸다. 언론에 많이 알려지자 한 조합원은 금방 투쟁을 끝낼 수 있지 않을까 기대하기도 했다. 아직 그 누구도 이 투쟁의 깊이를 가늠할 순 없었다.

캐노피 점거 농성과 서울영업소 앞 집회

애초 민주연합노조와 공공연대노조는 각각 15명을 올리기로 했다. 민주연합노조는 일단 추린 15명 중 나이가 많은 조합원 네 명은 뺐다. 민주연합노조 11명, 공공연대 노조 11명, 한국노총 톨게이트노조 19명, 총 41명이 올라갔다. 민주연합노조는 될 수 있으면 아직 애가 어린 조합원들은 올리지 않기로 했다. 그런데 어린애가 둘인 임청미 조합원, 이인영 조합원은 어떻게 올라오게 됐는지. 야, 넌 어떻게 올라왔어? 어린 애들이 눈에 밟힐 텐데. 조합원들은 차마 뒷말은 하지 못했다.

사실 캐노피에 오른 조합원 대부분은 거의 다 2박 3일 정도만 있을 줄 알았다. 그 정도 있다가 내려와 7월 3일 공공부문 총파업대회에 참가하리라 생각했다. 그런데 막상 올라가 보니 2박 3일로 될 일이 아니었다. 누가 얘기하지 않아도 알았다. 올라오는 건 쉬웠지만 내려가는 건 어렵겠구나.

며칠 지나 비가 올 것 같아 아래에 있는 조합원들이 여러 물품을 올려 줬다. 간이로 설치한 천막을 보수해야만 했다. 막내 임청미 조합원이 "내려갈 생각은 안 하고 뭘 자꾸 올려?"라고 말하자 다들 코끝이 찡해졌다. 이제 시작인데 왜 그래. 우리가 밑에서 싸우는 조합원들에게 힘을 줘야지.

절박한 투쟁에 나선 조합원들이 지도부에게 가장 기대하는 게 무엇일까? 지도부의 강한 책임성이다. 민주연합노조 톨게이트지부 도명화 지부장과 공공연대노조 영업소지회 이명금 부지회장은 조합원들과 함께 고공농성을 결행함으로써 지도부의 분명한 책임성을 보여 줬다. 조합원들은 투쟁이 밋밋할 수 없다는 걸 느꼈다. 힘들 게 뻔할 고공농성을 지도부가 결단하고 여러 조합원이 함께 시작했으니.

한국노총 조합원들은 오전부터 서울영업소에 모여 있었고 민주노총 조합원들은 점심이 지나 모였다. 출근하지 않고 모인 조합원들이 많았다.

어차피 잘리는데 마지막 날 출근 안 하는 게 무슨 대수냐고들 했다. 노조가 결근지침을 내린 건 아니지만 모이라고 하니까 알아서 결근하고 수많은 조합원이 모였다. 한국노총, 민주노총 조합원 합해 얼추 1,000여 명 정도는 됐다.

1,000여 명이 함께 신나게 율동을 했다. 슬픈 표정은 찾아볼 수 없었다. 연대하러 왔던 한 노동자는 이렇게 얘기했다. "전율이 느껴진다. 누가 이 노동자들이 해고자라고 생각하겠는가?" 아마 톨게이트 노동자들이 이 말을 들었다면 물었을 것이다. 해고자는 어떤 모습이어야 하길래 그렇게 느꼈냐고. 추가로 이런 질문도 했을 것이다. 여성 노동자는 어떤 모습이어야 하길래, 장애인은 어떤 모습이어야 하길래.

지난날의 저는 죽었습니다

노동자들은 눈물 흘리며 과거를 돌아봤다. 6월 30일 서울영업소 집회에서 공공연대노조 조합원은 이렇게 얘기했다. 이 발언이 워낙 인상적이었는지 《경향신문》은 발언을 그대로 다 실었다.

"저는 2008년 입사한 고속도로 톨게이트 요금수납원입니다. 지금까지 팔이 부러져도 결근할 줄 몰랐고, 한 시간씩 더 근무하라고 해도 시키는 대로 하는 바보였습니다. 사무장의 온갖 갑질과 온갖 횡포에도 말 한마디 못하고 열심히 일만 했습니다. 비정규직인 우리는 지시를 거스르면 불이익을 당할까 봐 불평 한마디 못했습니다. 관리자들 밥해 먹이고, 김치 해다 받치고, 생일 때마다 상품권 상납하며 비굴하게 목숨을 연명했습니다. 도로공사의 과장, 소장들! 출근해서 우리에게 커피며 간식이며 대접받으며 결재 잠깐 하고 하루 종일 텔레비전 보거나 낮잠 자다 퇴근합니다. 그러면서도 수백만 원의 월급과 성과급을 받습니다.

국민의 세금으로 운영되는 한국도로공사는 우리에게 더 큰 용역업체(자회사)로 가라 합니다. 그게 싫다 했더니 해고합니다. 우리는 근로자지위확인소송 1, 2심에서 정규직 판결을 받고, 대법원 결정만 기다리고 있습니다. 법도 우리가 정규직이라는데, 다시 용역업체 직원이 될 수는 없습니다. 저는 직접고용을 당당히 외치면서 13년 수납원 생활동안 잃어버렸던 자존감을 찾았습니다. 비굴했던 지난날의 저는 죽었습니다. 직접고용 될 때까지 싸우겠습니다. 나의 선택은 앞으로 보나, 뒤로 보나, 바로 보나, 거꾸로 보나 옳기 때문입니다.

비정규직 제도를 이용해서 자신들의 똥배를 채우는 한국도로공사는 부끄러운 줄 알고, 대한민국을 대표하는 공기업으로서의 책임을 다해야 합니다. 저는 도로공사가 우리를 자신들의 식구로 인정하는 그날까지 끝까지 싸우겠습니다." (백흥기 조합원)

7월 1일 한국노총 조합원들은 서울영업소를 지키기로 했다. 민주노총 조합원들은 무엇을 할 것인가? 곧바로 선택해야 했다. 서울영업소를 지켜야 한다는 의견이 있었고 청와대 앞으로 가야 한다는 의견이 있었다. 지도부 토론 끝에 청와대 앞에 가기로 했다. 박순향 부지부장은 캐노피에 조합원들을 올려놓고 간다는 게 너무 안타까웠다. 그래도 또 다른 투쟁을 해야 했다. 청와대 앞에 도착하자마자 집회를 열었다. 면담을 요구하며 앞으로 나아갔다. 조합원들은 경찰들이 거의 아들뻘이니까 처음엔 말로 했다.

청와대 면담 투쟁

"우리는 우리의 요구와 분노를 전달하기 위해 왔다. 1,500명 집단해고 문재인 정부 책임을 묻는다. 차라리 정규직화 얘길 하지 말던가, 자회사 만들어 놓고 1,500명 해고라니 이게 말이 되냐? 청와대는 우리의 목소리를 들어라, 면담을 요구한다. 길을 비켜 달라!"

경찰은 길을 열어 주지 않았다. 노동자들은 있는 힘껏 밀었다. 노동자들은 경찰과 짜고 치는 법을 몰랐다. 흉내 내는 싸움도 몰랐다. 몸을 던졌다. 노동자들은 이렇게 얘기했다.

"서러움이 폭발했습니다. 그동안 말 못한 것들, 우리가 당한 것 다 폭로하는 계기여서 좋았습니다. 그게 젤 좋았습니다. 누가 알았겠습니까? 우리가 비정규직인지도 몰랐을 겁니다. 전국에 있는 많은 지회가 함께 모여 여러 애길 나눴습니다. 같은 일하던 사람들이니까 힘이 세집니다. 공감대가 있으니까요. 처음 보는 사람들도 매일 동지처럼 느껴져요. 그게 정말 큽니다. 같은 영업소에 있어도 서로 나누지 못한 얘기가 있는데 다 같이 해고 돼서 전국이 다 한자리에 모였으니까."

"전국에 있는 톨게이트 여성 노동자들이 청와대 앞에 모두 모여 정부에 소리치고 있었습니다. 높고 단단한 정부 벽을 우리는 반드시 넘어서리라. 하지만 쉽지 않은 투쟁이었습니다. 경찰들과 대치 상황에서 졸도 직전까지 가는 숨 막히는 순간 아우성도 안 들렸습니다. 재활용 쓰레기가 기계의 누름으로 쪼그라들듯 제 심장도 인파 속에서 그렇게 쪼그라들고 숨이 멈추는 듯했습니다. 그런데 그때 경찰들이 우리 무리를 확 밀어 쓰러트렸습니다. 심장이 해방되는 순간 이번에는 다리가 부러질 듯 고통스러웠습니다. 여기저기서 비명이 들리고 119 부르는 소리가 다급하게 들려왔습니다."

경찰은 하나, 둘, 셋 자기들끼리 박자를 맞추고 갑자기 노동자들을 확 밀었다. 앞에 있는 노동자들이 다 쓰러졌다. 중간에 있던 노동자들은 어떻게든 버티려 했다. 왜냐하면, 앞에 있는 사람들이 다 쓰러져 있는데 중간에 있던 노동자들까지 넘어져 버리면 큰일 나니까. 뒤에서도 열심히 미니까 중간에 끼인 사람들은 완전히 압사당할 뻔했다. 노동자들은 숨을 쉴 수가 없었다. 많은 노동자가 다쳤다. 16명이 병원에 실려 갔다. 해당 병원 의사들은 노동자들이 쇼한다고 무시했다. 하지만 나중에 보니 갈비뼈 나간 사람들이 여럿 있었다.

연행은 한순간이었다. 노동자들이 계속 미니까 경찰이 방패를 확 열었다. 방패가 조금씩 사선으로 열렸는데 그 틈을 노동자들이 계속 밀고 들어가니까 경찰이 연행을 위해 방패를 열고 노동자들을 잡아당겼다. 11명이 연행됐다. 상황을 눈치채지 못한 노동자들은 방패를 뚫어 신난다고 좋아했다.

처음에 노동자들은 '동지'라는 말이 정말 어색하다고 생각했다. 팔뚝질과 구호도 낯설었다. 경찰과 싸움은 꿈에서도 해 본 적이 없었다. 어떤 노동자는 그냥 밀면 경찰이 밀릴 줄 알았다고 했다. 어떤 노동자는 경찰에게 욕하면 바로 잡혀가는 줄 알았다. 그런데 몸싸움까지 하다니. 욕하면 안 잡혀가고 몸싸움해야 잡혀가는구나. 청와대 앞 투쟁을 이끌었던 박순향 부지부장은 조합원들에게 별거 아니라고 하루 쉬고 오면 된다고 아무렇지도 않은 듯 말했지만, 속으론 많이 울었다. 조합원들이 잡혀가는 걸 보니 너무 미안했다.

연행되어 경찰서로 가고 있던 조합원들도 차 안에서 많이 울었다. 연행이 처음이라 떨리고 두려웠다. 서럽고 분했다. 울다가 동료들이 자기들 걱정할까, 마음 쓰여 다시 웃는 모습으로 사진을 찍어 동료들에게 보냈다. 경찰 버스 타 보니 별거 아니라고 계속 문자를 보냈다. 실제로 경찰서에 가선 침착하고 당당하게 대응했다. 경찰서에 다녀온 한 조합원의 얘기다.

"유치장도 갔다 왔습니다. 뭐가 뭔지 모르고 한 겁니다. 한 가지 목표는 분명히 있었습니다. 이렇게 하면 되겠다, 싸워야겠다는 생각. 유치장에서 생일을 보냈습니다. 잊을 수가 없습니다. 생전 처음입니다. 집시법 위반 조사받는데, 전 잘 모르겠고 '문재인 대통령이 비정규직이 정규직화해 준다고 약속했는데 안 돼서 청와대에 억울함 항변하려고 들어가려는 과정이었다'

라고 얘기했습니다. 폴리스라인이 뭔지도 몰랐습니다. 누가 시켰냐? 꼬치꼬치 묻는데 전 집행부 이름도 모르고 노조에서 집회한다고 해서 그냥 왔다고 대답했습니다. 그 경찰들도 딱 보고 우리가 처음인 걸 알았습니다. 유치장, 어차피 이런 소중한 싸움이라면 일생에 한 번은 경험해도 되겠다 싶었습니다. 말로 듣는 거랑 몸소 체험하는 건 많이 달랐습니다." (장순애 조합원)

이튿날 아침에도 톨게이트 노동자들은 청와대 면담을 위해 경찰과 부딪혔다. 톨게이트 노동자들이 인도를 이용해 가겠다고 했는데도 경찰은 막아섰다. 노동자들은 또 몸을 던졌고 아홉 명이 실신했다. 세 명이 병원에 실려 갔다.

이렇게 노동자들이 쓰러지고 있었는데 청와대는 노동자들이 스스로 해고를 선택했다고 생각했다. 2019년 7월 1일 청와대 강문대 사회조정비서관은 민주일반연맹 강동화 사무처장과 박순향 부지부장을 만나 이렇게 얘기했다. 예전에 강문대 비서관은 민주화를 위한 변호사모임 노동위원장과 사무총장을 맡고 있었다.

"당신들이 스스로 해고를 선택하지 않았느냐? 정부 입장은 도로공사와 같다. 도로공사도 정부다."

이 소식을 들은 조합원들은 가만있지 않았다. 이튿날 강문대 비서관에게 항의 전화를 계속했다. 6월에 조합원들이 "해고할 테면 해고하라"라고 외친 이유는 스스로 해고를 원해서가 아니었다. 자회사를 거부하겠다는 마음이었다. 거부할 수밖에 없다는 뜻이었다. 7월 3일 공공부문 총파업대회에서 박순향 부지부장은 이렇게 절규했다.

"벼랑 끝에 서 있던 수납원을 청와대도 나 몰라라. 해고는 본인들이 선택했다는 망언도 하고 있습니다. 해고를 선택하는 노동자가 어디 있습니까? 구호 하나 하겠습니다. 우리가 옳다, 직접고용 쟁취하자. 너희들이 해고했다! 끝까지 싸워 주마."

고속도로 점거

7월 3일 경찰은 캐노피로 올리는 물품과 음식을 지나치게 검열했다. 이에 분노한 조합원들이 캐노피와 밑으로 이어진 줄을 끊어 버렸다. 도로공사 관리자가 캐노피 밑에 있는 조합원들을 몰래 찍다가 걸렸는데, 오히려 비

고속도로 점거(사진 제공 김미이)

우리가 옳다!

아냥거렸다. 조합원들의 분노가 차오를 대로 차올랐다.

7월 4일 아침 톨게이트노조 조합원 두 명이 서울영업소와 고속도로 사이를 막은 펜스가 약간 뚫려 있는 걸 보고 고속도로로 뛰어들었다. 경찰 버스는 길가 쪽 끝 차로에 줄지어 서 있었다. 과연 경찰이 막나 안 막나, 경찰 버스까지 갔다 올 수 있나 시험해 보고 싶었다. 이 모습을 본 톨게이트노조 조합원들이 함께 뛰어들었다. 함께 뛰어들지 않으면 두 동지가 잡힐 것 같았다. 고속도로 안으로 들어가려는 건지, 어떤 건지 몰랐지만 경찰에게 잡히면 안 된다는 생각으로 함께 뛰어들었다. 자기 동료를 지킬 줄 아는 노동자들이었다. 이때 함께 뛰어들어 싸운 한 노동자는 이렇게 얘기했다.

"저희가 길막(길을 막았다)을 했잖아요. 제가 뛰어들어 가운데 있었어요. 근데 일부 간부는 저희 보고 나가라고. 준비되지 않은 투쟁이라 생각했기 때문인 것 같았어요. 저는 싸우러 뛰어들었는데 왜 나가야 하는지도 모르겠고. 제가 트라우마가 생긴 게 뭐냐면 그때 캐노피 위에 있는 한 사람의 표정이었어요. 진짜 그 얼굴, 표정 잊히지 않아요. 저희는 힘들게 고속도로 막고 싸우고 있었잖아요. 저는 밀려서 나갔다가 다시 뛰어 들어왔을 정도예요. 문제는 우리를 책임진다는 사람이 시츄에이션을 하려면 제대로 하던가, 자기 뛰어내린다고 시츄에이션을 하는데. 하려면 뭔가 표정이라도 하던가. 실실 웃으면서 이거는 밑에 있는 사람들 갖고 노는 것도 아니고. 재미 보는 것도 아니고. 저는 그렇게 느꼈어요. 나 뛰어내린다, 포즈를 취하고 뒤에서 누가 잡았는데 표정이라는 게, 사람이 표정이라는 게 있잖아요. 심각한 상황인데 그 사람은 실실 웃고 있는 거예요. 그냥 캐노피 생각하면 그 얼굴이 딱 오르는 거예요. 진짜 그건 아니잖아요. 그때부터 제가 생각한 게

뭐냐면 내가 여기 왜 왔지? 이후 여러 일이 있었고, 결국 민주노총으로 왔어요." (장서분 조합원)

처음엔 6차로를 점거했는데 바로 경찰들이 조합원들을 둘러쌌다. 가장자리에 있던 조합원들이 도로 바깥으로 나오면서 숫자가 줄어들자 경찰은 20명을 잡아갔다. 경찰들은 노동자들을 짐짝 취급하며 막 패대기쳤다. 우연과 필연이 겹쳐 발생한 고속도로 점거로 톨게이트 투쟁은 더 많이 알려졌다.

캐노피에서 바라본 빛

7월 5일 캐노피에 있는 한 조합원의 딸이 엄마를 찾아왔다. 손수 만든 도시락과 비타500 음료수를 사 왔다. 여경이 비타500이 병에 담겼다고 못 올리게 했다. 분노한 조합원들이 몇 마디 고함을 질렀더니 방패 든 의경이 15명 정도 배치됐다. 놀란 딸이 계속 울어서 일단 보내고 40분 정도 대판 싸웠다. 캐노피 밑에 있던 조합원들이 울면서 비타500 20병을 다 깨뜨렸다. 경찰은 조합원들이 깃발을 캐노피로 올리는 것도 막았다. 깃발이 왜 문제가 되는 건지 이유를 대라고 해도 이유 대신 방패를 들이댔다.

캐노피에서의 생활은 힘들었다. 여름 한낮에는 기온이 46도까지 올랐다. 뜨거운 햇볕을 피할 곳이 마땅히 없었다. 탈수 증세를 보이고 화상을 입는 노동자들이 생겨났다. 이름 모를 벌레와도 싸워야 했다. 소음과 매연도 너무 심했다. 제대로 잘 수가 없었다. 큰 차가 지나갈 때는 심한 진동 때문에 구조물이 흔들렸다. 캐노피 위에서 매일 선전전과 집회를 3번 이상 했는데 지붕이 흔들려 멀미가 났다. 캐노피 주변이 높은 빌딩으로 둘러싸여 있어 편하게 볼일을 볼 수 없었다. 억지로 참기도 했다. 대충 천막을 둘러치고 줄서서 씻어야 했다. 대변은 봉투에 차곡차곡 담아 내려보냈다.

밑에 있는 조합원들도 고생을 많이 했다. 복날엔 삼계탕이라도 끓여 주려고 솥이며 버너를 빌렸다. 그 더위에 위에서 어떻게 버티나 싶어 손수 끓여 주었다. 빨랫감이 한 번 내려오면 큰 비닐로 두 덩어리, 수레에 싣고 코인세탁소까지 끌고 가 빨고 다시 개켜 올려 줬다. 많이 더운 날이나 장마 땐 하루에 한 번 빨랫감이 내려왔다. 보통은 이틀에 한 번. 나중에 본사 점거 농성에 들어가니 캐노피 조합원들 심정이 이해가 갔다. 자유롭지 못한 곳에서 얼마나 답답하고 힘들었을지.

고공농성은 기약 없이 길어졌다. 생각도 많아졌다. 한 조합원은 이런 감상을 얘기하기도 했다.

"서울영업소 캐노피에서 바라본 양쪽의 불빛은 달랐습니다. 건너편 분당의 초고층 주상복합 아파트는 밤에도 환했습니다. 평온했습니다. 서울영업소 주위를 빼곡히 둘러 찬 숱한 텐트들은 어두웠습니다. 불안했습니다. 비정규직 노동자의 삶 자체가 늘 불안했습니다. 1년이 아니라 1개월, 3개월 만에 재계약할지 말지 결정하는 영업소도 있었습니다. 1,500 직접고용은 가능할까, 동료들이 떠나가지는 않을까. 나 없는 사이에 집안에 무슨 일이 일어나지 않을까. 텐트 안에 있는 음식은 상하지 않을까. 빛의 차이는 삶의 차이인가. 우리가 저 화려한 아파트, 그리고 그 아파트가 상징하는 엄청난 부를 바라는 것도 아니지 않은가. 잘릴 걱정 없이 직장을 다니게 해 달라는, 정말 최소한의 요구를 하는 게 아닌가. 그런데도 힘듭니다."

노동자의 자존심을 건드리면 대차게 싸웠다. 8월 13일 캐노피 위의 노동자들은 경찰의 불필요한 검열에 항의하며 위험을 감수한 투쟁을 전개했다. 아침 9시쯤 아래에 있던 조합원들이 농성자들의 아침을 올리던 중 경찰이 음식을 손으로 헤집으며 훼손시켰다. 누가 봐도 밥이 들어 있는 게 보이는데 뚜껑을 일일이 열어 봤다.

조합원들은 "해고자가 먹는 음식은 쓰레기 취급해도 되는 것이냐? 당장 사과하라"고 요구하며 종일 캐노피 난간에 걸터앉아 시위했다. 아침부터 폭염 경보가 내려졌는데 땡볕도 피하지 않았다. 물과 음식을 거부했다. 경찰은 "절차에 의한 공무였다"라고 주장하며 사과도 하지 않았고 재발 방지 약속도 하지 않았다. 오히려 불법행위를 중단하라며 채증하고 노동자들을 자극했다. 그러나 노동자들은 굽히지 않았다. 9시간의 투쟁으로 분당경찰서장의 사과를 받고 경비계장한테 재발 방지 확답도 들었다. 완벽한 승리였다.

배우고 또, 배우다

청와대 앞 농성은 2개 조로 운영되었다. 한 조가 3박 4일을 담당했다. 아침 6시 30분에 텐트와 모기장을 접었다. 노동자들은 아무리 힘들어도 5시엔 일어나 시끌벅적 얘기를 나눴다. 3교대 초번 출근이 6시까지라 늦어도 5시엔 일어나는 습관이 배어 있었다. 박순향 부지부장은 소릴 질렀다. 지금 초번 출근하는 것 아니지 않냐고. 계속 소리를 질렀더니 조합원들은 박순향 부지부장 텐트 옆에 텐트 치는 걸 거부했다.

8시에 노조별로 조회를 했다. 10시에 아침 겸 점심을 먹고 11시에 집회를 열고 광화문까지 행진을 시작했다. 너무 더운 날엔 청와대 앞 1인시위나 지하철 선전전을 했다. 서울지역 민주당 국회의원 사무실 앞 1인시위도 했다. 연대 집회에 참석하는 날도 많았다. 수요일엔 광화문에서 한국노총과 민주노총의 공동 집회를 열었다. 금요일에는 서울영업소에서 공동 문화제를 열었다.

박순향 부지부장은 청와대 앞 문화제, 서울영업소 문화제 모두 조합원들이 즐겁게 놀 수 있는 자리로 만들고 싶었다. 스트레스도 풀고 편안하게 마무리하는 자리로 만들고 싶었다. 트로트를 개사해서 불렀고 연대 온 노동자들의 즉흥 노래도 들었다. 즐겁게 싸워야 오래 싸울 수 있다고 생각했다. 몸으로 체득한 신념이었다.

집회와 문화제, 심지어 행진까지 톨게이트 노동자들의 모든 프로그램은 유튜브 채널에서 실시간으로 볼 수 있었다. 영상을 계속 찍은 조합원들과 미디어 활동가들 덕분이었다. 집에 있는 조합원들도 상황을 알 수 있었다. 가족들도 영상을 보면서 투쟁을 알아 갔다. 그리고 덜 걱정했다. 영상은 중요한 소통 방식이었다.

집회는 진솔한 자기 고백으로 약해지는 마음을 추스르는 자리였다.

"저는 노숙농성이 너무 힘들어요. 바깥에서 한 번도 자 본 적이 없는데. 잠을 못 자겠어요. 남들은 코 골며 잘 자던데 너무 부럽습니다. 제가 투쟁을 열심히 안 해서 그런 건지."

"사실 이번엔 안 올라오려고 했어요. 나 하나쯤이야 생각했습니다. 힘들기도 하고. 그런데 남편도 아이들도 다 아무 얘기가 없는 거예요. 그냥 가는 줄 알고. 잡을 줄 알았는데. 나중에 얘기하는데 이길 때까지 오지 말래요."

저녁 문화제

지쳐 있다가도 동료들의 발언을 들으면 웃음꽃이 피어났다. 가족에게 전하는 말을 하라고 했더니 한 조합원이 이렇게 얘기했다.

"여보, 우리 28년 동안 처음으로 떨어져 있네요. 보고 싶기도 하지만, 진짜 좋네. 그리고 당분간 나 없는 사람 취급해요"

집회는 노동자의 학교이기도 했다. 노동자들은 다양한 투쟁 사례를 들으며 자신들의 옳음을 확신했다. 예를 들어 잡월드분회 이주용 부분회장이 7월 10일 결의대회에서 발언을 했는데 노동자들은 관심 있게 들었다. 잡월드분회는 2018년 자회사 저지 투쟁을 힘차게 펼쳤으나 끝내 자회사를 저지하지 못했다. 이주용 부분회장의 발언은 여러 텔레그램 방과 밴드에

우리가 옳다!

옮겨졌는데 반응이 뜨거웠다.

"잡월드의 목적 사업을 수행하면서도 비정규직 용역이었던 저는 이제 잡월드가 만든 자회사 잡월드파트너즈에 다닙니다. 무엇이 달라졌을까요? 하던 일도 최저임금도 저를 비정규직 노동자로 취급했던 상황은 그대로입니다. 고용노동부 산하기관이기 때문에 전국에서 제일 좋은 자회사로 만들겠다던 한국잡월드는 현재 자회사를 용역보다 못한 곳으로 만들었습니다.

용역회사에서 가져가던 이윤관리비를 정규직 전환할 때 비정규직의 처우개선에 사용하라는 정부의 가이드라인은 다 무시되고 현재 고액 연봉의 중간 관리자만 계속해서 늘고 있습니다. 현장의 처우개선은 이루어진 게 단 하나도 없습니다. 3만 평이 넘는 부지에 탈의실, 휴게 공간 하나 제대로 없고, 임금은 최저시급에 150원 더 받고 주 6일 일해야 200만 원 간신히 받고 있습니다. 개관 7년을 자랑하는 잡월드가 7년 근속한 직원과 오늘 입사하는 신입 신입 직원에게 같은 임금을 주고 있습니다.

거기에 노동부 산하기관이라 그런지 노조 탄압을 너무나 잘합니다. 용역회사에서도 해 주던 조합비 공제, 근로시간 면제 그 무엇도 해 주지 않습니다. 150명이 넘는 조합원들은 개별적으로 계좌이체를 하면서 조합비를 내고 있습니다. 자회사 대표는 자동이체하면 편하지 않냐고 합니다."

노동자들은 배우고 또 배우며 이렇게 얘기했다.

"우리 문제로 시작했지만 투쟁할수록 왜 싸워야 하는지 알았습니다.

솔직히 우리 처지 때문에 싸운 거잖아요. 그런데 투쟁할수록 이 나라, 정부, 언론 모두 알게 된 거죠. 전혀 몰랐던 엄마들이. 언론이 어떻게 움직이는지, 정부가 어떻게 대처하는지, 얼마나 썩었는지. 우리의 투쟁 방향이 바뀌는 거예요. 노동자들이 이렇게 핍박받고 살았구나, 인간 같지 않은 대접 받았구나. 우리가 스스로 알게 된 거죠. 그동안 얼마나 힘들었을까."

"어느 정권이 들어서도 항상 실망스러웠지요. 그래도 노동 존중 공약까지 했던 사람이 이러니까 더 실망스러운 거예요. 지금 노동자들의 현실을 보세요. 이게 노동 존중인지. 우리가 청와대 앞에서 이렇게 외치는데 듣는 건지 마는 건지. 아니면 우리가 그래요. 문재인 위에 이강래가 있는 것 아니냐, 이강래가 대통령이냐."

청와대도 자회사 방식은 확고하게 동의하고 있다

이강래 사장은 교섭에 나오지 않고 언론플레이를 했다. 7월 9일 정부세종청사에서 기자간담회를 열고 "수납 업무를 담당하는 자회사에서 354개 영업소 전부를 운영하는 상황이기 때문에 현실적으로 직접고용의 길은 없다"라고 노동자들을 윽박질렀다. "자회사가 공공기관으로 지정이 되면 완벽한 신분보장이 된다. 직접고용과 아무런 차이가 없는 효과가 나올 것"이라며 "청와대도 자회사 방식은 확고하게 동의하고 있다"라고 말했다.

기타 공공기관은 언제든 지정이 취소될 수 있다. 자회사인 도로공사서비스는 2020년 3월 현재까지도 기타 공공기관으로 지정되지 않았다. 조합원들은 기타 공공기관 지정 얘기에 콧방귀도 뀌지 않았다. 조합원들은 분명히 들었기 때문이다.

우리가 옳다!

"코레일네트웍스는 철도공사의 자회사이자 기타 공공기관입니다. 그러나 이는 형식상 목적이고, 실제로는 용역형 자회사입니다. 2015년 신분당선에서 일하던 역무원들이 이브릿지라는 민간회사로 넘겨졌습니다. 2016년 유카에 근무하던 직원들이 조용히 해고됐고, 2017년 여객업무분담역에 근무하던 역무원들이 해고됐습니다. 자동화·무인화를 한다며 2017년 5월에는 여객철도 역무원 200여 명을 단계적으로 해고하려 했고 (중략) 자회사는 스스로 인력충원을 할 수 없고, 고용안정도 보장하지 못합니다."

(코레일네트웍스지부 서재유 지부장, 톨게이트 노동자들과 함께하는 자회사 싫어 비정규직 이제 그만! 투쟁 문화제 발언)

"청와대도 자회사 방식을 확고하게 동의하고 있다." 이강래 사장은 계속 자신이 믿는 구석을 얘기했다. 핵심 문제는 문재인 정부와 민주당의 태도였다. 어떻게 해야 정부를 움직일 수 있을까? 정부가 자신의 잘못을 인정하게 만들 수 있을까?

투쟁이 청와대 앞에 갇히거나 서울영업소 캐노피 위에만 고립될 경우 더 많은 힘을 모으긴 어려웠다. 청와대 앞이나 서울영업소를 등지고 벗어나야 했다는 말이 전혀 아니었다. 톨게이트 투쟁의 에너지를 전국으로 퍼뜨려 연대를 조직하고, 그 연대의 에너지를 다시 청와대와 서울영업소 캐노피로 집결시키는 것을 통해서만 투쟁의 전진이 가능했다는 점이다.

이중의 굴레

조합원들이 요금수납원이 되기 전에 했던 일은 다양했다. 보험 판매, 정수

기 판매, 공장 일, 마트 일, 옷 가게 일, 농사. 판매 실적이 부진해 잘리고, 공장이 부도나서 쫓겨나고, 작은 마트는 큰 마트가 들어와 없어지고, 옷 가게는 반짝하다가 찾는 사람이 없었고, 농사는 망했고. 서비스업에서 일한 노동자들이 많았는데 나이 들수록 젊은 사람에게 밀려나는 일이 잦았다. 빚을 피하기 어려웠다. '빚도 자산'이란 얘기는 있는 사람 얘기다. 뭐라도 해야 했다. 이 급한 사람들에게 사장들은 연봉이 3,000만 원이라 속였고 정규직이라 속였다.

이혼하고 혼자 생계를 꾸려 가야 하는 여성 노동자도 적지 않았다. 가장 많은 사연은 이랬다.

"아이가 둘인데 부모님 모시고 살았어요. 남편 혼자 버는 것으론 너무 힘들었어요. 아이들은 계속 크고 학비도 많이 들겠죠. 가정에 보탬이 되려고요."

중년의 여성 노동자가 찾을 수 있는 일자리는 많지 않았다. 시골엔 일자리가 더 없었다. 요금수납원은 귀한 일자리였다. 귀한 일자리에서 천하게 대접받았지만 참고 다니다 보니 10년, 15년이 흘렀다.

여성 노동자들이 요금수납원을 선택하게 된 중요한 이유는 3교대 근무였다. 아이들을 돌볼 수 있는 시간이 그나마 많이 난다는 거다. 물론 교대근무의 어려움은 크다. 낮엔 일하고 밤엔 무조건 쉴 수 있는 일이 아니다. 불규칙한 근무다. 주말에도 일해야 하고 명절에도 일해야 한다. 그래도 노동자들은 3교대 업무는 시간을 활용할 수 있는 여지가 많다고 생각했다. 평일에 가족을 돌볼 수 있는 시간이 있다고 생각했다.

우리가 옳다!

거꾸로 뒤집어 보면 그만큼 노동자들이 쉬지 못한다는 얘기다. 쉬지 않겠다는 결심을 했다는 거다. 3교대 근무하면서 시간 쪼개고 잠 덜 자고 살림하고 애 돌보고. 그래도 아이한테는 엄마의 빈자리가 클 거라고 걱정했다. 가사 노동, 돌봄 노동의 짐을 여성 노동자에게 떠맡기고 있는 사회는 여성 노동자들이 스스로에 끊임없이 가혹해질 걸 주문한다.

투쟁 기간에도 이 무거운 짐은 노동자들 곁을 떠나지 않았다. 농성장 주변은 항상 깨끗했다. 집회가 끝난 후 집회 자리를 돌아보면 항상 깨끗했다. 분리수거도 했다. 몸에 붙어 있는 청소 습관. 이것도 여성 노동자들이 가정에서 짊어져야 했던 짐과 결코 무관하지 않다.

박순향 부지부장이 초반에 가장 강조한 건 투쟁이 아니라 휴식이었다. 집에 가서는 무조건 잘 쉬고 오라고. 여기 생각 말고 무조건 잘 쉬고 오라고. 이 투쟁이 금방 끝나지 않을 것 같다는 생각을 했기 때문이다. 앞을 바라볼 줄 아는 안목이 있었다. 그런데 집에 가서 편하게 쉴 수 있는 여성 노동자들이 얼마나 있을까?

노동자들은 집에 잠깐 다녀와서 뭘 했는지 얘기를 나눴다. 가 보니 집 안이 개판이라며 웃는데 속마음은 복잡했다. 빨래하고 반찬 해 놓고 심지어 김치까지 썰어 놓고 왔다는 노동자. 아이들이 사춘기인데 자주 못 봐서 그런지 말을 붙여도 피한다며 어떻게 해야 하는지를 묻는 노동자. 시부모, 친정아버지 병간호를 잠깐 하고 왔는데 맡길 사람이 없어 갑갑하다는 노동자. 아이들 돌보지 않을 거면 이혼 서류에 도장 찍고 가라는 남편 얘기를 털어놓으며 고심하는 노동자.

남성 노동자가 다수인 투쟁 현장에서는 쉽게 찾아볼 수 없는 일이다. 물론 남성 노동자들도 이혼을 비롯한 여러 가지 갈등을 겪곤 하지만 가사 노동, 돌봄 노동의 고통은 여성 노동자에 훨씬 덜한 경우가 대부분이다. 정말 쉬고 오는 여성 조합원들은 찾아보기 힘든데 낚시나 등산 다녀왔다는 남성 조합원들은 간혹 있었다. 투쟁 현장에서는 여성 조합원들과 똑같이 남성 조합원들도 쉬지 않고 자기 맡은 일을 하며 앞장섰다. 궂은일을 다 처리했다. 그런데 집에서 했던 일을 듣다 보면 차이가 났다.

물론 변화를 얘기하는 조합원들도 많았다. 아내와 엄마의 변화를 보고 놀라는 남편과 아이들의 모습을 얘기할 때 목소리가 높아졌다.

"집안일 한 번 안 하기 시작하니까 그렇게 좋은 거예요. 더 이상 내 얼굴 쳐다보지 말라고 했더니 남편과 아이들이 알아서 척척 해내요. 라면 하나 끓이지 못했는데 이제는 인터넷 보고 잡채까지 만들어 내더라고요."

"남편이 이러더라고요. '당신 말투가 공격적이야. 말투부터 달라졌어. 집에 싸우러 왔어?'"

"애들이 빨리 가래요. 엄마가 그렇게 자기 확신이 강한 사람인 줄 몰랐다면서. '집에 와서도 청와대 생각만 하잖아. 빨리 가. 집은 우리가 알아서 할게' 이러더라고요."

"딸에게 집안일 안 시키고 제가 직장 다니며 집안일도 다 했어요. 결혼하면 잘할 수 있을까 걱정도 했는데 투쟁 한 달 정도 되니까, 딸이 '엄마 나 이제 독립해도 될 것 같아' 그러더라고요. 한 방에 고민 해결했어요."

뭐라고 한마디 하려고 청와대 앞에 왔던 남편이 농성하는 모습을 보고 그냥 돌아섰다. 투쟁의 속사정을 잘 몰랐던 아이들이 인터넷으로 매일 투쟁 소식을 검색했다. 시어머니가 20만 원을 주면서 정 힘들면 그만두라고 했다. 조합원들은 가족들이 참아 줘서, 지지해 줘서 고맙다는 말을 자주 했다. 언제까지 참아 줄 수 있을지, 지지해 줄 수 있을지 걱정했다. 남편과 아이들이 참아 주고 지지해 주지 않아도 나의 길을 갈 수 있을까? 내가 하고 싶은 일을 당당하게 해 나갈 수 있을까?

"누구의 아내로, 며느리로, 엄마로서 살았는데 이제는 나로 한번 살아 봐야 하지 않겠어요. 우리 남편이 꼭 해야겠느냐고 해서, 내 직장이고 소중한 직장인데 당당하게 계속 다니고 싶다고 했어요. 당신한테 허락을 구하는 게 아니라 이해를 구하는 거다, 이랬더니 아무 말도 안 해요. 농성하다가 45일 만에 남편 얼굴을 봤는데 얼마나 서먹하던지."

(정은자 조합원, '투쟁로 1번지'에서…도로공사 점거 두 달, 우리가 농성하는 이유, 《뉴스민》, 2019년 11월 8일)

"이제는 나로 한번 살아 봐야 하지 않겠어요." 톨게이트 투쟁의 시작과 끝은 사실 이것인지 모른다. 처음부터 나로 한번 살아 봐야겠다고 생각했든, 나중에 투쟁하면서 생각했든, 자신으로, 나의 힘으로, 나의 옳음으로 살아 보겠다는 생각이 이 투쟁을 만들었다. 그런데 나로 한번 살고 싶은 마음을 흔드는 게 너무 많았다. 노동자들의 고민이 다시 시작됐다.

하늘을 이불 삼아

하늘을 이불 삼아 잘 날이 올 줄이야. 경찰과 싸우는 날이 올 줄이야. 투쟁 내내 조합원들이 자주 한 말이다. 알았으면 못했을 거라고, 그래서 처음 싸우는 사람이 가장 잘 싸우는 것 같다고 했다. 관성과 타성을 경계하는 말이다.

노숙농성이 뭔지 몰라 '고데기'를 가져왔지만, 길거리 노숙농성장에서 '고데기'를 쓸 방법은 없었다. 처음엔 텐트도 천막도 없이 맨바닥에서 홑이불 하나씩 덮고 잤다. 경찰이 갖다 놓은 이동 화장실은 악취가 심했고 물도 나오지 않았다.

"더운 게 젤 힘들었어요. 밤만 되면 지열이 너무 올라왔죠. 첨엔 노숙이 무서웠어요. 돗자리만 들고 왔어요. 텐트도 없었어요. 모기에 뜯기며 별 보고 잤어요. 하늘을 이불 삼아 잤어요. 그 담에 모기장 챙기고 텐트도 더 가져오고. 점점 사람이 강해져요. 악으로 깡으로. 비 맞고 어떻게 집회하나 그랬는데 속옷까지 젖도록 비 맞으며 집회했어요. 이젠 두려운 건 없어요.

노숙농성

우리가 옳다!

경험하니 두려움이 없어졌어요."

"씻는 문제 정말 어려웠어요. 주민에게 피해도 많이 줬어요. 주민센터에서 인상 쓰며 못 들어오게 하는 경우도 많았어요. 어떤 청소 노동자는 '투쟁하는 아줌마, 화장실 사용하지 말라'고도 했다더라고요. 경찰이 화장실 가는 것도 인원 통제하고요."

비는 예고 없이 내려 어쩔 수 없이 빗물에 밥을 말아야 했다. 말없이 밥을 삼켰다. 잠잘 채비를 할 때나 잠잘 때 비가 많이 오면 난감했다. 짐 싸서 찜질방에서 자고 새벽같이 농성장으로 와 짐 풀고. 짐 싸고 짐 풀기 달인, 노숙 전문가가 되어 갔다. 집회와 집회, 행진과 행진, 이동과 이동. 한 평 부스를 벗어난 세상은 넓었지만 가지 못할 곳이 없었고, 하지 못할 일이 없었다.

빗속의 식사

지치고 힘이 빠질 땐 율동을 했다. 때론 율동을 위해 집회를 하는 것 같았다. 율동은 집회 그 이상이었다. 톨게이트 노동자들은 언제 어디서나 율동을 했다. 〈가지요〉, 〈바위처럼〉, 〈내일의 노래〉, 〈비정규직철폐연대가〉, 〈파업가〉, 〈DOC와 춤을(캐노피와 춤을)〉 노래에 맞춰 율동을 했다. 집회 때도 했고 거리에서도 했고 캐노피 위에서도 했고 김천 농성장에서도 했다. 비를 맞으면서도 했고 눈을 맞으면서도 했다. 경찰 앞에서도 했고 시민들 앞에서도 했다. 한 번에 세 곡 연달아는 힘들다. 두 곡만 하자 하면서도 세 번째 음악이 나오면 몸이 먼저 반응했다. 율동의 신이었다.

조합원들은 율동에 대한 애정이 정말로 컸다. 율동이 자신에게 주는 의미가 분명했기 때문이다.

"처음엔 힘들고 어색했어요. 한낮에 춤추면 땀이 비 오듯 쏟아졌죠. 틀리면 어떻게 하나 스트레스도 많이 받았어요. 그런데 하다 보니 스트레스로 시작한 율동이 스트레스를 풀어 줬어요."

"계속 앉아서 구호하고 발언만 들으면 몸이 여기저기 쑤셔요. 율동하면 몸이 풀렸어요. 긴장했던 마음도 풀어졌죠. 투쟁의 힘든 과정이 율동에 담겨 있어서 뿌듯했어요. 율동을 배우면서 존재감을 드러내는 동지들이 좋았어요. 나중엔 자부심까지 생겼죠. 우리 전체가 하나씩 해내고 있다는 자부심. 우리도 연대하는 노동자들에게, 시민들에게 뭔가를 확실히 알리고 있다는 자부심. 시민들은 전단지는 안 받아도 율동은 많이 봤어요."

"언제 우리가 도로에서 춤을 출 수 있겠어요. 엄청나게 신났어요. 함께 춤추는 동료들이 너무 멋졌어요. 어차피 싸울 거면 즐겁게!"

싱크로율 100%

톨게이트 노동자들은 7월 9일 세종정부종합청사 국토교통부를 방문한 이강래 사장 면담 투쟁, 7월 10일 민주노총 결의대회, 7월 15일 톨게이트 노동자들과 함께하는 자회사 싫어 비정규직 이제 그만! 투쟁 문화제, 7월 25일 민주노조를 지키기 위해 10년 가까이 투쟁하고 있던 금속노조 유성기업지회와 톨게이트 노동자들의 합동 문화제 등을 이어 가며 숨 가쁘게 달렸다.

안타깝게도 투쟁은 좀처럼 확산되지 않았다. 민주노총 조합원들이라면 어렴풋하게나마 톨게이트 투쟁이 벌어지고 있다는 정도의 사실은 알았지만, 이 투쟁의 쟁점이 무엇인지, 그리고 얼마나 절실하고 처절하게 투쟁하고 있는지, 도로공사와 청와대가 얼마나 지독한 탄압을 벌이고 있는지 그 실상에 대해서까지 자세히 알고 있지는 못했다.

톨게이트 노동자들은 현장에서 쫓겨나 싸우고 있었다. 현장 안에선 당장 이들의 편이 되어 줄 사람이 없었다. 얘기했지만 정규직노조는 직접고용을 반대했다. 영업소노조도 거리를 아주 멀리 두었다. 그럼 어디에서 도로공사와 정부를 압박할 힘을 끌어낼 수 있을까?

숱한 투쟁 경험 있는 민주노총 조합원들이다. 톨게이트 노동자들의 고통에 가장 크게 공감할 수 있는 비정규직 노동자들이다. 조직되어 있는 비정규직 노동자들은 직접 연대를 할 수 있고 조직되어 있지 않은 노동자들도 다양한 방법으로 톨게이트 투쟁을 응원할 수 있다. 함께 싸우려는 노동단체, 시민단체, 학생단체, 여성단체들도 있다.

톨게이트 노동자들이 직접 전국의 사업장들을 누비며 연대를 호소하고 투쟁을 조직하는 방법을 고민해야 했다. 사실 이 방법이야말로 가장 효과적인 길이기도 했다. 고공농성, 노숙농성, 연행을 각오한 면담 투쟁을 전개하는 당사자들이 직접 연대와 투쟁을 호소하는 것만큼 다른 노동자들의 마음을 움직이게 할 수단이 또 어디 있겠는가!

톨게이트 투쟁의 당사자들을 직접 만나게 된다면 민주노총 조합원들의 반응은 완전히 달라질 것이었다. 최근 투쟁에서 전혀 느껴 보지 못한 엄청난 활력과 기세부터 확인하게 될 것이 틀림없었다. 당사자들이 지난 수십 년간 겪어 온 서러움을 토해 낼 때 다른 사업장 조합원들의 공감지수와 연대 의지는 더 높아질 게 분명했다.

"지금 당장 필요한 것이 무엇입니까? 투쟁기금? 성명서? 지지방문? 연대 투쟁? 우리가 할 수 있는 게 무엇인지 얘기해 주시면 고민하고 토론하겠습니다." 톨게이트 노동자들의 얘기를 들은 노동자들은 이렇게 반응했을 것이다. 이런 방식으로 톨게이트 노동자 투쟁이 가진 에너지는 자연스럽게 다른 사업장 조합원들에게로 확산될 수 있었다. 이런 반응을 직접 겪게 될 톨게이트 노동자들 자신도 같은 민주노총 조합원으로서 자부심을 느꼈을 것이고, 자기 투쟁이 승리하리라는 자신감을 더 많이 갖게 되었을 것이다.

불법파견 판결을 받고도 오히려 집단해고를 당한 금속부문의 수많은 사내하청 비정규직 노조가 있었다. "저게 남 얘기가 아니야"라며 마음속으로 톨게이트 투쟁 승리를 간절히 원하고 있을 전국의 간접고용 비정규직 노동자들이 있었다.

특히 정규직 전환이라는 말에 속아 희망을 품었지만, 자회사라는 사기를 당한 노동자들, 즉 톨게이트 노동자들과 똑같은 고통을 당한 노동자들의 호응은 훨씬 높을 것이었다. 인천공항, 산업은행·수출입은행, 잡월드, SK브로드밴드, 철도공사, 국립대병원에서 이미 자회사 밀어붙이기가 진행됐거나 진행 중인 상황 아니었던가. 그들이야말로 톨게이트 투쟁의 승리가 곧 자기 투쟁의 승리와 직접 연결된다는 사실을 가장 잘 이해하는 이들이었다.

그런데 왜 꼭 톨게이트 노동자들이 먼저 찾아가야만 하는가? 왜 먼저 톨게이트 노동자를 초청하는 노조는 없었을까? 톨게이트 노동자들의 얘기를 듣고 함께할 방법을 찾는 노조는 왜 보이지 않았을까? 왜 상급단체가 지시하지 않아도 스스로 움직이는 노조는 보기 힘들었을까?

어쨌든 톨게이트 노동자들만이 아니라 병원 노동자, 공항 노동자, 철도 노동자가 함께 "자회사 꺼져"를 외쳤다면 정부가 받는 압박은 훨씬 커졌을 것이다. 무엇보다 그 공동의 경험은 모든 노동자들의 자신감을 키웠을 것이다.

특히 국립대병원 비정규직 노동자들은 톨게이트 투쟁이 한창일 때 자회사 반대와 직접고용을 외치고 있었다. 공공운수노조, 보건의료노조, 민주일반연맹이 공동 투쟁을 조직하고 있었는데, 일부 병원들이 노조와 함께 협의체를 구성해 논의했으나, 우선 협의하러 나온 병원 사무장들의 입장이 통일되지 않았고, 극소수 병원만 직고용, 나머지 대부분은 자회사 방식을 고집해 협의 틀이 깨진 상태였다.

민주일반연맹 소속 병원 사업장은 쟁의권을 확보하지 못해 파업에 들어가기 어려운 조건이었지만 함께 싸울 수 있는 길은 열려 있었다. 이미 봄부터 열려 있었다. 8월엔 자회사에 열 받은 노동자들이 다 같이 뭉칠 확실한 기회가 있었다.

"문재인이 인천공항으로 달려가 비정규직 제로시대를 만들겠다고 한 게 어제 일 같습니다. 국립대병원 파견용역에 상시지속 가능한 업무 아닌 게 있습니까? 전북대병원 비정규직은 1년에서 3년마다 용역업체가 바뀌더니 지금은 6개월 단기계약으로 바뀌어 정말 불안합니다. 10년, 20년 근무해도 항상 신입 사원인 기막힌 상황입니다. 퇴직금은 적립되지 않고 매번 정산돼 진짜 퇴직할 때는 30년 일해도 퇴직금 한 푼 없이 막막합니다. 전북대병원은 용역보다 못한 자회사 꿈도 꾸지 마라. 진짜 정규직 될 때까지 싸우고 또 싸울 거다."

(전북대병원 노동자, 보건의료노조, 공공운수노조 의료연대본부, 민주일반연맹 공공연대노조 1차 공동파업 결의대회, 2019년 5월)

"문재인은 비정규직 문제 반드시 해결하겠다고 약속했습니다. 공공부문 비정규직 제로, 꼬박 2년 기다렸습니다. 자회사라는 또 다른 용역업체로 우릴 내몰고 있습니다. 지키지 못할 약속 남발해 용역 노동자를 고통받게 하고 있습니다. 교육부는 시간 끌기에 주력합니다. 더 이상 '자회사도 정규직'이라는 말장난하지 마라. 어쭙잖은 태도로 방관하지 말고 약속에 책임 져라."

(경북대병원 노동자, 국립대병원 파견용역 노동자 직접고용 정규직 전환 쟁취 3개 산별연맹 총파업대회, 2019년 8월)

그러나 상층에선 함께 싸우려는 계획이 논의되지 않았다. 8월 19일 국립대병원 간접고용 비정규직 무기한 전면 총파업·총력 투쟁 선포 3개 산별연맹 공동 기자회견이 열렸다. 앞에 병원 노동자들의 발언에서 볼 수 있듯 요구와 투쟁 성격이 톨게이트 투쟁과 많이 닮았다. 싱크로율 100%였다. 그런데 기자회견 보도자료에는 '톨게이트'라는 단어가 단 한 번도 등장하지 않았다. 민주일반연맹도 기자회견 공동 주최의 일원인데 말이다. 결국 국립대병원 비정규직 노동자들과 톨게이트 노동자들의 공동 투쟁은 첫걸음도 떼지 못했다.

물론 어려운 일이다. 상층 지도부만 탓할 일도 아니다. 뜻 있는 노동자들이 스스로 앞장서면서 조합원들을 설득해야 한다. 조합원들도 스스로 느껴야 한다. 하지만 불가능한 일은 절대 아니다. 직접고용을 걸고 한국노총 소속 톨게이트 노동자들과 민주노총 소속 톨게이트 노동자들이 함께 싸웠듯. 하지만 뛰어넘으려 하지 않는 벽은 실제보다 더 높아 보인다.

월요일_거리의 만찬 상영

화요일_인왕산 등반

수요일_한국노총과 광화문 연대 집회

금요일_서울톨게이트 문화제

박순향 부지부장은 이런 정도의 일정만 나오는 게 안타까웠다. 조합원들은 뭐라도 할 자세가 되어 있는데, 자신을 비롯한 지도부가 제대로 계획을 내지 못한다고 생각했다. 그날그날 혹은 길어야 한 주 이상의 계획만 나왔다. 땜빵 프로그램을 찾아야 하는 경우도 많았다. 투쟁은 조금씩 식상해졌고 답답함도 쌓여 갔다. 1,000~2,000여 명 정도 규모의 희망버스, 국립대병원과의 공동 투쟁, 전국순회 투쟁, 직접고용 촉구 서명운동 등 여러 제안이 있었으나 뒤늦게(8월 19일~8월 30일) 전국순회 투쟁 정도만 이뤄졌다.

대법원 승소

근로자지위확인 소송 대법원 선고일이 8월 29일로 잡혔다. 캐노피에 있던 한국노총 조합원들은 벌써 축제 분위기였다. 대법원에서 이기면 그날로 끝인 줄 알았다. 민주노총 조합원들도 들뜬 마음을 감출 수 없었다. 설마 대법원 승소는 부정하지 않겠지?

8월 22일 소송을 맡은 강상현 변호사가 이강래를 만나고 도로공사의 협조를 받아 캐노피에 올라왔다. 강상현 변호사는 이렇게 얘기했다.

"도공은 29일 판결과 동시에 2주 안에 출근하라는 내용증명을 보낼 것입니다. 출근 지시 거부하면 법적 구제 어렵습니다. 29일 판결로 나머지 1,200명 근로자지위확인보전가처분 신청 가능합니다. 가처분도 안 되

서로 격려하는 민주노총 노동자와 한국노총 노동자

우리가 옳다!

면 어차피 모두 소송하고 있으니 해고 기간 임금 차액 받을 수 있습니다. 집에 가서 기다리십시오. 도공은 절대 이번 판결로 나머지까지 적용 안 해 줍니다."

도명화 지부장은 너무 황당해서 웃었다. 강상현 변호사의 결론은 도로공사의 결론이었고 사실상 나머지 노동자들을 버리라는 얘기였으니까. 캐노피에 있던 한국노총 조합원들의 분위기도 달라졌다. 바로 끝나는 게 아니구나.

선고 전날인 8월 28일 대법원 앞에 노동자들이 모였다.

"내일 승소한다고 해도 우리는 자가용 한 대 얻는 것뿐입니다. 우리는 버스 여러 대 마련해서 함께 가야 합니다. 이제 시작입니다. 1,500명 함께 직접고용 갑시다." (김상미 조합원)

"전 원래 소송은 별로라고 생각했습니다. 개인적으론 반대했습니다. 갈라질 수 있으니까요. 어쨌든 내일 패소하면 문재인 정부는 사실상 죽은 정부라고 봅니다. 엄청나게 싸울 수밖에 없습니다. 승소하면 1,500명 같이 가기 위해 더 싸워야 합니다. 이러든 저러든 9월 한 달은 무조건 싸워야 합니다. 법에 갇히면 할 수 있는 게 없습니다."

(문한수 성주지회장, 민주연합노조 톨게이트지부 정책부장)

이미 민주노총 소속 노조들은 8월 27일부터 조합원들에게 긴장감을 불어넣었다. 당분간 집에 들어가지 않기로 했다. 2개 조로 나눠서 운영하지 않고 다 모이기로 했다. 10박 11일 싸울 준비 하고 집결! 승부처가 다가오고 있었기 때문이다.

29일 예상대로 승소했다. 전날부터 집회를 열고 뜬눈으로 밤샌 조합원들은 소나기를 맞으며 얼싸안고 울었다. 그동안의 고생이 헛된 게 아니었구나 싶었다. 싸우지 않았다면 이기지 못했을 거다. 그런데 기뻐만 할 순 없었다. 도로공사의 갈라치기를 예상해야 했기 때문이다.

도명화 지부장은 대법 승소자인 자신이 먼저 중심을 잡아야 한다고 생각했고 대법 승소자 304명이 아니라 1,500명 전체가 함께 들어가기 위해 투쟁하겠다는 입장을 분명히 밝혔다. 다른 조직도 마찬가지였다.

대법원은 원고들이 도로공사로부터 직접적인 지휘-명령을 받으며 근로를 제공했으므로, 이들과 도로공사 사이에는 근로자 파견 관계가 인정된다고 판단했다. 대법원은 "파견회사와 계약 만료된 근로자에게도 직접고용 의무가 발생"한다고 최초로 판단했다.

① 한국도로공사와 톨게이트 노동자 사이에 직접고용 관계의 성립이 간주되거나 직접고용 의무가 발생한 후 → ② 외주사업체를 사직하거나(자진 사직자), 해고를 당하였다고 하더라도(2019년 7월 1일 용역계약 해지로 인한 집단해고) → ③ 한국도로공사와 톨게이트 노동자 사이의 직접고용 간주나 직접고용 의무에는 영향을 미치지 않는다는 의미임.

대법원은 파견근로자가 파견사업주와의 근로관계를 종료하고자 하는 의사로 사직의 의사 표시를 하였다고 하더라도 그러한 사정만으로는 파견법 제6조의2 제2항의 '당해 파견근로자가 (직접고용에 대한) 명시적인 반대의사를 표시하는 경우'에 해당한다고 단정할 수 없다고 판시한 것임.

(톨게이트 대법원 선고 의미와 대응방향, 민주노총 법률원, 2019년 8월)

우리가 옳다!

그런데 도로공사는 자회사로 간 노동자들에게 "또한 근로자가 근로자 지위확인소송을 승소하더라도 자회사 근로 조건에 동의하며 자회사 전환의 효력은 유지됩니다"라는 내용이 담긴 근로계약을 강요했다. 이 근로계약서는 외주업체와 노동자 사이에 체결된 것이 아니라, 한국도로공사가 교부했다는 점에서 파견법 제6조의2 제2항의 '당해 파견근로자가 직접고용에 대한 명시적인 반대의사를 표시하는 경우'에 해당한다고 볼 여지가 있다. 물론 자회사를 선택한 노동자들이 스스로 원해서 쓴 게 아니라 강요로 쓴 것이므로 법적으로도 다툼의 여지는 분명 있다.

대법원 판결 취지는 명확했다.

"재판부는 또 파견법상 직접고용 의무가 발생한 이후 노동자가 외주업체로부터 해고당한 경우에도 직접고용 의무는 여전히 살아 있다고 봤다. 해고당한 사정만으로는 사업주와 파견근로자 간 직접고용 의무와 관련된 법률관계에 영향을 미치지 않는다는 해석이다. 법원 관계자는 '선고 결과는 당연히 재판 당사자들에게 직접 효력이 있는 것이지만 판결 취지는 이번 소송의 당사자가 아니더라도 나머지 계약 해지된 노동자들도 합의를 통해 직접고용 하라는 것'이라고 밝혔다."

(대법 "요금수납원은 도공 직원"…1500명 직접 고용 길 열렸다,《서울신문》, 2019년 8월 30일)

우습게 보이지 않기

도로공사는 입장을 내지 않았다. 노동자들은 투쟁을 계속했다. 8월 30일, 정말 찌는 듯 더웠다. 온종일 땀을 흘렸다. 밤이 되어 텐트를 치고 자려는데 아직도 식지 않은 아스팔트 열기가 텐트 속으로 밀려왔다. 텐트와 텐트 사이가 너무 가까워 바람이 통하질 않았다. 그나마 잠이라도 편히 자야 하는데 공간이 좁아 경찰에게 텐트 칠 공간을 더 확보해 달라고 요구했다.

경찰은 말을 듣지 않았다. 노동자들은 너, 나 할 것 없이 폴리스라인을 넘어가 차로를 점거하고 텐트를 쳤다. 어디선가 경찰의 해산 명령이 흘러나왔다. 노동자들은 아랑곳하지 않고 텐트를 치려고 했던 곳에서 바로 집회를 시작했다. 해산 명령은 무시했다. 물러서지 않았다. 연행할 테면 연행해라. 덕분에 도로를 조금 더 확보했고 그곳에 텐트를 쳤다.

반쯤 이기긴 했지만, 한밤에 집회할 수밖에 없게 만든 경찰들에게 약이 올랐다. 조금만 넓혀 주면 되었는데. 어떻게 골탕을 먹일까. 여러 생각이 하나로 모였다. 저들이 상상할 수 없는 걸 하고 싶었다. 8월 31일 토요일 오전 7시 조합원들은 다른 날과 다를 바 없이 행동했다. 단지 운동화 끈을 좀 더 꽉 매고 있다는 것이 달랐다. 감 잡은 조합원들이 있었다. 앞에서 신호가 떨어지자 1번 주자, 2번 주자가 폴리스라인을 발로 차고 뛰기 시작했다. 그 뒤를 따라 모두 다 달렸다. 왜 달려야 하는지 모르는 조합원들도 같이 달렸다. 문제는 너무 잘 달렸다는 것이다. 하얀 철문이 닫히기 전에 도착한 조합원들은 청와대 안으로 들어가야 하는 건지, 앞에 서야 하는지 고민했다.

조합원들은 이때 얘기를 많이 했다.

"아침 7시에 모든 조합원이 일제히 청와대를 향해 돌격했습니다. 허술했던 바리게이트를 밀치고 있는 힘을 다해 달려가 피켓 들고 구호 외치던 순간 너무나 흥분했습니다. 경찰들의 당황스럽고 황당하던 모습이

우리가 옳다!

청와대 바로 앞까지 달려간 조합원들

란. 우리는 영웅이 된 것처럼 짜릿한 쾌감을 느꼈습니다." (김민숙 조합원)

"경찰이든 누구든 우릴 괴롭히면 가만히 있지 않습니다. 우리가 우습게 보이지 않아야 합니다. 청와대 앞까지 치고 들어간 게 바로 그런 겁니다. 경찰이 행진을 방해해, 그러면 우린 바로 앉아 버립니다. 똑바로 하라고. 연행할 테면 연행해!" (백해정 조합원)

이강래를 따로 만나다

9월 2일 캐노피에 있던 한국노총 톨게이트노조 박선복 위원장이 민주노총 노동자들에게는 어떠한 말도 없이 내려가서 이강래 사장을 따로 만났다. 한국노총 조합원이 10명 있었는데 7명 남기고 박선복 위원장 포함 세 명이 내려갔다. 한 민주노총 조합원이 톨게이트노조 간부에게 '공동 투쟁을 하다 왜 내려갔냐? 말도 없이'라고 따졌더니 '공공연대노조 이성일 위원장이 오전에 이강래를 만났다, 뭐가 문제냐, 공동 투쟁은 민주노총이 먼저 깬 것 아니냐'고 반박했다.

조합원들은 뭐가 뭔지 이해가 되지 않았다. 박선복 위원장과 한국노총 지도부가 민주노총과 생각이 다르다는 건 알고 있었지만 대법원 판결까지 나서 투쟁의 고삐를 쥘 수 있는 시기에 이럴 줄은 몰랐다. 물론 예상대로 흘러간다고 생각한 조합원들도 있었다. 하지만 공공연대노조 위원장이 이강래를 따로 만났다는 건 정말 이해가 가지 않았다.

공공연대노조 이성일 위원장이 9월 4일 입장을 냈다. 입장 글 일부다.

"민주노총집회를 할 때 민주연합노조 중심의 발언이 배치되고, 언론보도와 연맹과 민주노총의 선전물에 민주연합노조의 사진과 인터뷰만 실려도 전체의 단결을 위해 묵묵히 감내해 왔습니다.

톨게이트노조와 공동 집회를 할 때 민주노총 조합원은 500명인데 연설은 4개, 톨게이트노조는 조합원이 1,000명인데 연설은 하나 언론보도는 민주노총만 나온다는 불만이 있어 전체의 단결을 위해 공공연대노조 발언도 빼고 공공연대노조 취재요청은 톨게이트노조에 양보하기도 했습니다.

민주연합노조의 수많은 말과 행동, 톨게이트노조의 수많은 말과 행동 대부분이 공공연대노조처럼 단결을 위한, 또는 조직 내부의 문제를 해결하기 위한 피치 못할 결단에 따른 것이라고 생각하고 존중해 왔습니다. 더불어서 현재의 상황은 그 어떤 노조도 독자적 합의를 한다면 그것은 그 노조 조합원만 자회사를 받아들이는 것일 수밖에 없는 상황입니다.

공공연대노조의 행동도 공공연대노조의 조합원만을 위한 것이 아닌 전체를 위한 것이라고 존중해 주시기 바랍니다. 서로의 신뢰에 기초한 존중, 이것이 단결의 기초이며 우리는 단결 할 때만이 직접고용이라는 목표를 실현할 수 있습니다.

2019년 9월 4일 직접고용 투쟁을 전개하는 모든 분들께 공공연대노동조합 위원장 이성일 드림"

민주일반연맹은 회의를 거쳐 이양진 민주일반연맹위원장 이름으로 입장을 냈다. 성명서 일부다.

"톨노 박선복 위원장의 행보는 누가 보아도 공동 교섭과 공동 투쟁의 원칙과 기조를 무너뜨리는 일방적이고 독단적인 행보이기 때문입니다. 그러나 톨노는 이에 대해 '민주노총 공공연대노조 상급단체에서 이강래를 만났다. 우리가 못 만날 이유 없다'며 그 책임을 민주노총에 떠넘겼습니다. 이에 대해 우리 조합원들이 느끼는 혼란은 더욱 커졌고, 이에 대한 사실 확인 요구에 공공연대노조 이성일위원장은 9월 4일 입장문을 냈지만 톨노가 주장하는 것에 대한 사실 확인 내용이 포함되어 있지 않았습니다.

결론은 공공연대노조 이성일 위원장이 9월 2일 오전 이강래 사장과 만났다는 사실을 확인했고 또한 이성일 위원장이 이강래 사장을 만나기 직전 민주일반연맹 강동화 사무처장에 얘기하고 만났다는 것도 확인되었습니다. 도로공사와 비공개, 비공식 만남은 하지 않는다는 연맹위원장의 입장이 분명함에도 사무처장까지 확인한 상황에서 이런 일이 진행된 것에 대해 입이 있어도 할 말이 없습니다.

2019년 9월 5일 민주일반연맹 위원장 이양진"

뒤통수 맞은 느낌

상황을 알아챈 조합원들은 공동 투쟁에 찬물을 끼얹은 비밀 만남을 비판했다. 조직별로 알아서 할 거면 공동 투쟁이란 말은 왜 입에 올렸냐? 겉 다르고 속 다르면 어떻게 지도부 믿고 싸울 수 있겠느냐? 조합원은 허수아비냐? 이강래가 얼마나 우리를 우습게 보겠느냐? 뒤통수 맞은 느낌이다. 민주연합노조는 이성일 위원장의 사과와 강동화 사무처장의 업무 배제를 요구하는 글을 내기도 했다. 그만큼 아래에서의 비판이 강했다.

민주노총 조합원들은 공동 투쟁을 소중히 여겼다. 한국노총, 민주노총 조직은 달라도 서로 아는 사람들이 꽤 있었다. 이 영업소, 저 영업소 떠돌았던 조합원들은 아는 사람이 많았다. 그러니 서로의 사정도 자연스럽게 알게 됐다. 한국노총 지도부는 믿을 수 없었지만, 한국노총 조합원들이 고생하는 건 아주 잘 알고 있었다. 한국노총 조합원들은 모든 게 부족했다. 깔판도, 생수도, 집회 물품도 피켓도. 무엇보다 연대가 없었다. 그러니 조금이라도 더 도와야 했다. 깔판을 양보하고, 자리를 양보하고, 생수를 건네고.

한국노총 조합원들도 마찬가지였다. 수요일 광화문에서 공동 집회를 할 때나 금요일 서울 영업소에서 공동 문화제를 할 때는 모두가 정말 하나가 된다는 느낌을 받았다. 그리고 부러워서 민주노총에 가고 싶었다. 물론 한국노총 지도부는 민주노총에 대한 근거 없는 소문을 퍼뜨렸다. 아픈 사람은 안 받아 준다느니, 투쟁 참가하지 않으면 바로 제명한다느니.

초반부터 위태로운 고비가 많았지만, 공동 투쟁 원칙이 완전히 부서지지는 않았다. 투쟁 초반 톨게이트노조 지도부는 기간제 안을 받으려 했으나 다수의 반대로 실패했다. 7월 18일 민주노총과 한국노총이 공동교섭

민주노총 한국노총 공동 결의대회

단을 꾸려 첫 교섭을 요청했으나 도로공사는 거부했다. 개별 교섭을 하자
고 했다. 뻔한 노림수였다. 민주노총과 한국노총 모두 개별 교섭을 거부하
자 8월 1일 도로공사는 공동 교섭을 수용했다. 물론 자회사 주장만을 반복
했다. 8월 22일 4차 교섭은 도로공사가 일방적으로 파기해서 이루어지지
않았다.

그런데 위로부터 공동 투쟁이 깨질 판이었다. 동료 한 명이 안 보여도
발밑이 허물어지는 느낌인데 공동 투쟁이 깨진다면 이 투쟁 자체를 장담할
수 없는 게 아닌가. 비밀 만남이 공동 투쟁에 무슨 도움이 되겠는가? 누가
가르쳐 주지 않아도 알 수 있는 일이었다. 불신의 골이 파였고, 노동자들은
휘청거렸다.

이렇게 노동자들이 힘들어하고 있는 상황에서 일방적으로 캐노피에

서 내려온 후 이강래를 따로 만난 박선복 위원장은 9월 6일 정의당 입당식을 가졌다. 입당원서 200여 장을 심상정 대표에게 전달했는데 심상정 대표는 입당 환영 인사를 하면서 "한국도로공사를 상대로 한 대법원 판결을 축하하고 추석 전 1,500명의 대량 해고 사태가 원만히 해결돼야 한다"고 얘기했다.

많은 민주노총 조합원은 또 의문을 품었다. 1,500여 명의 생존이 걸린 투쟁을 위기에 빠뜨린 장본인을 아무런 비판 없이 받아들이는 게 합당한 일일까. 톨게이트 투쟁 상황을 전혀 몰라서일까. 노동자 투쟁은 중요하지 않다는 얘긴가.

태풍이 몰아쳐도

'같이 가자! 톨게이트 노동자 전환정보방' 밴드는 계속 시끄러웠다. 온갖 확인되지 않은 소문들이 퍼졌다. 텔레그램 방도 어수선했다. 혼란을 수습할 필요가 있었다. 도명화 지부장과 박순향 부지부장은 호소문을 썼다. 특히 한국노총 조합원들을 설득하기 위해 썼다. 호소문 일부다.

"동지들 피눈물로 호소합니다! 자기 자리를 지켜 주십시오!

한국노총 조합원 동지 여러분, 자기 자리를 지켜 주십시오. 투쟁은 계속되어야 합니다. 고공농성은 계속되어야 합니다. 지금처럼 공동 투쟁, 공동 교섭이면 도로공사는 우리를 막을 수 없습니다. 한국노총 조합원들을 비난하기 위해서가 아닙니다. 우리 모두가 함께 싸웠다는 걸 그 누가 모르겠습니까?

우리가 옳다!

그런데 지금부터가 중요합니다. 저들이 바라는 건 우리의 조급함입니다. 우리의 분열입니다. 한순간의 잘못된 판단으로 영원히 후회할 일을 만들지 말아야 합니다. 공공연대 조합원 동지들, 민주연합노조 조합원 동지들도 모두 자기 자리를 지켜 주십시오. 지금부터 진짜 싸움이라고 생각하고 신발 끈을 조여 매면 도로공사와 정부가 얼마나 더 버틸 수 있겠습니까?

수많은 노동자의 연대를 잊지 말고 지금 결판을 내야 합니다!

판결이 없어도 우리는 직접고용이 당연했습니다. 이제 1,500명 전체 직접고용을 해야 하는 판결까지 있는데, 지금 결판을 내지 않을 이유가 없습니다. 지금 결판을 내지 않는다면 도로공사가 1,200명을 그냥 놔두겠습니까?

톨게이트 노동자 힘만으로 여기까지 오지는 못했을 것입니다. 수많은 노동자의 지지가 있었습니다. 그런데 이제 와서 우리가 분열하고, 대법원 판결 대상자의 직접고용에 만족하고 나머지는 이후 소송에 맡겨 버린다면 우리를 지지했던 노동자들이 뭐라 하겠습니까? 자기들만 직접고용 되면 끝이냐고 묻지 않겠습니까? 결코, 물러서지 않겠습니다. 끝까지 고공농성을 사수하겠습니다. 단결을 해치지 말아 주십시오. 함께하면 승리합니다. 저들보다 하루 더 싸우면 이깁니다. 동지들, 사랑합니다.

민주연합노조 톨게이트지부 지부장 도명화, 부지부장 박순향"

이렇게 밑의 위기를 수습하고 있을 때 캐노피엔 또 다른 위기가 닥쳐오고 있었다. 9월 7일 초속 52.5m의 역대 5위급 강풍을 동반한 제13호 태풍 '링링'이 한반도 전역을 강타했다.

캐노피는 아수라장이었다. 자질구레한 물건들은 다 날아갈까 봐, 비닐봉지에 다 넣었다. 비닐과 그늘막 펄럭이는 소리가 워낙 세서 공포를 심하게 느꼈다. 바람을 막아 주는 벽 역할을 했던 현수막이 쫙쫙 찢어졌다. 초속 10m 바람이 불 땐 그나마 그늘막에서 버틸 수 있었는데 20m가 되니 버틸 수 없어 시멘트 벽 쪽으로 피신했다.

천막이 들썩들썩하니까 도로공사 직원들이 위험하다면서 조합원들 못 올라가게 자기들이 쳐 놓은 철조망을 끊고 올라오겠다고 했다. 죽으라고 해고한 주제에 철조망은 왜 끊고 올라온다는 거냐? 조합원들은 이강래 데리고 와라, 손대기만 해 봐! 고래고래 소리치고 싸웠다.

노동자들은 땅 위에서도 강인했다. 태풍이 몰아친 날에도 집회를 이어 갔다. 아마 캐노피에 있는 조합원들을 생각했을 것이다. 캐노피에 있는 조합원들도 견디고 있는데 우리가 약해지면 안 된다고. 한 조합원은 이렇게 얘기했다.

태풍이 지나가는 고공농성장

우리가 옳다!

"집회할 땐 몰랐는데 집회 끝나고 거리로 나와 보니 태풍이 거리를 할 퀸 상처가 보였습니다. 꺾인 나뭇가지가 나뒹굴고 간판도 떨어져 있었고. 그런데 우리는 그것도 모르고 집중해 집회를 했습니다. 우리가 강해지고 있다는 걸 느꼈습니다." (함인희 조합원)

3.

숨이 멎을 것
같았다

대단한 용기

도로공사는 대법원 판결에 대한 입장 발표를 차일피일 미뤘다. 9월 9일 세종시 국토교통부에서 이강래 사장의 기자회견이 잡혔다. 조합원들은 그래도 기대를 안고 세종시로 달려갔다. 대법원 판결까지 났는데, 판결 취지도 명확한데 새로운 안이 나오겠지. 이강래 사장의 기자회견이 시작되기도 전에 도로공사의 보도자료가 언론에 떴다. 대법원 승소자 304명만 직접고용하겠다는 입장이었다. 스마트폰에 눈을 떼고 있지 않았던 몇몇 조합원이 먼저 봤다. "빌어먹을, 달라진 게 없네. 이 꼴 보려고 이강래 따로 만난 거야. 이강래, 정말 우리를 물로 보네."

보도자료를 보면서 다음을 생각한 사람들이 있었다. 이강래는 기자회견 마치고 도망갈 텐데 여기 있으면 뭐하나. 그렇다고 지금 서울 올라가서 청와대 앞에서 몸싸움할 건가. 지금 상황에 맞는 투쟁 방법이 뭔가. 이강래 만나 담판을 져야 할 때였다. 되든, 안 되든 가야 한다고 생각했다.

버스가 추풍령휴게소에 들렀다. 그곳에서 지도부의 뜻이 전달됐다. 이때부터 조합원들의 생각은 단 하나로 모아졌다. 이강래 사장을 만나야 했다. 조합원들은 각오를 다지고 또 다졌다.

"조끼 다 벗고 화장실만 갔다 옵시다. 버스가 총 4대(구미 KEC지회에 갔다 오고 있는 버스 포함)입니다. 2대에 탔던 사람들은 각각 오른쪽, 왼쪽으로 가고. 나머지 2대는 겁나게 뛰어서 정문으로 갑시다. 위험하니까 달리기를 못하는 분들은 지금 여기서 자리를 미리 바꾸세요. 달리기 잘하는 사람이 먼저 뛰어가고. 일단 뛰어가서 문 열어야 하니까. 그리고 건물 들어

가면 이강래 집무실 있는 곳을 찾아봅시다. 이강래 사장을 만납시다."

"구미 KEC지회 연대 갔던 문한수 지회장이 출발하면서 보니까 경찰 버스가 10여 대가 앞에서 가더래요. 그래서 기사님한테 저거 추월하라고 했답니다. 추월해서 와 보니 이미 다 열려 있고. 그래서 뭐야 이거 하고 들어왔다고 합니다. 경찰들도 긴가민가. 그래서 처음엔 로비에 얼마 없었습니다."

"버스가 서기도 전에 버스 통로에서 뛸 준비를 했습니다. 다들 눈이 희번덕거렸습니다. 그냥 맨몸이어야 할 것 같아서 가방도 벗어던지고 비옷으로 옷을 동여맸습니다. 얼른 가야 했습니다. 재빨리 가야 했습니다. 이왕 할 거면 화끈하게. 직접고용 쟁취가 아니라 지금은 정문 열기 쟁취. 잔디를 가로질러 정문 쪽으로 뛰어갔습니다."

"그때 생각하면 한 가지 목표. 이강래 나와라, 이강래 나와라. 이강래 사장 집무실이 20층이란 걸 알았고 거기 올라가야 한다는 그거 한 가지. 조합원들은 옳다고 믿으면 합니다. 사실 점거할 수 있을 거란 생각하지도 못했습니다. 그 문이 어떻게 열리냐고요. 그게 열린 걸 보고 이긴 줄 알았습니다. 그 책상을 다 뛰어넘으리라고 상상하지도 못했습니다. 느낀 게 뭔 줄 알아요? 진짜 뭘 해도 되겠군."

"무섭기도 했는데 조합원들 다칠까 걱정을 더 많이 했습니다. 조합원들 나이가 많아서. 전 그나마 젊어요. 제가 여기 와서 젊다는 걸 처음 느꼈습니다. 쉰다섯 넘는 조합원들이 많고. 평균이 50대가 넘어가니까. 그런데 다들 그렇게 앞뒤를 안 가리는지. 정말 뭐가 터지면 물불 안 가립니다."

조합원들은 맨몸으로 부딪혔다. 문을 밀고, 경찰을 밀고, 구사대를 밀었다. 맞고, 다치고 쓰러지면서도 본사 안으로 들어갔다.

"구미 KEC지회 연대 집회를 갔다가 왔습니다. 이미 조합원들은 도착해 있었습니다. 주차장 가서 차가 들락거리는 걸 막으라고 했습니다. 그래서 주차장 가서 누웠습니다. 그런데 안에 상황이 급박하다고 해서 다시 뛰었습니다. 구사대와 경찰들은 폭력을 썼습니다. 이년, 저년, 쌍년 별별 욕을 다 들었습니다. 도로공사 직원들은 인정사정없었습니다. 마치 너희들 누르고 없애야만 우리가 산다는 듯. 아래위로 주먹이 날아왔습니다."

"건물로 들어간 후 처음에 엘레베이터를 탔습니다. 엘리베이터가 움직이지 않았습니다. 누가 그랬습니다. 어느 순간 이 엘레베이터가 움직일 것이라고. 점검하든 작동하든 한 번은 움직일 거라고. 그때까지 버티자. 움직이면 그때 올라가자. 그런데 진짜 엘레베이터가 한 번 움직였고 그래서 거기 있던 조합원들이 다 올라갔습니다. 계단으로 올라간 사람들은 20층 계단에서 갇혔는데 엘리베이터로 올라간 일곱 명은 사장실 앞까지 갔습니다. 나중에 다 연행됐습니다. 경찰이 그 일곱 명 정예부대로 구성된 줄 알았다고 했습니다. 그래서 여경을 엄청나게 투입하고. 그런데 그게 아니라 엘레베이터 안에 들어간 사람들이 올라간 거였습니다."

"나중에 정보관이 얘기하는데 우리가 안 오네, 하면서 한 바퀴 돌고 오니 우리가 벌써 다 튀어 들어왔다 했습니다. 엘레베이터가 막혔습니다. 계단 출구도 막혔는데 비상계단을 찾아 사장실이 있다는 20층으로 뛰어 올라갔습니다. 구사대들이 막아 몇 번 뚫고 올라갔습니다. 구사대들의 발을 잡고 밀면서 공간을 확보했습니다. 20층 올라가니 페인트 냄새에 숨이 막힐 것 같았습니다. 실신한 노동자가 있어 119를 불렀는데 구사대와 경찰이 막았습니다. 우리가 거짓말한다고. 한 119대원이 와서 확인하고 싣고 갔습니다."

우리가 옳다!

"버스에서 이미 달리기 순번을 정했습니다. 전 동지들과 함께 회전문을 밀었습니다. 유리가 깨질까 걱정했는데 다행히 깨지지 않았습니다. 회전문이 열릴 때 정말 짜릿했습니다. 열리고 우리가 들어가자 구사대들이 쫄았습니다. 구사대가 막아 팔을 잡고 다리를 잡고 싸웠습니다. 우리가 미친 여자들로 보였을 겁니다. 뚫었는데 밀리면서 앞으로 세 명이 넘어졌습니다. 아찔한 순간이었습니다. 들어온 동지들이 다른 동지들을 잠깐 막아 진정을 시켰습니다."

"차에서 조끼부터 벗자고 했습니다. 차에서부터 빨리 뛰는 사람들 앞세우고. 자동문 잠가 놓고 구사대들이 안에서 지키고 있는데 안 밀렸습니다. 회전문 셔터를 밀었습니다. 거기가 될 것 같으니까. 계단으로 20층까지 올라갔는데 하나도 힘이 들지 않았습니다. 한 동지가 쓰러졌습니다. 어떤 차장이 물을 갖다 줬습니다. 그런 차장도 있더군요."

"추풍령에서부터 조끼를 벗었습니다. 우리가 내려가는 게 알려질까 봐. 텔레그램이나 카카오톡도 하지 말자고 했습니다. 비밀이 새어 나갈까 봐. 버스 커튼도 치고. 모자도 안 보이게. 달리기 순번 정하고. 앞에서 뛰어보려고 했습니다. 누구는 정문을 뚫고 누구는 외곽을 뚫어라. 저는 앞만 보고 달렸습니다. 누군가는 열 받아 화분을 집어던졌습니다. 본사는 이렇게 잘해 놓고 있네."

"무섭게 뛰었습니다. 뛰다 보면 뛰다 보면 정문에 닿겠지. 동지들이 문을 밀기 시작했습니다. 문이 조금씩 열렸습니다. 우리도 예상하지 못했습니다. 남자들 100여 명. 두렵지 않았습니다. 우리는 악이 있으니까. 저들은 고상한 화이트칼라."

"우리는 두 번째 차였는데 정문 쪽이 아니라 옆쪽으로 들어갈 공간을 찾는 역할을 맡았습니다. 다 막혀 있었습니다. 안에 들어가서 싸우는데 구사대가 우리 조합원을 집어던졌습니다. 우리 조합원들이 가까스로 받았습니다. 위험했습니다. 5층까지 올라갔습니다. 5층에서 일단 대치. 먼저 들어간 사람들이 있었습니다. 비상계단 혼자 찾아갔는데 무서웠습니다. 문이 정말 많았습니다."

"당황하지 말라고 했는데 가슴은 콩닥콩닥. 우리는 중앙 현관 쪽 문을 밀었습니다. 처음엔 회전문 생각 못하고 자동문 쪽으로 갔습니다. 미는데 안 밀렸습니다. 회전문은 밀리는구나. 우린 놀랐습니다. 그런데 회전문이 열리니까 사람들이 넘어졌습니다. 저도 넘어졌습니다. 이렇게 압사되어 죽는구나. 뒤에선 영문도 모르고 계속 밀었습니다. 그리고 안에 들어와서 탁자 넘어가서 몸싸움. 6·25 때 난리는 난리도 아니었습니다."

"너무 놀랐고 질렸습니다. 무릎이 깨져 피가 철철 나는 노동자를 그냥 밟고 지나가는 경찰, 쓰러진 노동자를 발로 차며 질질 끌고 나간 경찰. 119를 불러 달라고 했는데도 불러주지 않았습니다."

"얼마나 달렸는지 숨이 멎을 것 같았습니다. 이미 막고 있었습니다. 안쪽에서 잠가 놓고. 무조건 밀고 가야 했습니다. 20층 올라가서 비상계단 앞에 갇혀 있었습니다. 사장실 앞까지 갔던 조합원 일곱 명은 나중에 연행됐습니다. 오기는 잘 왔습니다. 좋은 아이디어. 배짱이 없었으면 이렇게 하지 못했을 겁니다."

"이강래가 대법원 판결 취지도 무시하는 내용을 우리에게 준 게 화가 나서 달려오니 막았습니다. 너무 화가 나니 힘이 저절로 났습니다. 용기가 생겨서. 막 밀치는데 아픈 줄도 모르고 20층까지 올라갔는데 사장이 없어서, 다른 계단으로 가 그 위층 다 문 두드렸는데 다 걸어 잠갔더군요. 25층까지 걸어 올라갔는데. 너무 열 받으니 힘든지도 모르고 올라갔습니다."

"계단 올라갈 때 정말 힘들었습니다. 경찰은 많았고. 20층까지 올라가는데 중간중간 문을 잠가 놨습니다. 몇 번이나 싸우고 올라가고, 한쪽 안 되면 다른 쪽으로 가고 막히면 또 내려갔다가 다른 데로 뚫고 올라가고. 구사대가 저 따라다니고 전 피해 다니고 그러면서 20층까지 갔습니다. 옷 찢어지고 난리 났습니다. 문도 많아 완전 미로 같았습니다. 모르는 상황이니까 헤매고 다녔습니다."

늦게 도착한 노동자들도 열심히 싸웠다. 문을 밀고 들어가려고 했는데 이번엔 밀리지 않았다. 몸싸움을 심하게 했다. 나중에 창문으로 몇 명이 들어갔다. 2층 로비를 점거한 노동자들은 밤새 오들오들 떨었다. 침낭도 없었고 깔판도 없었다. 그래도 누구 하나 불평하지 않았다.

"청와대에서 자정에 출발했습니다. 톨게이트노조에서도 50명이 왔습니다. 회전문 흔드는데 이때는 뚫리지 않았습니다. 후문으로 왔는데 경찰과 우리가 밀치고 밀치는 사이 저 혼자 2층 로비 조합원들이 농성하는 곳으로 들어왔습니다. 더 싸워 더 많이 들어올 수도 있었는데 그러면 거의 압사가 걱정되는 상황이었습니다. 한 동지는 새벽에 창문으로 들어왔습니다. 새벽 3시 반에."

"우리는 쉰다고 집에 왔을 때, 민주노총 조합원들이 김천 간다고 해서 김천 왔습니다. 나중에 박선복이 왔는데 저는 꼴 보기도 싫더라고요. 어쨌든 노조는 달라도 같은 뜻을 가지고 싸우는 동지잖아요. 노조끼리의 싸움이 아니잖아요. 이건. 도공하고 싸우는 거지. 노조는 달라도 같은 뜻으로 싸우니까 저희가 힘을 보태는 게 맞는 거잖아요. 그런 뜻으로 김천으로 바로 쫓아온 거예요. 무주에서 집결해서 넘어왔어요. 그런데 박선복 위원장이 하는 소리가 김천을 왜 왔냐는 거예요. 누구 지시받고 김천 왔냐고. 지도부 지시받냐고. 저는 거기서 완전히 돌아선 거예요."

"첫날 밤 새벽에 몸싸움이 있었습니다. 우리와 구사대, 경찰 서로 엄청 예민했는데 유리문에 받쳐 놓은 책상을 구사대가 지나다가 건드렸습니다. 책상이 자빠지면서 한 동지 다리에 심하게 멍이 들었습니다. 그래서 몸싸움이 시작됐습니다. 전 앞줄에 있었는데 앞뒤에서 밀어서 샌드위치 되니 숨을 쉴 수가 없었습니다. 죽을 것 같다고 말했더니, 구사대 중 한 명이 거짓말이라고 얘기하면서 더 밀어붙였습니다. 우리는 모두 여잔데 구사대는 무지막지하게 밀어붙였습니다. 옆 동지가 가슴에 손을 올리라고 해서 그렇게 하니 숨을 좀 쉴 수 있게 되었습니다. 노래에서 '구사대 폭력' 가사 나와도 잘 몰랐는데 이런 거구나 직접 느꼈습니다."

"경찰에서 무슨 소리만 나도 벌떡벌떡 일어났습니다. 잠을 거의 못 잤

본사 점거

우리가 옳다!

습니다. 옆에 있는 기계 소리도 동지들 함성 같았고 혹시나 동지들이 끌려 나가나 놀라기도 했습니다. 무서워서가 아니라, 동지가 있는 곳으로 가서 같이 싸워야 하는데 어느 쪽인지 몰라서 놀랐습니다. 긴장하니까 환청까지 들렸습니다."

"종이 박스 하나 없어 그냥 대리석 바닥에 누웠는데. 종이 박스 있는 사람이 그렇게 부러운 겁니다. 침낭은 바라지도 않았지만. 한 이틀 동안은 잠 한숨 못 잤습니다."

한 조합원이 이렇게 얘기했다. 그리고 다른 수많은 조합원도 아주 비슷한 얘기를 했다.

"우리는 도로공사를 위해 도로공사 지시를 받고 일했다. 법 이전에 우리의 삶이 증언한다. 법이 설사 아니라고 해도 우리가 옳다. 그런데 법원 판결 받아오라고? 그래서 1심, 2심 받았더니 이젠 대법원 판결 받아 오라고. 그래 받아 왔지 않느냐. 대법원 판결 취지를 봐라. 1,500명 전체가 불법파견이라고 하지 않았는가? 그런데 또 안 된다고. 똑같은 요금수납원으로 똑같이 일했는데 한 사람, 한 사람 다 판결을 받아오라니. 이강래 사장, 교섭도 한 번도 안 나오고 사과도 안 하고 언제까지 우리를 시험할 거냐? 요금수납원이 그렇게 우스운가?"

한 조합원은 우사인 볼트가 되었다고 했다. 아무것도 들리지 않았다고 했다. 무시무시한 집중력이었다. 대단한 용기였다. '우리가 옳다'라는 확신이 있었기 때문이다.

탈의 시위

9월 10일 아침 투쟁도 격렬했다. '밀어'라는 구사대의 신호가 떨어지자 경찰은 구사대와 함께 2층 로비 세 방면에서 노동자를 토끼몰이 하듯 밀어붙였다. 숨 쉴 틈 없이 노동자를 밀어붙였다. 마지막이라는 심정으로 본사 로비점거를 선택한 노동자들은 밀려나지 않기 위해 울부짖었다. 절규했다. 소용없었다. 다 쫓겨날 것 같았다. 다 쓰러져 수없이 다칠 것 같았다. 이때 노동자들은 상의를 벗어 저항했다. 경찰의 기합 소리가 최고조에 이를 때였다.

"김천에 있는 한국도로공사 본사 점거 이틀째 아침이었어요. 경찰과 구사대가 밀어붙이는데 숨을 곳도 없고, 아무리 둘러봐도 살아날 길이 없더라고요. '여기서 끌려 나가면 우린 끝이다'라는 생각이 든 그 순간, 탈의 하라고 외쳤습니다. 창피하다는 생각이 전혀 안 들었어요. 아직 우리 가족이나 친구들은 제가 탈의 시위한 사실을 몰라요. 가족이나 친구들이 알게

부상을 입은 노동자

우리가 옳다!

되면 제가 그걸 감당할 수 있을까 싶은데 여기 선배님들이 당당하게 서 계신 모습 보니까 힘이 납니다."

(전서정 경남일반노조 지회장, "탈의 시위는 우리가 마지막이길 바랐는데…" 동일방직 여성노동자들과 톨게이트 요금수납원들의 만남,《일다》, 2019년 12월 6일)

11월 29일, 평화살롱 '레드북스'에서 심야책방의 날을 맞아 동일방직 노동자들의 투쟁을 다룬 다큐멘터리 영화 <우리들은 정의파다>(이혜란 감독, 여성영상집단 움 제작, 2006)를 상영했다. 이 자리에 동일방직 노동자들과 톨게이트 노동자들이 함께했다. 전서정 지회장은 동일방직 선배님들을 만났다. 동일방직 노동자들의 투쟁과 톨게이트 노동자들의 투쟁을 함께 다룬 글이다.

"1976년 7월, 동일방직 회사 측은 자신들이 매수한 대의원들을 모아 놓고 선거를 치러 여성 민주노조를 엎고 남성 집행부를 세우려고 시도한다. 이에 일부 노동자들은 노조 탄압을 중지하라고 외치며 농성에 들어갔다. 당시 3교대로 공장 안에서 일하고 있던 800여 명의 조합원이 일손을 놓고 뛰쳐나와 문밖에 있던 300명과 합류한다. 거의 전 조합원이 참가한 파업 투쟁이었다.

그렇게 시작된 농성 3일째, 전투경찰이 대거 투입돼 에워싸기 시작했고 노조 간부들을 지목하며 끌어내려 했다. '언니들 잡혀가면 큰일 난다'라고 생각한 동일방직 조합원들은 전부 탈의를 했다. 동일방직 해고자들은 '아비규환이었어', '전쟁도 그런 전쟁이 없지', '그날의 공포가 아직도 기억나'(우리들은 정의파다)라고 회상한다.

'탈의 시위는 저희로 끝나길 바랐는데, 40년이 지난 지금 톨게이트 동지들이 또다시 했다는 소리를 듣고 가슴이 아팠어요. 탈의 시위는 최악의 상황이 왔을 때 할 수 있는 거거든요. 계획해서 될 수 있는 게 아니고, 더 이상물러설 곳이 없을 때 하게 되는 투쟁이죠.'(김용자 동일방직복직추진위원회 운영위원장)

가장 긴박한 순간, 최후의 저항 수단으로 상의 탈의 시위를 한 동일방직 여성 노동자들을 질질 끌고 가며 '니년들 죽어도 난 감옥에 안 가'라고 말하던 경찰들, 탈의 시위를 하는 톨게이트 노동자들을 쳐다보며 채증에만 열 올리던 공권력. 이 장면을 보면서 여성 노동자들의 삶과 투쟁은 40년 전과 무엇이 달라졌고, 무엇이 달라지지 않았는지 묻게 된다."

("탈의 시위는 우리가 마지막이길 바랐는데…" 동일방직 여성노동자들과 톨게이트 요금수납원들의 만남, 《일다》, 2019년 12월 6일)

9월 10일을 돌아보는 조합원들의 얘기다.

"10일 구사대에 끌려갈 때, 제가 촬영하려다가 저도 끌려가게 됐습니다. 제가 자기네를 할퀴었다고 하더군요. 전 그런 적 없는데. 제 몸에 손대지 말라고 하니, 여성 직원을 불러왔습니다. 여성 직원이 제 멱살 잡고 끌어내렸습니다. 그때 그 모멸감과 적대시하던 눈빛에 정이 떨어졌습니다. 이 사람들이 정말 우리를 적으로 보는구나 싶었습니다. 정보관이 중재했습니다. 그 상황에서, 정보관은 중립적이지 않았습니다. 구사대 편을 들기에, 경찰이면 경찰답게 하라고 말했지만, 그 상황을 무마하려고만 했습니다. 사과 받고 싶다고 했지만 못 받았습니다."

"무서웠습니다. 쟤네가 왜 이렇게까지 하나 의문점도 있고 억울하고 분하기도 하고. 진짜 우리가 왜 이런 대접 받아야 하나. 우리가 없었으면 이 건물도 없는 건데. 갖은 수모 겪고 우리가 다 뒷받침해 줬는데."

"앞쪽 삼척지역 조합원들이 막 밑에 깔렸습니다. 경찰이 미는 걸 제가 막 잡아당겼습니다. 그날 정말 무서웠습니다. 청와대도 그 정도는 아니었으니까. 구사대가 밀어! 그러니 무서웠습니다. 경찰이 구사대 말을 듣고 힘없는 요금수납원을 그렇게까지 해야 했나. 별 생각 다 나는데 눈물이 났습니다. 내가 왜 이렇게까지 해야 하나. 첨엔 너무 화나고 힘드니까, 내가 직접고용 되어 무슨 부귀영화 보겠다고 이 나이에, 이런 생각도 했습니다. 그런데 동지들이 함께 있으니까. 진짜 나 혼자의 일이면 안 한다고 하고 갔을 겁니다. 그런데 동지들이 버티고 있으니까."

"발언하면서, 경찰에게 그랬습니다. 도공이 보호해 달라고 해서 왔다는데, 이해하겠다, 그럼 우리도 요청하겠다. 우리도 구사대로부터 보호할 수 있게 지원해 달라. 왜 우리가 부르면 안 오고 도공이 부르면 오는지."

노동자들은 최후의 수단으로 상의를 벗었다. 내 몸에 손대지 말라고 저항했다. 그러나 구사대와 경찰의 태도는 조금도 변하지 않았다.

"구사대랑 경찰이 되게 폭력적으로 거칠게 나왔습니다. 노동자들이 질식할 상황인데도 무시하고 밀었습니다. 언니들이 윗옷을 벗고 저항할 때 정말 가슴 아팠습니다. 저는 촬영하고 있었는데 그때 카메라 돌려 버렸습니다. 그런데 구사대가 열심히 찍고 있었습니다. 경찰들이 한참 뒤에 고개를 숙였는데, 뒤에 있던 도로공사 직원들이 미어캣처럼 고개 빳빳이 들고 쳐다봤습니다. 고개 숙이라고 제가 말했는데도 여전히 보고 있었습니다.

다 남성이었습니다. 여성은 저 뒤에 몇 명 있는 정도였습니다."

"전 그날 거기 없었는데 다른 분들 얘기 들었습니다. 끌려 나가다 한 명이 쓰러져서 구급대 불렀다고 했습니다. 쓰러진 와중에도 대원이 싣고 가려는데 죽어도 나 여기서 죽겠다고 안 가겠다고 했다고 합니다. 그 얘기 들으면서 밥 먹다 울었습니다. 그 순간 상의 탈의했는데 다들 창피고 뭐고 순간적으로 벗었다고. 끌려 나가며 그 모습 보니 눈물이 났다고 했습니다. 질질 끌려 나가는데 경찰이 발로 차고. 그 많은 경찰이 있었는데 노동자가 쓰러져도 관심도 두지 않았다고 했습니다. 쓰러졌다 악을 쓰니 그제야 보였다고 했습니다. 그런 상황에선 경찰이 경찰이 아닙니다. 그냥 폭군입니다. 폭군."

"그때 우린 너무 절박했고 여기서 끌려 나가면 끝장이란 생각을 했습니다. 구사대들은 밀고 들어오지. 경찰들도 한편이지. 힘은 밀리지. 어떤 동지 한마디에 많은 조합원이 윗옷을 벗었는데, 제 얼굴이 완전히 안 가려졌는지 남편에게 전화가 왔습니다. 뭐라 그런 건 아니고. 찍혔다고. 왜 속옷만 입었냐?, 그런 식도 아니고. 우리가 다 힘들었습니다."

노동자들은 부끄럽지 않았지만, 상처를 입었다. 트라우마가 남았다. 노동자들은 지독한 성 상품화, 여성 혐오의 사회에서 자신들의 몸이 어떻게 보일까 걱정해야만 했다. 실제로 몇몇 쓰레기 언론은 여성 노동자들이 왜 처절하게 싸워야 했는지를 밝히지는 않고 여성 노동자의 벗은 몸만 드러냈다. 대부분의 조합원은 담담했지만 걱정까지 떨칠 순 없었다.

"악마의 재편집이란 게 있지 않습니까. 우리가 왜 그렇게 할 수밖에 없었는지는 나오지 않고. 이상하게 떠다닐 수 있고. 여성의 몸은 언제든 품평의 대상이 될 수 있고. 이 문제 때문에 밤새 울고 새벽에 나간 조합원이 있습니다."

"그게 내용이랑 영상이 같이 돌아다니면 상관이 없는데, 나중에는 세월이 흐르면 그 내용은 없고 영상만 돌아다닐 수 있습니다. 그것만 이미지가. 그런 게 좀 많이 우려됩니다."

결코, 부끄러운 일이 아니었다. 노동자들은 대의를 위해 자신들이 할 수 있는 모든 방법을 쓰며 저항했다. 여성 노동자들이 처절하게 싸울 수밖에 없는 상황에 질문을 던져야 한다. 노동자들은 2019년 6월 말부터 용감하게 싸웠다. 그러나 연대는 좀처럼 널리 퍼지지 못했다. 더 용감하게 본사를 점거했지만 고립되었고 수백 명의 구사대와 경찰에게 포위되었다. 농성장 안에서 함께 싸운 노동자들도 극소수였지만 밖에서 달려오는 노동자들도 많지 않았다. 9월 9일, 10일 톨게이트 노동자들이 절체절명의 순간에 놓였을 때. 저들이 진압하지 못하도록, 폭력을 쓰지 못하도록 만들 수 있는, 즉 저들을 두려움에 떨게 할 연대의 힘은 준비되지도 조직되지도 않았다. 정말이지 이 한계를 반드시 극복하겠다는 다짐이 필요했고 앞으로도 필요하다.

공권력 투입을 막아 내다

실제로 경찰은 9월 11일 오전까지만 해도 노동자들을 다 강제로 끌어내려 했다. 경찰 지휘관들은 2층 로비 농성장 뒤쪽에서 작전 판을 들고 계획을 짰다. 민주노총 중앙과 민주노총 경북지역본부에서도 경찰이 투입된다는 정보를 확인했다고 알려 줬다. 경찰 버스 100여 대가 본사를 둘러쌌다는 소식이 전해졌다. 1층에 에어 매트리스가 깔렸다. 여경들도 속속 올라왔다.

조합원들은 연행에 대비한 연습을 했다. 팔짱을 끼고 눕는 연습을 했다. 계속 노래를 불렀다. 최대한 저항하겠지만 힘에 밀릴 것이었다. 그래도 '우리는 다시 모여 싸운다', '포기하지 말자'라는 발언이 이어졌다. 중간에 도시락을 먹었는데 잘 넘어갈 리가 없었다. 밥을 먹는 건지 눈물을 먹는 건지. 그래도 싸우려면 먹어야 한다고 서로를 독려했다.

조합원들은 버티는 연습을 계속했다. 두려움 속에서도 결의는 솟구쳐 올랐다. 서울에서와 마찬가지로 연행할 테면 차라리 다 연행하라고 외칠 수 있는 배짱도 있었다. 기세가 죽지 않았다. 다치지 말자고 했지만, 경찰과 붙으면 가만히 있을 노동자들이 아니었다.

박순향 부지부장이 전국의 노동자들에게 연대를 호소하는 영상을 찍었다. 이 영상은 SNS를 타고 빠르게 퍼졌다.

"저희 힘이 다 되는 그 순간 저희는 완강히 버티다 버틸 힘이 없을 때 저희는 밖으로 끌려 나갈 수밖에 없습니다. (울음) 그래도 우리가 그 힘 잃지 않고 다시 모여 투쟁할 수 있게 모든 동지들, 저희에게 힘을 주시고 연대해 주십시오."

대부분 지난 대통령 선거에서 문재인을 찍은 노동자들이다. 그런데 이제 이 정부가 원망스럽다고 외쳤다. 박순향 부지부장의 발언이다.

"동지들 저는 한 가지만 부탁드리겠습니다. 다치지 마시고, 동지 손 끝까지 붙잡고 계십시오. 팔이 끊어져 나가도 붙잡고 계십시오. ('이 정부가

우리가 옳다!

원망스러워요.' —조합원 한 명이 박순향 부지부장 발언 중간에 외쳤다.) 그래야 우리가 다시 모여서 싸울 수 있습니다. 저는 우리가 버텨 낼 수 있다고 믿고 있습니다. 동지들, 그렇지 않습니까? (투쟁) 끝까지 믿고 내일도 이 자리에서 뵙겠습니다."

문한수 지회장은 조합원들에게 비정규직 없는 세상을 위해 싸우자고 호소했다.

"우리의 투쟁은 단순히 우리가 직접고용을 가기 위한 투쟁이 아닙니다. 천백만 비정규직 노동자들과 함께할 수 있는 아주 중요한 싸움입니다. 우리가 반드시 이 싸움 이기고 직접고용을 쟁취해야만 앞으로 우리 후세들에게도 비정규직 없는 좋은 세상을 물려줄 수 있습니다. 그래서 우리는 이 싸움 절대 질 수 없는 싸움입니다."

연행 대비 연습

조합원들의 얘기다.

"11일 오전 경찰들이 연행한다는 소식이 전해졌을 때 정말 다 울었습니다. 팔짱 끼고 저항하기 위한 연습을 하는데. 너희들 할 테면 해 봐라. 어차피 이렇게 해도 우린 안 끝내고 다시 뭉칠 거기 때문에, 여기서 끝이 아니라고 생각했습니다."

"눈물 진짜 많이 나왔습니다. 너무 억울하고 가슴 아팠습니다. 정신적으로 힘든 상황인데, 우리가 죄지은 것도 아니고, 법적으로 정직원인데 당연한 걸 요구하는데 죄인 취급. 경찰이 도공과 한통속이구나 알게 되니 절망감이 들었습니다."

"공권력이 강제로 우리를 끌어낼 움직임이 보여 예행연습 했는데 안에 있는 자체로도 숨이 막히는데, 공기도 그렇고 끌려간다는 압박감이 엄청났습니다. 저 경찰들이 절 어떻게 할까 싶어 답답하고 종일 말도 못하고 침묵했습니다. 보따리 다 싸 놓고 끌려갈 준비하고 있었습니다. 주위에 구사대와 경찰이 둘러싸고 있어 믿을 건 우리뿐이라고 생각했습니다. 끌려나가도 당당할 수 있다는 생각은 강했습니다. 당당했지만 그래도 두렵긴 했습니다."

"한 번도 경험하지 못한 일들입니다. 상상하지도 못했습니다. 지금 시대에 이런 일을 겪을 줄. 두렵고 무서웠습니다. 언니들이 다치지 않기를 바랐습니다. 긴박했습니다. 1분 1분이. 경찰은 우리가 생각했던 경찰이 아니었습니다. 도공 명령을 따랐습니다."

"저는 이강래의 쓰레기 안 나오기 전에 기대 안 했습니다. 그동안 너무 많이 겪어 봤기 때문입니다. 지금까지 싸울 수 있었던 건 여자들이 앞장섰기 때문이 아닐까 싶습니다. 남자들만 있었으면 벌써 굴복했을 것 같은 느낌도 있습니다. 그만큼 여성 노동자들이 공감하는 게 많고 힘도 강하고 끈질깁니다. 우리는 그동안 당한 것이 정말 많습니다. 경찰 투입 직전 동지애 진짜 많이 느꼈습니다. 깜짝 놀랐습니다. 우리에게 단결할 힘이 이렇게 있다니!"

노동자들은 강인하게 버텼다. 팔이 끊어져 나가도 순순히 끌려 나가지 않을 거라는 결의를 똑똑히 보여 줬다. 시간이 어떻게 흘러가는지도 못 느낄 팽팽한 긴장감이 농성장 꼭대기까지 가득 차오른 순간, "경찰 버스가 움직인다!" 바깥에 있는 조합원들이 본사 주위의 경찰 버스들이 빠진다고 알려 왔다. 민주노총과 지역본부에서도 확인했다. 이겼다. 조합원들이 물리쳤다. 이번엔 기쁨의 눈물을 흘렸다.

문재인 정부는 왜 경찰을 투입하기로 했다가 포기했을까? 그냥 액션이었을까? 오전만 해도 경북지방경찰청장이 현장 지휘를 한다고 했다. 실제로 현장의 경찰들은 바쁘게 움직였다. 경찰청장이 직접 내려왔다는 소문이 있었고, 최종 결정이 끝났다는 얘기도 있었다. 경찰을 투입해 끌어내려다 노동자들의 기세에 놀라 판단을 바꾸었다고 보는 편이 정확할 것이다. 경찰 투입이 불러올 정치적 부담을 고려했을 것이다. 노동자들은 순순히 끌려 나올 생각이 없었다. 최대한 저항하는 장면이 모든 언론에 나왔을 때, 그 파장은 만만한 게 아니었을 것이다. 문재인 정부는 민주노총과의 정면대결도 생각해야만 했을 것이다.

톨게이트 노동자들에게서 볼 수 있듯 천백만 비정규직의 고통과 분노는 켜켜이 쌓여 있다. 한국 사회의 가장 큰 시한폭탄이 아닐까? 영리한 지배자라면 함부로 크게 건드렸다가 어떤 일이 일어날지 계산할 것이다. 그렇다면 비정규직 노동자들은 더 자신 있게 싸울 수 있다. 저들이 감히 건드릴 수 없는 분노와 힘이 있다는 걸 믿고.

대부분의 조합원은 자신이 생각하는 옳은 말, 관리자들이 싫어하는 말을 한마디도 못하고 회사를 다녔다. 노동조합을 몰랐고 민주노총과 한국노총의 차이도 몰랐다. 그랬던 조합원들은 이제 비정규직 투쟁 전체를 가슴에 품었다. 조합원들은 지난 3일 동안의 투쟁을 돌아보며 이렇게 얘기했다.

"이강래와 민주당이 왜 이럴까. 법원 판결도 있는데. 이강래와 민주당이 내년 총선을 바라보는 것 같습니다. 기득권층에 잘 보이려는 게 아닐까. 우리 투쟁이 비정규직 노동자들의 물꼬를 틀까 봐 막고 있습니다. 그리고 우리가 승리하면 저들의 자회사 정책이 뒤집힐 수 있기에."

"진짜 많이 울었습니다. 믿어지지 않았습니다. 이강래도 잘못되었지만 문재인 정부가 더 잘못됐습니다. 말만 하고 실천을 하지 않습니다. 자회사가 무슨 정규직화입니까. 그러면서 돈으로, 힘으로 억압하는데 우리는 연대의 힘으로 싸워야 합니다. 처음엔 아무것도 몰랐던 내 자신이 부끄러웠지만, 이제는 투쟁 역사를 들을 때마다 울컥하고 더 투쟁해야겠다고 다짐합니다."

"9일부터 11일까지 정말 많이 싸웠는데 연행되나 보다 서글펐습니다. 너무 잘 싸워 무서웠습니다. 나는 안 무서운데 동료들이 무서웠습니다. 무서울 정도로 싸우는 동료들이 자랑스러웠습니다. 조직을 믿고 동료를 믿었기 때문에 이렇게 싸울 수 있습니다. 도공은 우릴 우습게 봤습니다. 도공도 우리 스타일을 알지만, 우리도 도공 스타일을 압니다. 무조건 회유하고 협박하고 거짓말하고 말 바꾸고. 그러면 우리가 고개 숙일 줄 아는. 제가 20

년 다녔는데 얼마나 많이 당했는지 모릅니다. 아직도 저들은 우리가 아직 자기들 '시다바리'인 줄 압니다."

"못사는 사람도, 잘사는 사람처럼 살 수 있어야. 처음엔 우리의 직접 고용만 생각했습니다. 이젠 자부심이 생깁니다. 그런데 한편 비정규직 투쟁 선두에 서 있다는 압박감, 부담감이 상당합니다."

계속 여성 노동자를 누르는 이중의 굴레

경찰 투입을 물리친 다음 곧바로 추석 연휴가 다가왔다. 아직 안심할 순 없었다. 톨게이트 노동자들은 혹시라도 경찰이 투입되면 어떻게 싸울지 계속 연습했다. 긴장감이 완전히 가시지 않았지만, 연휴 계획은 짜야 했다. 추석 연휴라 농성장에 찾아오는 사람도 없을 텐데 어떻게 농성을 유지해야 할지 고민했다.

그래도 추석은 추석이니 차례상을 준비했다. 사실 톨게이트 노동자들은 명절이나 연휴 때 가장 바빴다. 고속도로 통행량이 많았기 때문이다. 그래도 지금은 집에 아예 못 가는 건 아니었으니 과거와 천지 차이다. 명절엔 무조건 한복을 입으라고 강요한 영업소도 있었는데 여기선 한복을 강제로 입지 않아도 되니 그것만큼은 다행이라고 해야 하나.

캐노피에서도 차례를 지냈다. 김천 농성장에서는 250여 명이 차례로 차례상에 절을 했다. 뜻 깊은 명절이었지만 서러운 명절이었다. 가족에게 미안한 명절이었다. 여성 노동자들은 집안의 대소사를 챙겨야 한다는 부담, 집안일을 챙겨야 한다는 부담을 쉽게 떨치지 못했다. 밥 안 하고 청소 안 하고 애들 챙기지 않으니 세상만사 편하다고 얘기하는 노동자들도 있었는데,

그만큼 집안일과 아이들 돌보는 일이 어려웠다는 얘기이기도 했다.

'지금까지 본 당신 모습 중에 최고'라는 칭찬까지 하며 지지해 주는 남편도 있었지만, 투쟁이 길어질수록 이제 그만하면 안 되겠냐는 남편들도 늘어났다. 지지해 주러 김천 농성장에 왔다가 경찰과 싸우는 모습을 보고 그만하라고 얘기한 남편도 있었다. 긴 시간을 들여 설득해야 했다. 물론 가족을 설득해야 했던 남성 조합원들도 많았지만, 설득의 주제가 집안일, 아이 돌보는 일인 경우는 드물었다.

한편 아이들이 다 커서 돌볼 일 별로 없고, 남편은 아이들이 챙겨서 좀 자유롭다는 노동자들도 있었다. 그런 노동자들은 도로공사가 50대 중반 여성 노동자를 우습게 봤다고 얘기했다. 50대 중반쯤 되면 집안에 얽매일 일이 별로 없는데, 집안에 얽매여 투쟁 못할 줄 알고 우습게 봤다는 얘기였다. 그동안 얼마나 힘들었을지는 말 안 해도 알 수 있다. 당장 아이들을 보살펴야 하는 부담이 없어도 노후 부담은 있다.

중간에 직장을 쉬었다가 다시 들어온 여성 노동자가 많이 있었다. 당신이 없으면 애는 누가 키우냐고, 아픈 부모는 누가 돌보냐고, 당신이 조금만 참아 달라는 가족들의 부탁 혹은 요구 때문이었다. 다시 일자리를 구하려 했더니 일자리가 보이지 않더라. 익숙한 얘기다. 결론도 익숙한데 더불어 간절하다. 이 일자리가 마지막 일자리라는 것. 노동자들은 물러설 데가 없었다.

소중한 마지막 일자리를 지키기 위한 싸움. 그런데 가사와 보육이라는 굴레가 노동자를 자꾸 계속 눌렀다. 일터에서의 굴레에 맞서기도 힘든데 말이다. 이 고통을 이겨 나갈 방법이 잘 보이지 않았다. 보통 남성 노동자들이 오래 싸우는 현장에선 '가족대책위'가 구성되어 가족들이 모이고 서로의 고통을 나눈다. 투쟁에 힘을 실어 준다. 가족대책위의 역할이 주로 남편들 뒷바라지에 제한되어 여성을 또다시 수동적 존재로 내몬다는 비판이 있긴 하지만 말이다. 어쨌든 여기서는 가족대책위 구성을 얘기하는 사람도 없었다. 조합원들은 혼자 가족을 설득해야 했다.

가사와 보육의 부담을 사회 전체가 짊어질 수 있는 조건을 마련하지 않는다면, '아이 양육'과 '노인 부양'의 짐을 가정에서 사회로 옮기지 않는다면 여성 노동자들은 매번 남성 노동자들보다 훨씬 힘든 투쟁을 해야 할 것이다.

우리 사회에 만연한 여성 억압이 다른 누구보다 노동자의 문제라는 사실이 여기서 확연하게 드러난다. 육아도우미나 노인도우미를 어렵지 않게 고용할 수 있는 부잣집 여성과 달리, 가난을 떨쳐 낼 수 없는 여성 노동자들에겐 아이 양육과 노인 부양의 무게가 직격으로 가해진다. 좁게 본다면, 이런 처지에 있는 여성 노동자들의 가족, 흔히는 남편들이 가사와 보육의 부담을 기꺼이 나눠 질 수 있어야 한다. 그런데 남편이라는 이름의 남성 노동자들도 정도의 차이가 있을 뿐 고된 노동에 시달려야 한다는 점에선 매한가지다. 그래서 가족 내에서 누가 가사와 보육의 책임을 더 질 것인가, 또는 어떻게 가족 내 여성과 남성이 공평하게 가사와 보육을 책임질 것인가라는 시각으로만 접근하면 이내 장벽에 부딪힌다.

우리 사회에 이미 어린이집이나 노인요양원 등이 있지만, 안심하고 아이를 맡기고 노인을 모시기에는 턱없이 부족하거나, 상당한 비용을 감수해야 하거나, 심지어 위험하기까지 하다. 여기에서 일하는 노동자들의 열악한 노동 조건을 바꾸어 내야 한다. 나아가 실질적인 무상보육, 무상교육, 무상의료를 실현해야 한다. 복지 재정을 대폭 늘려야 한다.

사회 차원에서 해법을 찾지 않는다면 이 문제 앞에서 노동자 가족 내 남성과 여성은 항상 갈등을 겪을 수밖에 없다. '한 번쯤은 나 자신의 인생을 살아 보자'는 이 여성 노동자들의 갈망도 물거품이 될 수밖에 없다. 직접고용 투쟁에서든 다른 투쟁에서든 여성 노동자들이 겪는 이중의 굴레는 노동자라면 결코 회피하지 말아야 할 주제다.

아직은 가야 할 길이 너무 멀다. 아직도 많은 여성 노동자는 집 안팎으로 이중의 투쟁을 해야만 한다. 여성 노동자들이 대단한 투쟁을 했다는 칭찬에 앞서 여성 노동자들이 겪어야 하는 뿌리 깊은 고통을 더 들여다봐야 하지 않을까?

그냥 얻을 수 있는 건 없다!

노동자들은 점거 농성 초반 너무 힘들게 싸워 기진맥진했다. 노동자들은 초인적인 의지를 발휘했다.

"9월 9일 엄마 퇴원 때문에 강릉에서 6시에 출발해 밤 9시 반에 여기 왔습니다. 새벽 1시에 다시 강릉으로 출발해서 5시에 도착했습니다. 4시간 자고 엄마를 서울 병원에 모시고 갔다가 약 타고 출발해 7시에 강릉으로 왔습니다. 바로 출발해 10일 자정에 여기 도착했습니다." (김정인 조합원)

김정인 조합원에게 잠깐이라도 쉬고 와야지, 사고 난다고 하니까, 언니들이 배려해줘 여기서 잠을 조금 잔다고 했다. 집에 있으면 언니들이 눈에 밟힌다고 울었다. 바깥에 있던 조합원들도 최선을 다했다.

우리가 옳다!

"바깥도 초긴장 상태였습니다. 눈 붙일 데가 없었습니다. 한숨도 못 잤습니다. 텐트도 못 가지고 와서 그냥 날 땅에서 우비 덮고 자다가 안에서 뭔 소리 나면 바로 뛰었습니다. 다른 조합원들이 연행되는 줄 알고, 뭔 일 난 줄 알고. 신발이 벗겨지는 게 뭔 상관인가. 맨발로 뛰었습니다."

11일 경찰이 뒤로 약간 물러났지만 안심할 순 없었다. 추석 연휴 때도 긴장을 늦출 수 없었고 그 이후 며칠도 마찬가지였다. 서로 팔짱을 끼고 촘촘히 누웠다 일어서기를 반복했다.

"이강래는 교섭할 생각이 없고 문재인은 해결할 생각이 없고 우리는 걸어 나갈 생각이 없습니다. 앞에 있는 사람들이 끌려 나가도 우리가 마지막까지 외칠 구호를 외칩시다.

당당하게 싸우자!

완강히 싸우자!

끝까지 싸우자!

다치지 말고 싸우자!"

경찰은 9월 9일 농성 첫날엔 침낭 반입도 가로막았다. 심지어 생리대까지 넣지 못하게 했다. 이후에도 경찰은 사사건건 시비를 걸었다. 박카스는 병이라서 안 된다고 막았다. 의료진도 미리 얘기하지 않아 안 된다고 막았다. 속옷과 생리대가 들어 있는 가방이라는 사실을 알면서도 이를 헤집고 손과 눈으로 확인하며 노동자들에게 모욕감을 줬다.

9월 12일, 도로공사는 일부 전기를 차단했다. 농성장은 2층 로비였는데, 3층, 4층 화장실까지는 쓸 수 있었다. 2층 로비와 화장실 전기가 수시로 나갔다. 원래는 2층 로비가 뻥 뚫려 있었는데 방화 커튼으로 막아 놨다. 불 났을 때 연기를 차단하기 위해서 쓰는 건데 그걸 내려놨다. 먼지가 쌓이고 공기가 순환되지 않아 감기 환자가 속출했다. 피부병도 돌기 시작했다.

노동자들은 알지 못했지만 한국도로공사는 인권경영헌장을 제정했다. 도로공사가 농성 조합원들에게 했던 짓을 보면, 아니 수년 수십 년 노동자들에게 했던 짓을 보면 인권이란 말이 이렇게 가벼울 수 없다.

며칠 후 대구지방노동청 근로감독관이 찾아왔다. 조합원들은 인권을 위한 최소한의 조치는 있어야 한다고 따졌다. 바뀌는 게 별로 없었다. 9월 17일 노동자들이 직접 나섰다. 노동자들은 자회사 관리자들에게 거세게 항의했다. 왜 청소도 하지 않고, 전기도 넣지 않느냐고. 도로공사 본사의 시설관리는 '한국도로공사시설관리'라는 한국도로공사의 자회사가 맡고

피부병에 걸린 노동자

있었다. 자회사 관리자들은 원청인 도로공사의 지시 없이는 문 하나 열 수 없다고 얘기했다. 그 어떤 것도 할 수 없다고 했다. 노동자들은 얘기했다. "봐라, 이게 자회사의 실체 아니냐."

관리자들은 조합원들이 자신들을 감금했다며 112에 신고했다. 그걸 핑계로 경찰들이 노동자들을 에워쌌다. 노동자들은 바로 그 자리에 눌러앉았다. 다 연행해 가라

우리가 옳다!

한국도로공사 인권경영헌장

우리는 기업의 모든 경영활동 과정에서 인권 존중의 책무를 정의하고 모든 임직원이 준수해야 할 가치판단 및 행동규범의 기준으로서 다음과 같이 '한국도로공사 인권경영헌장'을 선언하고 실천하고 다짐한다.

하나, 우리는 UN 세계인권선언 등 인권에 대한 국내외 기준과 규범을 존중하고 지지한다.

하나, 우리는 임직원을 포함한 이해관계자에 대하여 인종, 장애, 종교, 성별, 지역, 정치적 견해 등을 이유로 차별하지 않는다.

하나, 우리는 직원의 인권보호와 증진을 위해 결사 및 단체교섭의 자유를 보장한다.

고 외치며 물러서지 않았다. 노동자들의 끈질긴 항의가 받아들여졌다. 3층 화장실에 전기를 넣기로 했다. 자회사가 아침에 기계로 농성장을 청소하기로 했다. 그런데 실제론 노동자들이 다 했다.

피치 못할 일로 나간 노동자들은 경찰을 뚫고 다시 들어와야 했다. 들어오려는 조합원이 막히면 안과 바깥에서 동시에 경찰과 싸웠다. 몸싸움하면서 빈틈을 찾았다. 그때마다 조합원들은 몸과 마음이 다 다쳤다. 경찰에게 출입을 막는 근거를 대라고 했지만, 시설보호 요청이 어떻게 들왔는지 자료를 보여 달라고 했지만 묵묵부답이었다. 대신 조합원들이 들어오려 할 때 살짝 눈 감는 경찰도 있었다. 딴청 피우는 경찰들이 있었다. 그 마음을 모르는 조합원들은 없었다.

농성장 안에 있는 경찰들도 노동자들을 계속 자극했다. 노동자들이 잠 잘 수 없을 정도로 계속 왔다 갔다 하면서 시끄럽게 떠들었다. 문제가 터질 때마다 조합원들은 곧바로 모였다. 밥 먹다가 모이고 자다가 모여 경찰과 대치했다. 이상하게도 배식 때 고기반찬이 나오는 날엔 꼭 싸움이 있었다. 조합원들은 고기반찬만 보면 오늘도 싸우는구나, 준비해야지 생각했다.

모두가 잘 싸웠지만, 특히 박순향 부지부장이 돋보였다. 박순향 부지부장은 한 치의 흔들림 없이 조합원들을 이끌었다. 경찰과의 말싸움에서도 지지 않았다. 눈물이 많아 '울보'라는 별명도 얻었지만, 워낙 대차서 '박칼(박 카리스마)'라는 별명도 얻었다. 나중에 투쟁이 끝나고 박순향 부지부장에게 그렇게 당차게 조합원들을 이끌 수 있었던 이유를 물었다.

"민주노총에 대한 자부심이 있었습니다. 민주노총은 싸우는 조직이니까. 조합원들에게 진짜 많이 얘기했습니다. 한국노총은 100명이 이익 보면 한두 명은 버릴 수 있는 조직인데 민주노총은 한두 사람 지키기 위해 100명이 불구덩이에 들어가는 조직입니다. 제가 느낀 민주노총은 그랬습니다.

조합원들에게 너무 고마웠습니다. 노동운동 몇 년 한 분들보다 우리 조합원들 정신이 낫다고 생각합니다. 나 어디 어디 아프다고 하면서 내일 빠져 그랬는데 이튿날 또 싸우고 있습니다. 그걸 제가 봤습니다. 청와대 앞에서 싸울 때도 대담하게 달려들고 동료가 병원에 실려 가면 다시 달려들고" 안 울 수가 없습니다. 솔직히 다들 굳이 그렇게 안 해도 됩니다. 힘들지만 먹고는 살 수 있습니다. 그런데 자존심이 있습니다. 도로공사 너희들도 당해 봐야 한다는 마음. 내가 이 나이에 1~2년 더 다니면 뭐할 거냐, 그래도 싸우는 그 조합원들 눈빛, 그게 진심인 걸 잘 알기 때문에.

대법 판결에서 이겨 들어간 사람 중에 임금피크제 적용돼 한 달에 150만 원도 못 받는 조합원도 있습니다. 그래도 즐거워, 맨날 피케팅하고 투쟁! 이렇게 올립니다. 쉰아홉 살 노동자가 그렇습니다. 그러면 우리가 힘을 안 낼 수 없습니다. 우리가 돈 보고 싸운 거 아닙니다. 정말 그랬음 이런 거 못 합니다."

우리가 옳다!

자회사로 넘어간 노동자들이 집회를 열다

2019년 9월 18일 자회사로 간 노동자들이 집회를 열었다. 자회사 영업소 노조에서 나와 새로 노조(EX-SERVICE, 새노동조합)를 만든 노동자들이다. 정문 앞에서 집회를 열었는데 바깥에 있던 조합원 몇 명이 보고 왔다.

자회사의 실장, 팀장 등 주요 직책은 임금피크제가 적용된 도로공사 직원이 퇴사하고 다시 들어가 맡았다. 자회사가 용역업체와 근본적으로 다르지 않음을 보여 주는 숨길 수 없는 증거 중 하나다. 새노조 조합원들은 극심한 인력 부족을 호소했다. 도로공사의 거짓말을 폭로했다. 그 집회 후 10월에 난 기사들이다.

"경남 창원에서 일하는 이희정(33)씨는 '미납 전화를 돌리기 위해 2명씩 두던 일근자를 1명밖에 못 둔다'며 '일부 영업소는 한달에 4~6번 하던 야간 근무를 7~8번까지 해야 한다'고 말했다. 청주에서 일하는 중증 지체장애인 ㄱ씨는 '사람이 부족해 입구와 출구를 혼자서 담당할 때도 있다. 7~8차선 거리의 지하 통로를 하루에도 몇번씩 오르락내리락해야 한다'고 말했다."

(자회사 간 톨게이트 노동자들 "노동조건, 도로공사 설명과 달라", 《한겨레》, 2019년 10월 14일)

"'예전에는 소장 명의로 충분한 업무추진비가 나와서 그걸로 필요한 사무용품이나, 손님 응대할 때 필요한 커피를 샀다'라며 '지금은 그 업무추진비가 근무자 1인당 5,000원으로 확 줄어서 실제로 영업소에 필요한 물품을 사기에는 부족하다.'"

(도로공사의 장밋빛 청사진은 거짓이었다, 《프레시안》, 2019년 10월 19일)

조합원들은 자회사 노동자들의 집회 소식을 듣고 다시 한 번 이 투쟁의 옳음을 확신했다. 다만 자회사 노동자들에 대한 반응은 약간 차갑기도 했다. "그러길래 왜 자회사 가서 그 고생이냐", "자회사가 그럴 줄 몰랐나?" 자회사 가느냐 마느냐를 두고 갈등이 꽤 있었기 때문이다. 그때의 아픔이 아직 녹지 않았다. 더 많은 사람이 직접고용을 선택했다면 하는 짙은 아쉬움 때문에 좀처럼 마음의 문을 열기 어려웠다. 그리고 마음을 열고 싶어도 지금 당장은 만날 방법이 없었다. 하지만 노동자들은 누가 이 사태를 만들었는지는 정확히 알고 있었다. 그리고 상황을 알아보려 했다.

"모든 게 헝클어진 이유는 도로공사가 일방적으로 자회사를 밀어붙였기 때문입니다."

"자회사 결과만 보고 우리를 탓하는 사람도 있습니다. 원인은 도공인데. 원인 없는 결과가 어디 있습니까?"

"자회사 벌써 난립니다. 집회했잖습니까? 1,500명이 해고로 쫓겨났는데 계약직은 900명 투입. 일이 힘들 수밖에 없습니다. 임금도 실제로 인상된 게 아닙니다. 노동시간이 기니까 그렇지. 본인들도 많이 힘들어합니다. 속았다고 합니다. 영업소노조 위원장 이대한, 그 사람보고 따라갔는데 조합원들에게는 무엇 하나 제대로 적용이 안 된다고 합니다."

자회사 새노조도 11월 18일 "우리는 자회사가 아닌 도로공사 수납원"이라며 도로공사를 상대로 근로자지위확인소송을 냈다. 새노조는 이렇게 주장했다. 직접고용을 선택한 노동자들의 주장과 하나도 다르지 않았다.

우리가 옳다!

"자회사가 과거 인력수급만 하던 용역회사와 다르지 않다. 자회사도 정규직이라지만 지금의 모습은 회사 이름 말고는 달라진 게 없다. 원청은 그대로 한국도로공사다. 자회사 요금수납원의 근무규정, 근로계약서, 임금 및 업무와 관련된 모든 것을 본사의 지시를 받는 상황이다. 도로공사의 회유와 강요, 협박으로 만들어진 불법적인 자회사임이 명백하고 일부 사람들의 사리사욕으로 만들어진 자회사에 맞서 우리의 권리를 주장하며 싸워나갈 것이다."

(자회사 새노조 기자회견문 중 일부, 2019년 11월 18일)

이강래, 시험 쳐서 들어왔어요?

톨게이트 투쟁 기사에는 항상 비난 댓글이 달렸다. '정규직을 날로 먹으려 한다'는 비난이 가장 많았다. 누구는 정말 뼈 빠지게 공부해서 수십, 수백 대 일의 경쟁을 뚫고 입사하는데 시험도 안 치고 정규직 되는 게 말이 되냐고. 조합원들은 자신의 노동이 무시당하는 것 같아 마음이 상했다. 그리고 이렇게 질문을 던졌다.

"시험 쳐서 직접고용으로 들어오라고요? 그럼 내법원에서 왜 직접고용 판결했어요? 왜 시험이 유일한 방법이어야 합니까? 이강래, 시험 쳐서 들어왔어요? 지금 정규직 중에 수납원으로 들어와서 과장, 소장된 남자들 있습니다. 축구 잘해서 배구 잘 해서 들어온 사람도 있습니다. 수납 일은 우리가 프로입니다. 하이패스 위반, 민원 응대 등 다른 일도 정말 많습니다. 우리는 처음부터 끝까지 도로공사 지시를 받고 수많은 일을 했습니다. 시험 못지않게 어려운 일입니다. 외주화되기 전에 도로공사 직원이기도 했습니다. 모두 직접고용 권리가 있습니다."(박미숙 조합원)

"시험을 본다는 것 자체가 평가 기준을 잡는 겁니다. 우리는 이미 숙련 노동자입니다. 평가를 받을 필요가 없습니다. 우리가 20년을 일했는데 우리 보고 시험 보고 들어와라, 그런 건 말이 안 됩니다. 저는 처음 들어와서 처음 몇 년 동안 본사의 정규직 과장이나 차장이라 같은 업무를 했습니다. 그들도 시험 안 봤습니다."(구경숙 지부장)

시험에 합격해야만 정규직이 될 수 있다는 논리는 능력과 노력에 따라 대우를 달리 해야 한다는 논리와 맞닿아 있다. 시험에 합격해야만 능력이 있는 거고, 노력한 거다. 그런데 그런 능력과 노력의 기준은 과연 공정한가?

"뭉치기 시작하면서 힘은 배로 늘어났습니다. 조직의 힘이란 이런 것이다를 보여 주기라도 하듯 쓰나미처럼 밀려옵니다. 그 힘으로 김천 본사로 밀고 들어왔습니다. 그들만의 성역으로 들어온 겁니다. 공채시험 보고 들어온 그들만의 세계라고 눈 내리깔고 쳐다보던 그들. 인간성은 별로다. 시험과목엔 없었나 보다. 이곳에서의 생활은 말 그대로 살벌했습니다. 눈을 뜨면 경찰이요 구사대요. 이런 진상고객은 정말 싫습니다. 우린 어디다 민원을 넣어야합니까? 청와대?"

(전복숙 조합원, <김천 도로공사 농성장에서 보내는 편지21>, 남정수 페이스북)

전복숙 조합원은 시험에 한계와 편향성이 있을 수밖에 없다는 점을 이렇게 지적했다. "인간성은 별로다. 시험과목엔 없었나 보다." 더 나아가

우리가 옳다!

능력주의도 살펴보자.

"능력주의 체계는 편향될 수밖에 없는 한계를 가진 인간에 의해 만들어진다. 능력주의를 맹신하는 사람들은 이 사실을 간과한다. 사람은 누구나 개인적 경험, 사회·경제적 배경 등에 따라 어떤 방향으로든 편향된 관점을 가지기 마련이다. 어떤 능력을 중요하게 볼 것인지, 그 능력을 어떤 방법으로 측정할 것인지와 같은 판단은 이미 편향이 작용된 결정이다. 이렇게 선택된 방식으로 능력을 측정할 때 출제자의 편향이 응시자 중 누군가에는 유리하고 누군가에게는 불리하게 작용한다."

(김지혜 지음, 《선량한 차별주의자》, 110~111쪽, 창비)

누구를 위한, 누구에 의한 능력 기준인가? 환자를 돌보는 간호사와 간호조무사의 능력은 의사의 능력에 못 미치는가? 응급환자를 병원으로 이송하는 앰뷸런스 운전자의 능력은 얼마나 대단한가? 인명구조를 위해 불구덩이에 온몸을 던지고, 높은 빌딩 벽을 타며, 헬리콥터에서 뛰어내리는 119구조대원의 능력이 왜 교수의 능력보다 떨어지는가? 컨베이어라인을 타며 자동차를 조립하는 숙련된 노동자의 능력이 왜 이사의 능력보다 낮게 취급되는가?

다시 말해 능력의 기준은 하늘에서 뚝 떨어진 게 아니다. 한 사회가 만들어지고 운영되는 방식을 반영할 수밖에 없다. 가령 자본주의 사회에선 더 적은 비용으로 이윤을 효율적으로 늘릴 수 있는 능력이 중요한 기준이 된다. 노동자 한 사람 한 사람의 개성과 장점은 숫자로 치환된다. 비용절감을 위해선 언제든 지워 없앨 수 있는 숫자. 그리고 이렇게 노동자를 지워 없애야 할 때 '사사로운 감정'에 얽매이지 않고 무심하게 해고라는 칼날을 들이댈 수 있는 것도 자본주의 사회에서 요구되는 중요한 '능력'이다.

자신들의 입맛에 맞는 기준을 설정해 놓고, 그 기준만이 유일한 기준이라고 강요하는 게 오히려 불공정한 게 아닐까? 모든 시험이 불필요한 건 아니겠지만, 시험만을 유일한 기준이라고 들이미는 게 오히려 불합리한 게 아닐까?

정규직 일자리를 거의 다 막아 놓고, 청년들을 무한경쟁으로 내몰며, 시험만을 유일한 기준으로 강요하고, 시험에서 탈락한 사람을 무조건 패배자로 내모는 사회구조는 과연 정의로운가? 취업 노동자와 실업 노동자, 정규직과 비정규직을 분열시키는 시스템은 과연 계속 유지되어야 하는가? 일부 노동자들은 입사시험을 거쳐 정규직으로 채용하고, 10년, 20년 일한 노동자들은 그냥 계속 비정규직으로 부려 먹으며 '능력에 따른 보상, 능력에 따른 대우'를 외치는 게 누구에게 유리한 공정인가?

톨게이트 노동자들은 누구를 위한 공정성인지 물었다. 자기들만의 이익을 챙기는 정규직들을 비판했다.

"아무것도 하는 게 없는데 일흔까지 일합니다. 도피아입니다. 도공에 한 번 정규직으로 발 넣은 사람들은 뽕을 뽑아 먹습니다. 모르는 사람들은 너희도 그러면 시험 쳐서 들어가라고 하는데. 원래 정규직이었던 사람들을 월급 조금 주려고 비정규직 만들어 놓고 용역으로 넘긴 건데 다시 시험 치라고. 이게 누구한테 공정한 겁니까."

"경찰보다 더 나쁩니다. 그중엔 옛날에 우리랑 같이 영업직이었던 사람들도 있습니다. 지사 쪽에 많이 있습니다. 그 사람들이 더 심합니다. 우리 직접고용 선택했다고 쳐다도 안 봤습니다. 그 사람들은 중간에 끼는 겁니다. 도공에서는 영업직은 무식하고 우리랑 비슷하다고 생각하는 경향이 있습니다. 같이 표 받다가 우리는 하청 되고 그 사람들은 정규직 된 건데. 그러니 우리가 직접고용 되면 영업직들은 입지가 줄어듭니다. 정규직 안에서도. 자기 입지 줄어드니 더 나서서 반대하고 싫어하고 그러는 경향이 있는 듯합니다."

"맞습니다. 수납원 하다 정규직 된 분 많습니다. 지금 정규직 중에 50대인 분들, 여자 수납원들은 외주화되고. 남자 수납원들은 정규직으로 많이 남고. 그래서 과장 달고 소장 달고. 지금 이 본사 안에도 많습니다. 그 사람들이 댓글 많이 답니다. 자기 자리 뺏길까 봐. 제가 대놓고 물어봤습니다. 자기네도 힘들다고 하길래 왜 힘드냐고 물으니 첫째, 구조조정 걱정, 둘째 자기네 입지 줄어든다고 걱정한다 했습니다. 자기네 살자고 우리 내쫓는 것 아닙니까?"

"알다시피 우리가 요금 받고 미납 채우고 민원 처리해서 점수 올려놓으면 자기네가 성과급 받습니다. 우린 한 푼도 없습니다."

"전체 영업소에서 3등 안에 들어야 포상금 어쩌고, 하위 15%에 들면 노동자 징계, 상위 15%는 사장한테 성과급 주기. 첨엔 계약 기간 늘려 줬는데 나중에는 문제가 되니 용역대금의 몇 프로를 성과급 식으로 줬습니다. 노동자에게 떨어지는 건 없고 사장이 회식시켜 주는 정도. 성과 점수 100점 중 CS(고객만족도)가 24점 정도 됩니다. 다달이 누가 점수 낮은지 붙여놓습니다. 점수 매기는 것 자체가 비인간적입니다. 미납도 항목 중 하나입니다. 다음에 자기 영업소가 1등 하려고 노동자들을 굉장히 쫍니다. 우리는 고객에게 욕먹습니다. 고객들은 미납 요금 자기가 내고 싶을 때 낼 거라고.

자기 기분 나쁘면 고객 민원 넣는다고 합니다. 그러면 우리가 사과해야 하고. 결론은 우리는 총알받이, 실적이 좋으면 관리자들만 연말에 성과급 챙깁니다."

"한여름에도 저희는 미납회수율이 좋은 영업소를 만들기 위해 도로에서 지키고 서 있거나, 하이패스 위반 시 호루라기 불며 미치도록 뛰어갔는데 저들은 그런 우리 노력으로 잔치를 했지요"

"소장 하는 일이 주임이 커피 타 주면 커피 마시고. 지사에서 정규직 관리자 세 명 내려오면 그냥 소장이나 한 명이 결재하고 나머지 사람들하고 놀고, 텔레비전 보고 갑니다. 자거나. 지사 관리자들 여기 일은 잘 모릅니다. 우리가 다 가르쳐 주고."

"정규직도 노동자인데 왜 저렇게까지 하는지 모르겠습니다. 우리가 직접고용 되면 자신들의 성과급이 줄어들까 봐 저러는 거 아닙니까. 그리고 우리가 직접고용 되면 자신들도 해고될지 모르니까 그럽니다. 특히 나이 많은 정규직들은 자신들이 잘릴까 봐."

"결국, 자기들만 잘 먹고 잘 살겠다는 얘기 아닌가요. 우리가 정규직 자리 뺏겠다고 했나요? 일 자체가 다른데. 그런데 왜? 이제 퇴직하고 나서 용역업체 사장으로 못 가니 자회사 만들었다는 생각밖에 안 들어요. 자회사 관리자 가려고. 그런데 저렇게 나오면 누가 저 사람들 잘릴 때 도와주겠냐고. 자기만 잘 먹고 살겠다는 사람들을."

"사이트에 글 하나 올라오면 시험 보고 공채로 들어오란 댓글. 할 말 있습니다. 우리는 빽도 없습니다. 장애인이 필요하다고 와서 일 좀 해 주라고 해서 들어온 사람이 거의 태반입니다. 그런데 빽, 인맥으로 들어와서 어영부영 정규직 되려 하냐는 댓글이 참 많습니다. 인맥으로 들어온 사람들 따로 있습니다. 누구 과장 조카, 부인. 좋고 편한 자린 다 그들이 차지했습니다. 그런데 우리에게 시험 보고 들어오라? 정말 비리 저지른 사람들, 인맥으로 들어온 사람들은 우리가 아닙니다. 우린 잘못한 것 하나도 없습니다."

"하이패스 통과할 때 시스템 오류 자주 발생합니다. 고객들이 영업소에 막 뭐라 하는데 우리가 처리할 게 아닙니다. 그런데 지사 쪽에 말하면 이런 걸 왜 우리에게 넘기냐고 되레 말합니다. 옛날 영업소 소장들 전에 수납원 했습니다. 시험 안 쳤습니다. 갑질 엄청나게 합니다. 정말 시험 보고 들어온 사람들은 오히려 그런 말 잘 안 합니다. 오히려 '정규직 되셔야죠' 하는 사람도 있습니다. 구사대들은 대부분 노조 위원장이 그렇게 하라니까 그냥 잘 모르고 하는 사람도 있을 겁니다."

우리도 노동자다(?)

9월 19일 도로공사 정규직노조가 1층에서 집회를 열었다. 이튿날 《조선일보》는 친절하게 이 일을 보도했다. '도공노조, 무법천지 불법점거 중단하라, 톨게이트 노조에 항의집회'라는 제목의 기사였다. 기사에선 정규직 노동자들이 "우리도 노동자다", "업무방해 중단하라", "폭행 욕설 사과하라", "불법 점거 중단하라" 등의 구호를 외쳤다고 했다. 톨게이트 노동자들이 2층에서 들은 건 "나가라, 나가라"라는 구호였다.

정규직노조는 도로공사의 불법, 경찰의 폭력은 단 한마디도 하지 않았다. 톨게이트 노동자들은 바로 맞대응했다. 훨씬 큰 목소리로 "구사대 꺼져 이강래 나와", "구사대 올라와, 올라와"를 외쳤다.

그동안 수많은 도로공사 퇴직자가 톨게이트 각 영업소를 수의 계약으로 따내 노동자들을 종처럼 부려 먹었다. 그뿐인가. 도로공사 퇴직자 단체로 알려진 '도성회'는 고속도로 휴게소 및 주유소 등 도로공사 관련 이권에 개입했다.

"도로공사는 2008년 이후 도성회와 598건, 약 36억원 규모의 인쇄·물품 수의 계약을 체결했습니다. 특히 도성회는 100% 출자해 설립한 (주) H&DE를 통해 고속도로 휴게소와 주유소를 운영하는 등 고속도로 이권 사업에도 개입하고 있는 것으로 나타났습니다."

(도로공사, '퇴직자 챙기기' 도 넘었다.《머니투데이》, 2014년 10월 8일)

도로공사가 IMF 사태 이후 요금수납 일자리 외주화를 시작하더니 2008년 전면 외주화를 단행했다고 했는데 2008년의 전면 외주화를 승인해 준 게 바로 도로공사노조다. 2008년 도로공사노조는 요금수납원을 비정규직으로 내모는 외주화 합의서를 작성했다. 이름은 '공기업 선진화' 합의서였다. 앞에서 조합원들이 얘기한 것처럼 남성 노동자들은 일부 살아남았지만, 여성 노동자들은 모두 비정규직으로 밀려났다. 명백한 성차별이었다. 저들에겐 노동자들을 비정규직으로 내모는 게 선진화였다.

도로공사노조는 부끄러운 역사를 반성하기는커녕 다시 한 번 사측 편에 서서 비정규직 노동자들의 정규직화 투쟁을 가로막았다. 그러면서 '우리도 노동자'라고 외쳤다. 우리도 노동자라고? 그렇다. 당신들은 귀족 노동자다. 16년 일한 도로공사 정규직 노동자의 연봉이 8,000만 원을 넘는다. 그 임금 때문에 귀족 노동자라 부르는 게 아니다. 노동자로서의 자각은 조금도 찾아볼 수 없고 오직 자신들만의 이익을 위해 다른 노동자의 권리를 부정하고 있기 때문이다. 그들의 선전물에는 '노조답게'라는 글씨가 선명하게 박혀 있다. 노조답게? 정규직만의 이익을 위해 행동하면서 최저임금도 제대로 못 받는 노동자, 극심한 고용불안에 떠는 노동자, 온갖 차별과 성폭력에 시달리는 노동자들과는 연대하지 않는 게 과연 노조다운 것인가?

8월 27일 한국지엠부평 비정규직지회 집회에 갔던 인천지역일반노조 조합원은 그 집회에 연대하러 나온 한국지엠 정규직 노동자를 보면서 눈물이 났다고 했다. 우리도 저런 연대가 있었으면 하고. 도로공사에서도 '송곳' 같은 정규직 노동자가 나오길 바라는 간절한 마음이었을 것이다.

도로공사 정규직 노동자들을 설득하기 위해 현대차, 기아차, 한국지엠, 철도 등 다른 대기업 정규직들이 나섰더라면 어땠을까? 몇십 명만이라도 도로공사 정규직 노동자들을 찾아가 "우리도 정규직인데, 비정규직과 함께 싸워야만 우리 자신의 권리도 지킬 수 있다"고 진정성 있게 설득했다면 어땠을까? 당장 설득은 어려웠을 수 있다. 그래도 다른 노동자들은 정규직과 비정규직의 단결이 불가능한 게 아님을 눈으로 확인하면서 단결을 위해 필요한 것이 무엇인지 더 고민했을 것이다.

다시 적응을 위해

노동자들은 농성장에서도 새벽 5시부터 일어났다. 역시 초번 근무의 습관이다. 밤새 스마트폰이 충전되었는지 확인도 하고 주변 정리도 했다. 하루 일정은 이렇게 진행됐다. 조회(08:00)-아침식사(10:00)-집회(14:00)-저녁식사(17:00)-문화제(18:00)-종례(20:00).

8시에 조회를 했다. 하루 일정과 투쟁 상황을 공유했다. 신문에 나온 톨게이트 기사도 공유했다. 율동과 노래로 몸을 풀었다. 조회 후에는 조직별로 따로 모여 간단한 회의를 했다. 10시 아침 겸 점심이다. 청와대에서 노숙할 때부터 아침 겸 점심과 저녁, 이렇게 두 끼를 먹었다. 돈을 아끼기 위해서였다. 대신 간식이 가끔 들어왔다. 전국 각지에서 들어오는 후원 물품이 많았다. 포도, 사과, 빵, 바나나 우유, 각종 즙.

농성장 바깥에 있는 톨게이트 노동자들, 연대하러 온 노동자들과 함께 2시 집회, 6시 문화제를 열었다. 집회나 문화제는 건물 안에서 밖을 쳐다보면서 했다. 중간에 경찰들이 가로막고 있었다. 조합원들은 문화제를 직접 볼 수 없었다. 대신 유튜브 채널 '도도주이TV'로 문화제를 봤다. 유튜버 도도주이님과 영상 담당하는 조합원들이 바깥에서 라이브로 중계했다.

잘 보이지 않는 곳에서 톨게이트 투쟁을 위해 자신의 능력과 재능을 바치려 했던 수많은 사람이 있었다. 영상을 찍어 알린 사람들, 조합원들의 생생한 얘기를 기록한 르포 작가, 몰래 농성장에 들어와 취재하고 기사를 쓴 기자들. 손수 수백 명의 음식을 마련해 온 다른 세상을 꿈꾸는 밥차 '밥통', 십시일반 밥묵차, 김주휘 동지, 의료 지원을 해 준 여러 의사와 간호사들, 주말마다 농성장에 찾아와서 종교행사를 함께한 수녀님들, 신부님들, 목사님들, 스님들도 빼놓을 수 없다.

"본사에 있을 때 주말 미사에 오셨던 소피아 수녀님께서 작은 체구로 얼마나 따뜻하게 안아 주셨는지 그 따스함이 기억나네요." (차미애 조합원)

민주일반연맹 남정수 교선실장이 농성장 운영을 총괄했다. 다양한 프

건물 안을 바라보며 진행한 저녁 문화제

로그램을 진행했다. 9월에 생일이 있는 조합원들을 한데 모아 축하해 줬다. 지회별 소개 시간도 있었다. 가족에게 온 문자를 공개하는 시간도 있었다. 조합원들은 발언을 부담스러워했다. 그래도 막상 시키면 할 말은 다 했다. 도로공사의 으리으리한 건물과 한 평도 안 되는 수납원 부스를 비교했다. 다 썩어 가고 죽은 쥐가 나오는 부스. 자신들은 그런 곳에서 일하는데 여긴 너무 호화롭고 화장지도 최고급이라고. 우리의 노동이 없었으면 이 호화로운 건물도 없었을 텐데 억울하다고 얘기했다.

청와대 앞에서와 마찬가지로 여기에서도 노동자들은 진솔하게 자신의 고민을 털어놓았다. 한 조합원은 아버님이 아프신데 간호할 사람이 없어 언젠가 나가야 할 수도 있지만, 최선을 다해 보겠다고 얘기했다. 다른 조합원은 예전엔 싸우는 노동자들 보며 적당히 하지, 뭘 그렇게 세게 싸우나 싶었는데, 내가 당해 보니 그게 아닌 걸 알게 됐다고 했다. 내가 여태 뭘 보고, 뭐 하고 살았나 하는 생각이 든다며 씁쓸하다고 했다. 한 조합원은 치매인 어머니를 돌보고 있었는데 투쟁 때문에 나와 있을 때, 어머니가 교통사고로 돌아가셨다. 어머님을 돌보지 못한 미안함이 얼마나 클지. 조합원들은 내 일처럼 아파했다. 조합원들은 자기희생의 마음으로 버티고 싸웠다.

"제가 아주 불면증이 심해요. 몸이 약해서 그런가, 화장실 가는 것도 힘들고, 몸을 한쪽으로만 돌리고 일해서 그런가, 오른쪽 어깨와 허리가 안 좋아요. 수시로 병원 다녔고 치료를 받았어요. 투쟁 전에도 서울 큰 병원 가서 MRI 찍고 치료받았습니다. 복직도 좋은데 건강을 잃으면 아무 소용없는 거 아니냐, 집에서도 동료들에게 얘기하고 나오라고 합니다. 동료들도 가라고 하고. 제가 쉰여덟 살이에요. 복직해도 얼마나 다니겠어요. 그런데 우리 지회 다섯 명 투쟁하다가 한 명은 개인 사정으로 못 나오고 있고. 남편 하루하루 설득하며 이렇게 지내고 있어요. 첫째는 후배들을 위해 싸워야 한다는 마음. 발길이 안 떨어져요. 막상 나가려고 맘을 먹었는데. 약을 먹어도 치료가 잘 안 되네요. 여기 환경이 안 좋아서 그런지 회복이 안 되네요. 그런데 동료들 자는 모습만 봐도 저도 모르게 눈물도 나고. 그냥 나이가 많아서 그런지 몰라도 그리고 말은 못 해도 마음이 너무 무겁습니다." (오인자 조합원)

민주노총 대의원대회가 김천에서 열리다

조합원들은 9월 18일 민주노총 영남권 결의대회와 9월 21일 민주노총 결의대회에 모인 많은 노동자를 보면서 힘을 받았다. 영남권 결의대회에 천여 명의 노동자가 왔고 민주노총 결의대회에 폭우를 뚫고 전국에서 2,500여 명의 노동자가 달려왔다.

우리가 옳다!

눈물 흘리며 발언하는 박순향 부지부장

9월 23일 김천에서 민주노총 대의원대회가 열렸다. 박순향 부지부장은 이렇게 말했다.

"하지만 이렇게 싸울 수 있어서 저희는 기쁩니다. 10년, 20년 쓰다 버려지는 하찮은 존재에서 이제는 뭉쳐 당당히 싸울 수 있어 너무나 기쁩니다. 이 투쟁이 우리만의 투쟁이 아니라는 거, 동지들도 아실 거라 생각합니다. 많은 관심과 많은 응원 저희에게 큰 힘입니다. 민주노총이 민주노총답게 싸워 주시길. 끝까지 연대해 주십시오. 끝까지 투쟁해서 직접고용 쟁취하겠습니다. 감사합니다. 투쟁!"

10년, 20년 쓰다 버려지는 하찮은 존재에서 이제 당당히 싸울 수 있어 너무나 기쁜 노동자. 이 투쟁의 의미를 가장 분명하게 드러내 주는 발언이 아닐까.

민주노총은 이날 대의원대회에서 '공권력 투입 시 총파업'을 결의했다. 체육관이나 콘도가 아니라 투쟁 현장에서 대의원대회를 연 일은 이례적인 일이었다. 의미 있는 결정이었다. 그만큼 톨게이트 투쟁은 주목을 받았고 그 누구도 연대의 필요성을 부정할 수 없었다. 그런데 민주노총의 결의는 맥 빠진 결의이기도 했다. 왜냐하면, 이미 정부는 노동자들을 강제로 끌어낼 생각이 없었기 때문이다. 대의원대회가 열린 23일 민갑룡 경찰청장은 기자간담회에서 "(톨게이트 요금 수납원들의 도로공사 점거 농성은) 노사 간 머리를 맞대고 풀어내야 할 법적인 문제"라며 "현재 노사 간 의견이 오가고 있는 만큼 대화를 통해 문제가 원만히 해결되길 바란다"라고 말했다. 경찰은 투쟁을 고립시키기로 했다.

그 전에 정부의 선택은 눈에 보였다. 11일부터 23일까지 경찰은 노동

<직접고용 쟁취 투쟁지침>

1. 한국도로공사 김천본사 투쟁 결합
- 일정: 매일 오후 3시 결의대회, 오후 7시 투쟁 문화제
- 참가지침: 영남권 가맹산하조직

2. 청와대, 서울캐노피 지지방문
- 매일 지지방문 조직
- 참가지침: 수도권 가맹산하조직

3. 더불어 민주당 지역 사무실 앞 1인시위 집중투쟁
- 1차시기: ~ 9월 30일(월)까지(매일 진행, 시간은 지역본부별 결정)
- 2차시기: 톨게이트 투쟁과 병행하여 별도 공지
- 장소: 더불어 민주당사 전국 지역 사무실 앞
- 대상: 16개 지역본부(※ 전북: 남원 이강래 선거사무소 집중 1인시위 진행)
- 피켓시안: 민주노총 홈페이지 선전자료 참조

우리가 옳다!

자들의 농성장 출입을 막고 생필품 반입도 시비를 걸며 노동자들을 괴롭혔지만, 강제로 끌어내려 하지는 않았다. 그런 움직임은 없었다. 그렇기에 '공권력 투입 시 총파업' 결정 과정에서 팽팽한 긴장감을 찾아볼 순 없었다.

왼쪽 표는 대의원대회가 끝난 후 민주노총이 산하 조직에 내린 투쟁 지침이다. 이것으로 충분하다고 생각한 노동자는 없었다. 하지만 대의원대회는 이것 이상을 결정하지 못했고, 이것마저도 제대로 집행되지 못했다.

'공권력 투입 시'라는 단서 조건을 달지 말고 총파업을 결의할 수 있다면, 그리고 실제로 집행할 수 있다면 더 바랄 게 없을 것이다. 그러나 누구나 알고 있듯 민주노총의 실력은 그만큼이 안 되었다. 지도부의 의지도 보이지 않았고, 아래로부터 연대파업을 호소하고 조직하는 사람도 잘 보이지 않았다. 그렇다고 맥 빠진 결정만 해서도 안 될 상황이었다. 당장 총파업은 어렵다 하더라도 아래로부터 강하게 연대 투쟁을 밀어 올리면서 큰 싸움을 만들어 갔어야 했다.

다른 길은 없었을까?

가능성은 대의원대회 이전에 훨씬 많았다. 톨게이트 투쟁이 가장 뜨겁게 솟구쳤던 때, 가장 긴장감이 팽팽했던 때는 9월 9일~9월 11일까지다. 좀 더 길게 잡아 보면 대략 9월 20일까지다. 톨게이트 노동자들은 본사 점거로 노동자들의 뜨거운 의지를 세상에 알렸다. 수많은 언론이 본사 점거, 상의 탈의 시위를 보도했다. 민주노총 소속 노동자들의 눈과 귀는 김천으로 쏠렸다. 가장 중요한 승부처였다.

만약 이때 톨게이트 연대파업이 성사되었다면, 당장 연대파업은 아니더라도 민주노총의 모든 에너지를 집중시켜 강력한 연대 투쟁을 만들어 나갔다면 어땠을까? 그래서 1만 명 정도의 집회라도 성사시켰다면? 그런데 이런 일은 민주노총 지도부의 선언만으로 만들어지지 않는다. 선언이 연대파업의 방아쇠는 될 수 있겠지만 말이다. 대규모 집회도 마찬가지다. 결국, 현장노동자들의 관심과 의지를 얼마나 모을 수 있느냐에 달려 있다. 그러면 또 누가 앞장서 그 관심과 의지를 모아 모을 수 있겠느냐의 문제가 걸린다.

톨게이트 투쟁이 수많은 노동자의 마음을 움직이고 있었던 때였다. 톨게이트 노동자들이 처절하게 싸우는 모습을 지켜보면서 많은 노동자의 마음이 꿈틀거리고 있던 때였다. 김천 농성을 이끌었던 민주일반연맹 김봉진 부위원장도 민주일반연맹의 하루 파업은 고민하고 있다고 했던 때였다. 어려운 조건이었지만 민주일반연맹이 하루 파업이라도 만들어 내서 민주노총에 긴장감을 불어넣을 수 있었다면 어떻게 되었을까? 현장에서부터 톨게이트 투쟁을 알리는 선전전과 모금운동을 펼치는 노조가 있었다면, 자발적으로 연월차를 쓰고 김천으로 달려가는 노동자들이 많았다면 톨게이트 투쟁은 더 뻗어 나갔을 것이다. 그런 노조는 너무나 부족했다. 자신의 노조에서 그런 움직임을 만들려고 노력한 간부와 활동가들이 얼마나 있었던가? 꼭 되짚어 봐야 하는 지점이다.

박순향 부지부장은 작년 9월을 돌아보며 이렇게 얘기했다.

"근데 그걸 왜 못 밀어줬어요? 진짜 저는 속상해. 누구한테 얘기했어요. 민주노총 정말 제대로 비판하고 싶어요. 진짜 이렇게까지 비정규직이, 여성 노동자들이, 앞으로 몇 년 다니지도 않을 노동자들이 가열 차게 싸우는데 민주노총이 같이 돌파가 안 되나. 앞으로 뭘 해야 하나. 민주노총 김명환 위원장 왔을 때, 부탁드린다고 1,000명만 데리고 오라고 했잖아요. 안 왔잖아요. 이렇게까지 모든 걸 던지고 싸우는데. 민주노총이 제대로 뭉치면 힘이 장난 아니잖아요."

물론 연대파업은 결코 쉽지 않은 일이다. 2009년 쌍용차 투쟁에서 금속노조가 연대파업을 선언했지만 제대로 되지 않았다. 2010년 현대차 비정규직 점거파업 때도 금속노조의 연대파업 선언이 있었지만 불발되었고 그 이후 지역 연대파업 얘기는 간혹 있었지만 전국적인 연대파업 얘기는 나오지 않았다. 민주노총 조합원들 가슴 속에서 자라나는 의지가 없다면 백날 외쳐도 소용없는 일이다. 그런데 연대파업은 하늘에서 갑자기 떨어지는가?

여기 곱씹어야 할 호소문이 있다. 분명 이렇게 연대의 의지를 갖고 움직인 노조가 있었다. 톨게이트 투쟁의 의의를 정확히 이해하고, 자신의 투쟁과 연결시키면서 연대파업을 결행한 노조가 있었다. 여기에 희망의 씨앗이 있다. 9월 16일 발표된 민주연합노동조합 호남본부 전주시지부의 연대파업 호소문 일부다.

[연대파업 호소문]
민주연합노동조합 호남본부 전주시지부 조합원 동지여러분!!
연대의 힘으로 직접고용 쟁취하자.
톨게이트 노동자들에게만 해당되는 이야기가 아닙니다. 문재인이 임명한 이강래 도로공사 사장의 언행은 곧 문재인의 뜻이기도 합니다. 공공부문부터 비정규직을 없애고 정규직화하겠다는 문재인의 공약은 "직접고용은 없다. 자회사 비정규직으로 가라"라는 이강래의 말로 실현되고 있습니다.

자회사, 민간위탁, 불법 파견. 말은 다를지언정 내용은 모두 같습니다. 정규직은 없다. 비정규직이 너희들의 일자리다. 이강래의 말로 실현되고 있지만 문재인과 더불어민주당의 공격입니다. 우리가 다 함께 막아 내야 합니다. 도로공사 톨게이트 노동자들의 직접고용 투쟁을 승리로 이끌며 문재인 정부의 자회사 비정규직 정책을 막아 내야 우리의 민간위탁 폐기! 직접고용 쟁취! 투쟁 또한 승리할 수 있을 것입니다.

파업 투쟁으로 도로공사 본사가 있는 김천으로 갑시다. 갑작스런 노동조합의 지침에 많이 당황스럽고 부담이 되실 줄은 알고 있습니다. 하지만 이 또한 우리의 투쟁이고 우리의 일입니다. 단결된 파업 투쟁으로, 연대로 문재인 정부의 공공부문 비정규직화 정책을 막아 냅시다.

김천 경찰서장의 사과를 받아 내다

조합원들은 온종일 남자 경찰들과 마주 보고 있어야 했다. 이 고통도 상당했다. 그들의 시선은 감시의 시선이었고 조롱의 시선이었다. 품평의 시선이었고 권력의 시선이었다. 스치는 시선도 부담스러웠다. 점거 초반에 겪은 경찰의 직접적인 폭력만이 폭력이 아니었다.

9월 27일 박순향 부지부장은 자신을 훑고 있는 경찰에게 항의했다. 그러자 경찰은 "이쁘지도 않은 얼굴 왜 쳐다보냐"는 말을 했다. 명백한 성희롱이었다. 단호한 싸움이 시작됐다. 무려 4시간을 싸웠다. 경찰들은 "그런

말 한 적 없다"라고 발뺌했다. 그 말을 곧이 믿을 노동자들이 아니었다. 결국, 김천 경찰서장이 28일 새벽 1시에 와서 머리를 조아리며 사과했다.

이런 충돌은 종종 일어났다. 10월 4일 박순향 부지부장이 매의 눈으로 한 경찰을 지목했다. 그 경찰에게 "우리와 눈을 마주치지 말라"고 요구하자 그 경찰은 "내 눈으로 내가 보는데 무슨 상관이냐"고 대들었다. 박순향 부지부장은 경찰의 스마트폰을 가리켰다. 그 경찰은 처음부터 모든 상황을 영상으로 찍고 있었다. 노동자들은 또 싸웠다. 밤새 한판 해 보자고 모여들었다. 경찰은 사과했다.

여성 노동자들은 보이지 않는 폭력을 잘 알았다. 영업소에서 자주 겪었던 일이다. 어디서나 권력을 가진 남성들의 눈, 시선, 말에 담긴 차별, 혐오, 조롱, 성희롱·성폭력을 피할 수 없었는데 싸운다는 건 너무 어려웠다. 그런데 여기선 싸울 수 있었다.

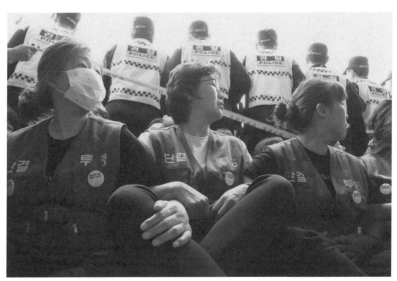

공간을 확보하려는 노동자

4.
대의를 지키려는
노동자들

눈물로 호소하다

도로공사는 대법원 판결에서 이긴 304명만 직접고용 하겠다고 했고, 9월 23일 교육을 시행하니 참여하라고 통보했다. 민주노총 법률원은 늦어도 10월 둘째 주(10월 7일~10월 11일)엔 노동조합의 입장을 결정해야 한다고 했다. 노동자들은 이 어려운 문제를 판단해야 했다. 대법원 승소자는 민주연합노조가 27명이었는데 21명이 투쟁에 참여하고 있었다. 인천지역노조도 20명 가까이 되었다. 공공연대노조는 한 명이었고 경남일반노조는 없었다.

노동자들은 지금까지 줄기차게 1,500명 전체 직접고용을 외쳐 왔다. 도로공사의 갈라치기를 거부하자고 했다. 노동자들은 모두 똑같은 일을 했다. 저들의 입맛대로, 기준대로 갈라지는 건 있을 수 없었다. 이 정신을 대변하는 가장 원칙적인 입장은 대법 승소자들이 최종 타결 때까지 들어가지 않고 함께 싸우는 것이었다. 갈라치기를 막는 가장 강력한 수단임이 틀림없었다. 도로공사는 승소자들이 교육 명령에 응하면 노조의 기세가 꺾일 거라고 판단했다. 조합원들도 마찬가지 걱정을 했다.

민주노총 대법원 승소자들이 끝까지 함께 싸우겠다고 결의하면 한국노총 톨게이트노조 조합원들의 마음도 많이 움직였을 것이다. 한국노총 지도부의 복귀는 시간문제였고 실제로 박선복 위원장을 비롯한 한국노총 승소자들은 모두 교육에 참여했다. 이런 상황에서 민주노총 소속 승소자들이 결단했다면 1,500명 모두가 함께 들어가야 한다고 맘먹고 있는 한국노총 조합원들에게 어느 노조의 깃발을 따라야 하는지 분명하게 가르쳐 주었을 것이다.

우리가 옳다!

하지만 그런 결단은 결코 쉬운 일이 아니었다. 다시 해고당할 수 있기 때문이었다. 승소자 개인의 결의만이 아니라 노조의 결의가 함께 필요했다. 그래도 만만치 않은 문제였다. 따라서 결코 강요할 수 있는 성질의 문제가 아니었다.

민주연합노조와 인천지역일반노조는 일단 9월 23일 교육소집을 거부하자고 결의했다. 10월 18일까지 시간이 남아 있었다. 그런데 9월 23일 서안산, 서안성지회 대법원 승소자 여섯 명이 교육을 받으러 화성연수원에 갔다. 이 소식을 들은 서안산과 서안성의 조합원들은 가슴을 치며 아파했다. 배신감을 토로하기도 했다. 서안성 조합원들은 교육에 참여하러 간 조합원들에게 계속 전화를 했다. 화성에 달려간 조합원도 있었다. 자기 지회가 조직에 누를 끼친 것 같은 미안함 때문에 농성장 안 종례에도 나오지 못했다.

매송, 서안산 대법원 승소자 중에 이렇게 얘기한 분들이 있었다.

"도로공사가 교육소집을 거부한 노동자들을 가만두겠는가? 그 어려움을 나 개인이 어떻게 감당할 수 있겠는가? 솔직히 불안합니다. 노조가 책임져 줄 수 있을까? 그렇다면 저도 거부하고 끝까지 함께하고 싶습니다."

"너무나 어려운 문제지만 조직이 뒷받침해 줄 수 있다면 고민할 수 있습니다. 조직의 결의만 있다면, 믿음만 있다면."

9월 27일 오전 민주연합노조 결의대회에서 도명화 지부장과 박순향 부지부장은 이렇게 얘기했다. 두 명 모두 발언 중간에 눈물을 흘렸다.

"저도 대법 판결자지만 저희 조합원들 두고 저는 들어갈 수 없습니다. 절대 두고 갈 수 없습니다. 나머지 20명 저희 조합원들 정말 명예롭게 이 투쟁 승리하고 싶습니다. 함께 많은 애기 나누고 함께 많이 고민했습니다. 저희 결의 끌어낼 수 있습니다. 이 투쟁 나머지 우리 조합원들과 손잡고 같이 들어가자는 것 충분히 끌어낼 수 있습니다.

어제 위원장님과 통화를 했습니다. 급하게 말씀드렸습니다. 저희 충분히 결의할 수 있고 이 승리 확신할 수 있기에 조금만 더 노조에서 힘을 달라고. 한마디면 됩니다. 끝까지 투쟁해서 1,500명 같이 들어가라. 우리 민주연합노조가 그 뒤에서 든든히 버텨 주고 밀어주겠다. 그 한마디만 해 달라고 했습니다. 지금까지의 도움에 많이 감사드리지만, 마지막 앞둔 이 투쟁에서 꼭 함께해 주시면 감사하겠습니다. 함께해 주십시오. 끝까지 함께해 주십시오." (도명화 지부장 전화 발언 중 일부)

"1,500명이 단결하지 않았으면 대법원 눈 하나 깜빡 안 했을 겁니다. 그런데 대법 판결 났습니다. 그런데 도로공사는 다시 한 번 노동자를 갈라 놓고 있습니다. 판결자와 앞으로 판결을 앞두고 있는 노동자로. 이렇게까지 하는데 아무도 그것이 잘못되었다 외치기만 하고 싸우는 힘을 주지 않는 겁니까? 민주연합노조 톨게이트지부 250명 많다면 많고 적다면 적습니다. 대법원 승소자 20명이 결의해서 나머지 같이 갈 수 있으면 그게 민주노조의 정신이고 투쟁이라 생각합니다.

제 말이 틀리면 욕해도 좋습니다. 하지만 이기고 싶습니다. 꼭 이기고 싶습니다. 꼭 이겨야 합니다. 지금까지 서럽게 살아온 우리 동지들이 결의 모아 주십시오. 그러면 저희 끝까지 지치지 않고 싸움으로 승리해서 여러분에게 돌아갈 수 있도록 하겠습니다. 투쟁!" (박순향 부지부장 발언 중 일부)

우리가 옳다!

민주당 을지로위원회

"원만한 타결을 위해 저희들이 할 수 있는 역할이 있다면 최선을 다할 것." 9월 20일 청와대 고민정 대변인의 톨게이트 투쟁 브리핑 내용 중 일부다. 마치 남의 일처럼 얘기하는 유체이탈 화법은 박근혜 정부와 다르지 않았다.

사실 청와대는 이 투쟁을 아주 잘 알고 있었다. 이강래 사장은 문재인 정부 최초 낙하산 사장이라 불렸다. 앞에서 얘기했듯 강문대 사회조정비서관이 "1,500명 스스로 해고를 선택했다"라는 막말을 퍼부었다가 사과했다. 이낙연 국무총리는 7월 9일 도로공사의 불법에 대해서는 단 한마디도 하지 않고 "불법적인 방법은 국민의 공감을 얻지 못한다"며 노동자들을 비난했다. 정부는 대법원 판결 취지도 개무시하는 도로공사에 맞서 노동자들이 본사 점거 농성에 들어가자 3일 만에 강제로 다 끌어내려 했다. 그래 놓고 원만한 타결을 위해 할 수 있는 역할이 있다면 최선 다하겠다니? 유체이탈 아닌가?

톨게이트 노동자들이 완강하게 투쟁을 이어 가고 정부로 비판의 화살이 계속 날아오자 을지로위원회가 나서기 시작했다. 민주당 을지로위원회는 '을'의 입장을 대변하겠다는 목적으로 2013년 출범했다. 그때는 민주당이 야당이었다. 정부를 대표하는 위치가 아니었다. 그런데 을지로위원회는 자신들이 여전히 정부와 별 관계가 없는 기구인 것처럼 보이려고 했다. 하지만 야당 시절의 을지로위원회가 아니었다. 을지로위원회 소속 국회의원들은 민주당 핵심 실세들이고, 을지로위원회는 정부의 노동정책, 경제정책을 좌우했다. 어설픈 중재자 흉내 내지 말고 정부 입장을 대표해서 나오라는 압박이 필요했다. 그래야 그들도 비껴가지 않고 부담을 가질 테니 말이다.

을지로위원회를 둘러싼 논란은 9월 말부터 시작됐다. 조합원들은 을지로위원회를 잘 알지 못했다. 한국노총이 을지로위원회를 만난다고 하니 의심부터 들긴 했지만, 한편으로 민주노총도 을지로위원회를 거부하지 않고 만난다고 하니, 뭔가 기대하기도 했다. 의심 반, 기대 반이었다.

을지로위원회 중재안은 "1심 승소하는 사람만 직접고용, 1심 진행 중인 사람은 1심 판결 결과에 따른다. 1심 선고 때까지는 도로공사 기간제(임시직)로 일한다"라는 내용이었다.

10월 1일 민주당 우원식 국회의원 의원실에서 이양진 민주일반연맹 위원장 외 두 명, 한국노총 톨게이트노조 위원장 두 명과 을지로위원회(우원식 국회의원, 박홍근 국회의원, 보좌관, 위원회 총괄팀장)가 만났다. 을지로위원회는 위에서 얘기한 자신들의 중재안을 얘기했다. 이때까지도 민주일반연맹은 기존 입장을 제출했다.

"9/9 발표안 철회, 1,500명 도로공사 직원 신분 인정, 업무와 배치, 시기 문제 등 방법적인 문제는 상호 성실한 교섭을 통해 원만히 합의할 수 있음, 도로공사 사장과의 직접교섭자리 마련."

한국노총도 말로는 민주노총의 안에 동의한다고 했다. 을지로위원회는 노조 안을 도로공사에 전달하고 최종 입장을 확인한 후 다시 노조와 협의하기로 했다. 10월 3일 을지로위원회는 도로공사 입장은 변함이 없고, 자신들은 원래의 중재안에 민·형사 고소 고발 취하만 덧붙일 수 있다고 얘기했다. 이미 톨게이트노조는 이 안을 받았으니 민주일반연맹도 10월 6일까지 입장을 논의해 달라고 했다. 을지로위원회는 이 안을 받지 않으면 자신들은 빠지겠다고 으름장을 놓았다. 민주노총이 이 안을 거부하면 감당하기 어려운 여론의 압박을 받을 거라고 협박했다.

민주일반연맹은 10월 8일까지 답변을 주겠다고 얘기했다. (그 답변 내용은 뒤에 얘기하기로 하자.) 이쯤 되니 민주일반연맹 간부들도 을지로위원회의 행태를 보며 혀를 내둘렀으며 협잡꾼, 거간꾼이라고 불렀다. 그런데 이런 협잡꾼, 거간꾼에게 계속 끌려다닌다면 그것도 문제 아닌가? 아니 그것이 더 큰 문제 아닌가?

조합원들이 중심을 잡다

을지로위원회 중재안이 알려졌고 조합원 토론이 시작됐다. 토론 시간에 박순향 부지부장은 "중재안은 현실이다. 도명화, 박순향 없는 것까지 생각하고 싸울 준비를 해야 한다"라는 말을 했다. 대법 승소자 복귀를 둘러싼 자신의 복잡한 심경 때문이기도 했다. 조합원들이 도명화, 박순향에만 의지하지 않기를 원했기 때문이기도 했다.

박순향 부지부장은 "언제까지 싸울 수 있는지 솔직히 얘기해 달라"고 얘기했다. 조합원들은 뭔가 지도부가 흔들리는 신호로 해석했다. "농성 포기하는 거냐?, 싸울 사람만 싸우자는 거냐?"고 반응하는 조합원, "지회 언니들이 여기까지만 하재요. 나는 어떡해." 불안함을 호소하는 조합원, 캐노피에 있는 도명화 지부장에게 토론 상황을 알리며 답답함을 호소하는 조합원이 있었다. 성급하게 짐을 싸는 조합원도 있었다. 박순향 부지부장은 현실을 냉정하게 돌아볼 필요가 있다는 판단에서 얘기했을 뿐이라며 정돈했고, 절대로 마치 모든 게 끝난 것처럼 얘기하면 안 된다고 당부했다.

민주연합노조 지회장들이 모인 회의에선 중재안을 받을 수 없다는 의견이 쏟아졌다. 문한수 정책부장은 이렇게 얘기했고 다수의 지회장이 호응했다.

"중재안은 소송 결과에 따르자는 것인데, 법은 최소한입니다. 그걸 따라가면 안 됩니다. 지금 청와대를 압박하고 있고 도로공사도 압박하고 있습니다. 집행부에 얘기하고 싶습니다. 을지로위원회 빼고 직접 교섭 요구합시다. 저들이 우리에게 공을 넘긴 것인데 그 공을 덥석 받아선 안 됩니다."

다른 노조도 마찬가지였다. 경남일반노조 전서정 지회장도 '임시직이 웬 말이냐?'라고 하면서 끝까지 투쟁하겠다고 짧게 얘기했다. 인천지역노조도 '임시직으로 일 안 해도 임금 차액 소송으로 임금이 나올 수 있는데 왜 임시직으로 들어가냐?'고 했다.

조합원들은 도로공사와 을지로위원회의 태도에 정말 질렸다. 소송 얘기는 그만했으면 좋겠다는 거였다. 대법원 판결까지 받았는데 또 뭔 소송이냐. 1심이니 2심이니 그 얘기 자체가 갈라치기다.

조합원들은 자신들의 힘이 떨어지고 있다는 걸 알았다. 농성 인원이 조금씩 줄고 투쟁 전술은 잘 안 보이고 연대 투쟁도 확산되지 않았기 때문이다. 그래도 중재안은 받을 수 없는데 그다음이 문제였다. 그다음이 문제여도 중재안은 받을 수 없었다. 언제까지 싸워야 할지 막막했다.아직 실업 급여가 끝나기 시작하는 12월까지는 시간이 남아 있었지만, 그때까지 지금의 조직력을 유지할 수 있을지 걱정했다.

우리가 옳다!

지도부는 '9월에 끝장내고 10월엔 직고(직접고용) 가자'는 구호를 먼저 외쳤다. 과연 9월 안에 끝장낼 수 있을까? 그런 수단이 있는 걸까? 저런 얘기가 오히려 힘을 더 빼놓는 게 아닐까? 미래를 그려 보는 조합원들은 이렇게 생각하기도 했다.

10월 5일 희망버스와 함께 캐노피에서 내려오다

혼란스러운 건 캐노피도 마찬가지였다. 민주연합노조 도명화 지부장, 공공연대노조 이명금 부지회장은 고민이 많았다. 대법 승소자 복귀 문제도 정돈해야 했고, 김천 농성을 어떻게 이어 나갈지, 다른 투쟁 방법도 찾아야 할지 고민이 많았다. 을지로위원회의 중재안을 둘러싸고도 말이 많이 나오기 시작했고, 한국노총이 어떻게든 마무리할 경우 그 이후 어떻게 싸워야 할지 고민할 수밖에 없었다.

어떻게 버텨 온 고공농성인가? 98일이 어떻게 흘러갔는지, 돌아보면 아득했다. 버티기 어려운 곳이었다. 지난 7월 6일 녹색병원, 이대 목동병원 의료진 5명은 서울 톨게이트 캐노피 위에서 농성 중인 노동자들의 건강 상황에 대해 "한 마디로 인간이 머무르면 안 되는 곳에 수십 명의 중년 여자분이 머물고 있다"고 밝혔다. 이들은 "평상시 건강했던 사람도 후두염, 고혈압에 시달리고 있고 고온과 더러운 물로 인해 피부염을 앓고 있다. 모기 등에 물린 상처가 염증으로 번지고 있다"며 "치료 방법은 캐노피에서 내려오는 것밖에 없다"고 설명하기까지 했다. 상황이 이랬는데 도로공사는 지난 9월 11일 의료진이 올라오는 사다리차를 막기도 했다.

조합원들은 많이 외로웠지만, 끊임없이 찾아오는 분들 때문에 힘을

캐노피에서 내려온 여섯 명의 노동자

낼 수 있었다. 그 소중한 분들이 떠올랐다. 70대 할아버지가 찾아왔고 고등학생들이 찾아왔다. 성소수자들이 찾아왔다. 민주노총 조합원들은 서울 대규모 집회에 올라오고 내려갈 때마다 경적을 울려 줬다.

아픈 조합원들을 눈물로 내려보내며 그 조합원들 몫까지 해내겠다고 얼마나 많이 다짐했던가. 태풍도 견뎌 내지 않았던가? 이기기 전에는 내려가지 않겠다고 약속하지 않았던가? 여섯 명 남았지만, 더 버틸 수 있는데, 약속을 버리고 내려가야 하는가?

그러나 무엇이 이 투쟁에 도움이 되는지 판단해야 했다. 조직을 생각해야 했다. 김천에 있는 조합원들이 지쳐 가고 있고 흔들리고 있다. 농성장을 지키기 위해 한 달 가까이 그토록 힘들게 싸웠는데 지치지 않고 흔들리지 않을 도리는 없었다. 그 조합원들 곁으로 가야 했다. 캐노피는 자기 역할을 충분히 했다. 내려가자. 내려가기로 하니 또 다른 걱정이 앞섰다. 떨어져 있는 기간이 길었는데 김천에 있는 조합원들 속으로 잘 녹아들 수 있을까

우리가 옳다!

하는 걱정이었다.

민주노총은 톨게이트 투쟁을 더 많이 알리기 위해, 연대를 확대하기 위해 여러 시민사회단체들에게 대책위를 구성하자고 제안했다. 9월 24일 민주노총과 시민사회단체들과의 간담회를 거쳐 9월 30일 '톨게이트 요금 수납 노동자 직접고용과 자회사 정책 폐기를 위한 시민사회공동대책위' 대표자회의와 출범 기자회견이 열렸다. 노동, 정치단체는 물론 여성, 청년, 종교, 문화, 법조, 학술단체 등 총 144개 시민사회단체가 참여했다. 그만큼 톨게이트 투쟁은 노동자 민중의 폭넓은 지지를 받고 있었다.

대책위는 희망버스를 제안했다. 주제는 '우리가 손을 잡아야 해'였다. 힘들게 고군분투하고 있는 톨게이트 노동자들에게 연대의 손길을 내밀자는 제안이었다. 10월 5일 전국에서 희망버스가 출발했다. 서울에서 출발한 희망버스 3대가 서울영업소에 도착하자 케노피에 마지막까지 남아 있던 여섯 명의 노동자는 두 명씩 짝을 지어 내려왔다. 6월 30일 새벽 두려움과 희망을 안고 캐노피에 오른 지 98일 만이었다. 건설노조가 사다리차를 준비했다. 내려올 때까지도 의연했던 노동자들은 땅을 밟자마자 조합원들을 끌어안으며 눈물을 터트렸다.

"캐노피에서 할 수 있는 일이 분명 있고 계속 유지해야 한다는 의견도 있었습니다. 의미 있었고 상징성도 있었습니다. 하지만 이 투쟁 끝장 보기 위해 결단 내리고 김천으로 집중하기로 했습니다. 우리가 어디서 싸우느냐 문제가 아니라 어떻게 싸우느냐가 더 중요하다고 판단했습니다. 그래서 지금 내려왔습니다. 이 투쟁 멈추지 않습니다. 계속 이어질 거고, 우리가 승리할 때까지 계속됩니다. 우리 조합원들의 기세로 승리 확신합니다. 1,500명 직접

고용 될 때까지 함께하겠습니다. 그때까지 연대해 주십시오." (도명화 지부장)

희망버스는 캐노피에서 내려온 여섯 명과 함께 김천으로 달려갔다. 전국 곳곳에서 달려온 1,000여 명이 모였다. 희망버스 참가자들은 조합원들을 위한 선물보따리 250개를 준비했다. 모금을 했고 후원도 받아 준비했다. 이 선물을 전달하고 싶었다. 캐노피에서 내려온 조합원들은 로비 안에 있는 조합원들을 만나고 싶었다. 참가자들은 경찰을 뚫고 안으로 들어갔다. 안에 있었던 조합원들도 물불 안 가리고 방패를 밀었다. 캐노피에서 내려온 노동자들은 대성통곡했다.

"이런 심한 몸싸움은 처음이었습니다. 압사당하는 것 같은 느낌도 처음이었습니다. 김천 조합원들은 이런 몸싸움을 거의 매일 했구나. 너무 맘이 아팠고 안쓰러웠습니다. 그래서 펑펑 울었습니다." (김승화 조합원)

케노피에서 내려온 다른 조합원들의 얘기다.

"땅을 밟긴 밟았나 봐요. 도로공사 정문에서 들어오며 나한테 이런 조직이 있었고 이런 동지들이 있었구나, 가슴 벅찼습니다." (김경남 조합원)
"여러분 만날 생각하니 새벽에 잠을 이룰 수 없었습니다. 이때까지 해왔던 고생 헛되지 않도록 앞으로 같이 투쟁하겠습니다." (이명금 부지회장)
"98일 동안 사실 지치고 힘든 순간이 많았습니다. 캐노피 아래로 시민들이 차 안에서 손 흔들어 주고 경적 한 번 울려 줄 때 정말 천군만마를 얻은 것 같은 기분이 들었습니다. 그분들의 마음을 알기에 감사하고 또 감사했습

우리가 옳다!

니다. 저희가 직접고용의 결실을 맺고 내려왔으면 참 좋았겠지만 내려와서 두 배로 세 배로 더 힘을 내 끝날 때까지 함께하겠습니다." (채민자 조합원)

"불평등한 세상을 향해서 저희는 평등을 요구하고 외치고 있습니다. 우리는 더 나은 세상을 향해서 더 큰 소리로 단결된 목소리로 같이 외쳐야 합니다." (이옥춘 조합원)

희망버스 참가자들과 캐노피에서 내려온 조합원들이 안에 들어가 농성하는 조합원들을 만났다. 모두 환호성을 질렀다. 감격의 환호성이었다. 조합원들은 캐노피 동료들을 자랑스러워했다. 그 힘든 시간을 버틴 동료들이었다. 그 누구도 그들과 우리 모두를 깔보지 못하리라. 여성 노동자를 얕보지 못하리라. 그리고 애탔던 마음을 내려놓았다. 조합원들은 동료가 다치고 아픈 게 가장 싫었다. 그동안 가장 걱정이 되었던 사람들이 바로 캐노피 동료들이었다. '하늘 감옥에서 얼마나 고생했는지 다들 얼굴이 시커멓

농성장 안으로 들어온 희망버스 참가자들

게 탔네. 힘들었지?', '애썼어. 애썼어.', '너무 고마워.'

조합원들은 경찰 벽을 뚫고 들어와 준 희망버스 참가자들에게도 너무 고맙다고 인사했다. 그동안 얼마나 경찰들에게 당했던가. 채이고 모욕당하고 성희롱까지 당하고. 나갔다 들어올 땐 매번 싸워야 했고. 길면 1시간 이상 싸워야 했다. 그런데 이날 희망버스 참가자들이 시원하게 뚫어 줬다. 정말 통쾌했다.

이튿날 경찰은 로비 입구에 철제펜스를 설치했다. 출입을 더 확실히 막겠다는 의도였다. 누가 봐도 어제 일에 대한 보복이었다. 조합원들을 반나절을 싸웠다. 펜스 때문에 햇빛조차 제대로 볼 수 없는 현실을 SNS에 알렸다. 오만방자했던 경찰은 펜스를 치웠다.

우리를 믿지 못하는 거냐

10월 6일 조합원들은 대법 승소자들이 내일 교육소집에 참여한다는 사실을 알았다. 결국, 복귀하는구나. 이미 눈치를 채고 있는 조합원들도 있었지만, 대부분은 그날 알았고 충격을 받았다. '어떻게 이렇게 중요한 사실을 하루 전에 알릴 수 있단 말인가?', '마음의 준비를 할 시간은 주어야 하는 게 아닌가?', '대법 승소자들이 복귀한다고 하면 우리가 싸우지 못할 거라고 생각한 건가?', '우리를 믿지 못하는 거냐?'

"차라리 이만저만해서 가야 한다고 말해 줬으면 좋았을 텐데, 어느 날 갑자기 결정된 걸 알려 주고. 한 방 맞았죠. 뒤통수 맞은 느낌. 먼저 들어가서 싸우겠다고 말했으면 흔쾌히 그러라고 했을 겁니다. 며칠 뒤에 갈 거라

봤는데 그날 바로 갔습니다. 일사천리로 진행됐습니다. 우리 흔들릴까 봐 그랬을 순 있는데 1,500명 함께 들어가자고 해 놓고 가 버리니까 그 부분은 서운합니다. 가는 것 자체가 아니라, 우린 준비 없이 보내게 되니까. 미리 말을 했더라면 기분 좋게 보내 줄 수 있었는데. 이성적으로는 본인 인생이 걸린 문제니까 이해했지만, 감정적으론 서운했습니다." (이현옥 조합원)

여러 조합원이 항의했고 민주연합노조 김성환 위원장과 천정기 조직국장은 뒤늦게 알린 점을 사과했다. 대법원 승소자들의 복귀는 사실상 9월 말에 결정되어 있었다. 도명화 지부장, 박순향 부지부장은 어떻게든 대법 승소자들이 복귀하지 않고 함께 싸울 방법을 찾아보려 했다. 복귀하지 않아 징계, 해고를 당했을 때 노조가 생계비를 책임지겠다는 결의, 끝까지 함께 싸우겠다는 결의를 해 주면 대법 승소자들이 자신감을 느끼지 않을까? 9월 27일 민주연합노조 결의대회에서 눈물로 호소한 이유도 바로 그것이었다.

하지만 민주연합노조 지도부는 앞으로 닥칠 어려움을 강조했다.

"끝까지 복귀를 거부했을 때 법적으론 100% 집니다. 우린 아주 큰 사업장이 아닙니다. 조직적으로 감당하기 어렵습니다. 사람, 재정 모두 어렵습니다. 해고되면 그 싸움도 같이해야 하는데 어렵지 않겠습니까. 그래서 지난번 중앙위에서 전체 복귀 결정을 내렸는데 도명화 지부장이 자신은 그 결정을 알지도 못했고 애초부터 끝까지 버틸 생각이었으며 지부장으로 이 싸움 끝까지 책임져야 한다고 해서 지부장 복귀하지 않는 건 열어 두고 있습니다."

도명화 지부장은 애초부터 남겠다고 맘먹고 있었다. 박순향 부지부장은 마지막까지 고민하다가 교육에 참가하고 현장에 들어가 싸우기로 결정했다.

"민주연합노조의 결정, 그 힘든 결정을 끌어내고 싶었습니다. 대법원 승소자 20명 책임지는 것. 근데 그 선을 못 넘었습니다. 훗날을 생각하지 않을 수 없었습니다. 내 안위를 더 먼저 걱정했다고 할 수도 있지만. 복귀 마음먹게 된 이유 중 하나도 그겁니다. 노조와 민주노총에 대한 어떤 실망감. 물론 후회하는 짓 하고 싶지 않았습니다. 조합원 원망하고 싶지 않았습니다. 고민 많이 했습니다. 마지막 결정인데 후회하지 않을까. 당연히 후회하지. 후회 없으면 정상 아닙니다. 미안하고. 근데 반대로 만약 제가 복귀 거부 결정했을 때, 정말 해고돼서 몇 년을 밖에 있을 때 그 원망……. 도명화 지부장 해고되었을 때 복직시킨다고 바지사장과 4년 넘게 싸웠습니다. 안에서 정말 끝까지 싸웠습니다. 한 번도 그 얘기 안 해 본 적이 없습니다. 복직시키라는 말밖에 안 했습니다. 처우도 필요 없고 주임 자리 필요 없으니 복직시켜라. 제가 선택했으니 괜찮다는 마음 100% 가질 수 있다면 투쟁했을 것입니다. 단 1%라도 그때 들어갈 걸 후회할 거라면 복귀해서 싸워야 한다고 판단했습니다. 1월 31일 총회 때 조합원에게 처음으로 미안하다는 말을 했습니다.

투쟁할 때보다 복귀해서 현장 들어갔을 때 육체적, 정신적 스트레스가 훨씬 심했습니다. 입술이 한 달 동안 곪았다 터졌다 했습니다. 몰래 병원 가서 링거 맞기도 했습니다. 텔레그램, 밴드 보고 가끔 지부장과 통화했지만, 제가 아무것도 하지 못하는 상황이 정말 힘들었습니다. 지부장이 마지막에 저한테 한 말이 있습니다. 너 들어가면 나중에 후회하지 않겠냐? 너에 대한 시선도 달라질 텐데. 알겠다고 했습니다. 당연히 그럴 수 있습니다. 조합원들 저한테 상처 주는 말 많이 했습니다. 단톡방에. 다 받아들였습니다. 믿었는데 들어가냐는 말은 당연합니다. 그런데 정말 상처받았던 건 박선복이랑 저를 똑같이 비교한 것. 노조의 모든 걸 다 놓고 싶었습니다."

조합원들은 복귀하지 않는 게 얼마나 어려운 일인지 잘 알고 있었다. 이미 대법원 판결까지 다 받은 사람들이다. 소송하고 있는 사람과는 다르다. 아쉬움은 아쉬움이었고, 승소자들의 조건과 마음을 생각하면 비판할 일이 아니었다. 물론 비판하는 사람도 있었고 실망해서 농성장을 떠난 조합원도 있었지만, 대부분은 이해했다. 지금 투쟁도 힘든데, 노조가 대법 승소자 전체의 교육소집 거부를 결정하지도 않았는데 해고를 각오하고 버티라는 말은 할 수 없었다. 그래도 박순향 부지부장의 복귀 결정은 너무 안타까웠다. 그는 그 누구도 쉽게 대신할 수 없는 역할을 해 왔기 때문이다.

10월 7일 새벽 승소자들이 화성연수원으로 떠날 때 많은 조합원이 울었다. 교육에 참가하러 가는 조합원들도 울긴 마찬가지였다. 잡았던 손을 놓았다 다시 잡고 놓았다 다시 잡고. 바깥에 있던 조합원들도 나와서 배웅했다. 어떤 조합원들은 차마 보기 힘들어 텐트에서 나오지 않고 텐트 안에서 울었다.

승소자들은 너무나 아쉽고 미안하다고 얘기했다. 현장에서 열심히 투쟁하겠다고 다짐했다. 조합원들은 승소자들에게 현장에서 조금만 기다려달라고 했다. 법원 판결이 아니라 투쟁으로 직접고용을 쟁취했어야 했는데 그러지 못하니까 이런 일이 발생한다며 다시 각오를 다지자는 조합원도 있었다.

　설사 노조가 책임지겠다고 결의하더라도 승소자에게 무조건 지침을 내릴 순 없다. 승소자 개인 판단을 존중해야 했다. 들어가려면 다 같이 들어가고 안 들어가려면 다 같이 안 들어가는 게 가장 현명한 방법이 아닐까? 하지만 의견이 엇갈린다면? 복귀를 선택하는 노동자들의 판단도, 함께 계속 싸우겠다는 노동자들의 판단도 존중되어야 했다. 현장 들어가서 싸우고, 남아서 싸우고 각각의 역할을 분명히 하면서 말이다.

　징계와 해고가 닥쳐도 함께 싸우겠다는, 함께 책임지겠다는 노조의 결의를 만들어 내는 건 불가능한 일인가? 물론 해고자를 책임져야 하는 부담은 절대로 가볍지 않다. 작은 조직일수록 더 무겁다. 인천지역일반노조는 더 많은 어려움을 생각해야 했을 것이다. 그렇지만 해고자를 책임지는 게 민주노조의 전통이다. 불가피하게 해고자가 발생했을 때 어떻게 해서라도 해고자를 지키는 게 민주노조의 자랑이다. 대의를 지키고자 싸우다 해고된 노동자들을 책임지지 못하는 노동조합은 껍데기만 남을 뿐이다.

　도로공사가 동료들을 위해 함께 싸운 노동자들을 다시 해고하는 건 결코 만만한 문제가 아니다. 명분도 없고 사회적으로 비난받을 수밖에 없는 일이다. 설사 도로공사가 다시 해고하더라도 톨게이트 투쟁이 전체 노동자에게 미친 영향력을 생각한다면 민주일반연맹이나 민주연합노조를 넘어 민주노총의 지원을 받아내는 게 몹시 어려운 일은 아니지 않겠는가? 해고 투쟁을 민주노총이 받아안게 만드는 게 무조건 불가능한 일은 아니지 않겠는가? 민주노총 입장에선 속된 말로 '쪽팔려서도' 외면할 수 없는 일 아니겠는가? 당장 연대파업은 못해도, 당장 수천 명이 함께 달려가진 못해도 도우려는 마음을 가진 노동자들은 많았다. 그래서 톨게이트 노동자들이 이렇게 싸울 수 있었던 게 아닌가. 꼭 되돌아봐야 하는 문제다.

조합원들이 스스로 결정할 수 없다면

10월 6일도 토론이 있었다. 조합원들에게 노조 요구안을 새로 정할지 묻는 자리는 아니었다. 을지로위원회 중재안에 대한 태도가 토론의 주요 주제였다. 민주연합노조 간부가 직접 조별 토론에 참여해 조합원들이 어떤 어려움을 겪고 있는지 물었다. 그는 을지로위원회 얘길 많이 했다. 을지로위원회와 대화하지 않으면 중재안도 나오기 힘들어 계속 대화해야 하고, 을지로위원회에 더 나은 안을 요구하겠다는 의견이었다.

조합원들은 지도부가 자신의 정확한 입장 없이 묻기만 하니 답답했다. 지도부에 대한 의구심이 생겼다. 예전엔 누가 투쟁 방향을 물으면 무조건 지도부 생각 따른다는 조합원들이 많았다. 우린 시키는 대로 해요. 지도부가 다 생각하고 있을 겁니다. 이제는 달라졌다. 묻고 따지기도 했고 자신의 의견을 냈다. 어쨌든 을지로위원회 중재안을 수용하자는 의견은 찾아보기 힘들었다. 힘들어도 여전히 함께 가야 한다고 생각했기 때문이다.

민주일반연맹은 을지로위원회에게 10월 8일까지 중재안에 대한 답변을 주기로 얘기한 적이 있다. 10월 8일 다음과 같은 수정안을 전달했다.

지도부는 지금까지 모든 1심, 2심 소송에서 이겼고 대법원에서도 승소했기 때문에 이후 또 다른 1심 판결에서 질 가능성이 거의 없다, 조합원들이 겪고 있는 어려움도 생각해야 한다, 최대한 빨리 투쟁을 마무리해야 한다, 을지로위원회 중재안을 받을 수 없고 우리가 양보할 수 있는 최대치를 생각해 보자고 생각했을 것이다.

수정안(현장토론안)

을지로안에 대한 원칙적 반대의견이 다수이나 아래와 같이 의견을 내기로 함

1. 2019.8.29.대법원 판결(한국도로공사가 외주용역업체 요금수납원을 직접고용)과 그 취지를 수용하여, 현재 2심 계류 중인 수납원은 즉시 직접고용하고, 1심 계류 중인 수납원들은 최초 1심 판결 결과를 적용하여 즉시 직접고용 한다. 도로공사는 신속한 결정을 위해 변론을 종결하고, 탈락자에 대한 고용안정 방안을 마련한다.
2. 임금과 직무 등 근로조건에 관한 교섭을 도로공사와 해당노조는 즉각 개시한다.
3. 한국도로공사 이강래 사장은 합의 직후 일련의 사태에 대해 유감을 표명하며, 노조 측은 도로공사 본사에서 진행 중인 농성을 즉각 해제한다.
4. 도로공사와 노조 측은 금번 요금수납원 문제로 쌍방이 제기한 형사, 민사[1] 등 일체의 소를 취하한다.

---

1 노사 간 민형사상 소송이니 지위와 임금소송은 아닌 것으로 이해

이 안은 을지로위원회 중재안과 다른 점이 있다. 1심 판결 선고 날짜가 다 제각각일 수밖에 없는 상황에서 이후 최초 1심이 판결이 선고되면 그 결과를 모두에게 적용하라는 안이다. 임금과 직무에 대한 교섭, 민형사상 고소 고발 취하도 담겨 있다.

하지만 이 요구안은 애초 노조 요구안과는 다르다. 어쨌든 다시 한 번 판결을 받겠다는 안으로 소송 결과에 따라 조합원들의 직접고용 여부가 결정된다. 2심 계류 중인 수납원과 1심 계류 중인 수납원을 분리하는 안이다. 탈락자(패소자)에 대한 고용안정 방안이 바로 그 의미다. 탈락자(패소자)는 직접고용에서 제외될 수밖에 없음을 인정했다.

조합원들은 이 안을 충분히 토론한 적이 없다. 이런 수정안이 을지로위원회에 전달되었다는 사실을 모르는 조합원들이 많았다. 대부분 나중에 알았다. '현장토론안'이라고 이름을 붙였지만 현장조합원들의 충분한 토론

우리가 옳다!

으로 만들어진 안이 아니라 사실상 현장대표자들을 비롯한 지도부의 토론으로 결정된 안이다. 10월 12일 민주연합노조 톨게이트지부 한 간부와 나눈 대화다.

과연 10월 8일 던진 수정제안이 조합원들 속에서 충분히 토론됐나?

— 아니다. 안 됐다. 개인적 생각만 갖고 있었고 수정안 얘기해 줬을 때 뭔가 이상하다는 느낌이 있었다. 또 이젠 조금 힘들어져서 어느 정도 절충하려는 것인가 하는 생각. 근데 우리가 끝까지 하자고 하면서 바뀌긴 했는데, 지난주까지는 우리도 혼란의 시기였던 것 같다. 우리가 토론했을 때 그런 안 나오지 않았다.

많은 조합원이 연맹에서 이런 수정제안을 말한 다음에 알게 됐다고 얘기했다.

— 조별로 회의했을 때 그런 얘기가 나왔을 수는 있다. 누군가는 말을 꺼냈으니까 나왔겠지. 그런데 내 주위에는 그런 말 했다는 조합원은 없었다.

요구안이 고정불변일 순 없다. 때에 따라 후퇴할 수도 있다. 그런데 그 후퇴를 누가 결정해야 하는가? 조합원들이 스스로 결정하지 않는다면 조합원들의 의지는 어떤 식으로든 왜곡될 가능성이 아주 크다. 나아가 조합원들은 투쟁의 당당한 주체가 아니라 들러리로 굴러떨어진다.

을지로위원회는 이것조차도 거부했다. 을지로위원회 스스로 못 받는다고 했다. 도로공사에 얘기할 필요조차 없다는 거다. 말로는 중재자라고 했지만, 실제론 중재자가 아니란 의미다. 도로공사가 아니라 자신들이 결정한다는 뜻이다.

저들은 동료를 버렸지만 우리는 끝끝내 지키자

10월 9일 톨게이트노조와 도로공사는 을지로위원회 중재안을 수용해 합의서를 작성했다.

기존의 중재안 그대로에 단서 조항까지 붙었다. 2015년 이후 입사자 문제였다. 2015년 이후 입사자는 1심에서 승소하더라도 그 이후 또 다른 판결 결과를 봐야 한다는 얘기였다. 다시 말해 도로공사는 2015년부터 불법파견 소지를 없앴기 때문에 그냥 받아들일 수 없고, 자신들이 변론을 추가한 재판의 결과를 보겠다는 얘기였다.

정규직 전환 노사 합의서

한국도로공사(이하 '공사')와 수납원 노동조합(이하 '조합')은 정부 가이드라인에 따른 정규직 전환 대상 수납원 중 자회사 전환에 동의하지 않는 수납원의 정규직 전환에 관하여 다음과 같이 합의한다.

1. 공사는 근로자 지위 관련 8.29일자 대법원 판결 취지를 존중하여, 현재 2심 계류 중인 수납원은 직접 고용하고, 1심 계류 중인 수납원은 1심 판결 결과에 따라 직접 고용하되, 1심 판결 이전까지는 공사의 임시직 근로자로 고용한다.
   * 단, 공사는 변론이 종결된 1심 사건의 2015년 이후 입사자에 대해서는 관련 차후 최초 판결 결과에 따른다.
2. 공사와 조합은 관련 소송 1심의 신속한 진행을 위해 협조한다.
3. 공사와 조합은 임금과 직무 등 근로조건에 관하여 노사 간 협의를 진행하여 추진한다.
4. 공사는 최근 상황에 대해 유감을 표명하며, 조합원은 진행 중인 농성을 즉각 해제한다.
5. 공사와 조합원은 6. 30일 이후 정규직 전환과 관련하여 상호 제기하였던 민·형사 및 신청 사건 등을 취하한다.

2019년 10월 9일

우리가 옳다!

이번 합의에서 을지로위원회의 역할을 어떻게 봤는가?

— 나는 사실 문재인 지지자였다. 을지로위원회가 우리 편인 줄 알았다. 을지로위가 한국노총에 접근했고, 처음으로 김천 본사 점거 현장에도 왔다. 그때 궁금해서 많이 찾아봤다. 내가 내린 결론은 을지로위는 노동자 편이 아니라는 것이다. 을지로위는 수년 전 톨게이트 불법파견에 대응한 적이 있었다. '피디수첩'에서 봤다. 을지로위가 노동자 편이었다면 그때 해결했어야 했다. 그리고 지금 을지로위는 최악의 중재안을 내놨다. 정치권이 중재하지 않고 우리가 투쟁했어도 이런 결과는 보지 않았을 것이다. '어용' 을지로위가 톨게이트 투쟁을 정치적으로 악용했다. 정치에 대한 불신이 커졌다. 을지로위는 노동자의 대안이 아니다.

(저는 한국노총이 아닌 투쟁을 택한 톨게이트 노동자입니다-기득권에 맞선 싸움으로 이길 것, 《참세상》, 2019년 10월 11일)

도대체 똑같은 재판을 몇 번이나 하겠다는 것인가. 노동자들은 기가 찼다. 2015년 이후 입사자인 인제영업소 조복자 조합원은 다음과 같이 얘기했다.

"도로공사는 2015년부터는 수의 계약이 아니라 공개입찰로 영업소를 선정했고 그래서 불법파견 소지를 없앴다고 해요. 1,500명 전체 직접고용하라는 대법원 판결 무시하고 1, 2심 진행 중인 1,100여 명 끝까지 소송하겠다고 그러잖아요. 제가 2017년 들어왔습니다. 처음엔 도로공사 직원인 줄 알고 들어왔어요. 공개입찰로 선정되었다는 업체 소장은 얼굴도 모르고요. 업체 사무장 역시 3~4개 영업소를 관리하느라 얼굴 보기 힘듭니다. 대신 도로공사 지사 관리자들은 자주 봅니다. 도로공사가 모든 걸 지시해요. 주간, 야간 점검은 말할 것도 없고, 통행권 채워 넣는 것, 모니터링 양식, 고객 응대 방법까지. 도로공사가 시설관리에 필요한 큰 물품도 다 지급합니다. 도로공사 직원이 영업소에 소장으로 상주하나 안 하나 차이가 없어요. 수시로 와서 직접 지시하고 결재를 받으니까. 이런데도 불법파견이 아니라니 억지도 이런 억지가 없습니다. 지금 도로공사와 이강래는 계속 소송을 하면서 수백억을 쓰고 있습니다. 이게 이강래 개인 돈이면 그럴 수 있겠습니까."

실제 1심은 법무법인 태평양과 제이피가, 항소심은 법무법인 광장, 상고심은 김앤장이 도로공사를 대리했는데, 도로공사는 이들 거대 로펌에 막대한 소송 비용을 지급했다. 다 국민의 혈세다. 노동자들은 분노했다. 1심과 2심, 1심 변론 종결자와 변론 진행자를 갈라치는 것도 모자라 이제 2015년 이전 입사자와 이후 입사자를 갈려치려 하다니 결국 을지로위원회는 중

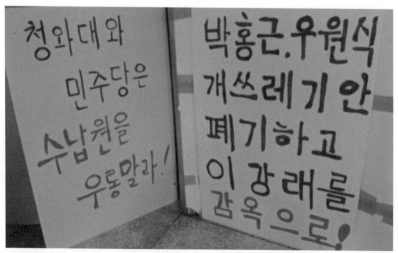

을지로위원회를 비판하는 목소리(사진 제공 이용덕)

우리가 옳다!

재라는 미명 아래 한국노총 지도부를 구워삶아 민주노총 조합원들을 고립시키고, 분열시키려고 했던 것 아닌가.

노동자들은 다시 정신을 바짝 차렸다. 힘들어도 어쩌겠는가. 아닌 건 아닌 거다. 다시 "1,500명 전체 직접고용" 깃발을 치켜세우자. 이 분명한 깃발로 수많은 노동자의 감동을 이끌어 내지 않았던가? 이 분명한 깃발을 도로공사와 정부가 가장 두려워하지 않았던가?

대의를 선택하는 노동자들

몇몇 민주노총 조합원은 톨게이트노조가 받아들인 합의안의 문제점을 분석해 '같이 가자! 톨게이트 노동자 전환 정보방' 네이버 밴드에 올렸다. 한국노총 조합원들 보라고 올렸다. 얼마나 영향을 미쳤는지는 모른다. 많은 한국노총 조합원이 집행부 말만 믿고 집으로 갔다. 합의안의 문제점을 알고 있는 조합원들도 있었지만 자기가 몸담았던 노조를 떠나는 건 결코 쉬운 일이 아니었다. 인간관계가 얽혀 있었다. 힘든 투쟁을 해야 한다는 부담도 있었다.

김영옥 조합원은 한국노총 톨게이트노조가 서명한 안대로라면 가만히 있더라도 직접고용으로 들어갈 수 있었다. 1심 승소자(2심 계류자)였기 때문이다. 그런데 한국노총 탈퇴하고 본사 농성장 바깥을 지키며 싸웠고 투쟁이 끝날 때까지 함께했다. 김영옥 조합원의 얘기다.

"톨게이트노조 있을 때도 민주노총으로 가고 싶은 마음이 컸습니다. 톨게이트노조는 소통이 전혀 안 됩니다. 집행부는 자신의 계획을 전혀 공유하지 않습니다. 투쟁은 시간만 보내다 오는 경우가 많았습니다. 서울영업소 옆 정자동 거리행진과 율동 배우기 정도가 전부였습니다. 그래도 내 돈 들여 매일 출퇴근했습니다. 결정적으로 마음이 돌아선 건 캐노피에서 민주노총 동지들과 함께 고공농성을 했던 박선복 위원장이 일방적으로 내려왔을 때였습니다.

그다음 9월 9일 민주노총 조합원들이 김천 본사 농성에 돌입했을 때, 우리는 서울영업소로 가다가 차를 돌려 김천으로 왔습니다. 와서 보니까 구사대와 경찰이 막고 있었고 들어가기 위해 치열하게 싸웠습니다. 나중에 보니 저는 못 들어갔지만 톨게이트노조 조합원 10여 명이 본사 안으로 들어갔습니다. 그런데 이튿날 아침 다 나왔습니다. 지도부가 빼내 줄 돈이 없다고 하면서 나오라고 했다고 했습니다. 연행되면 벌금 내줄 돈이 없다는 뜻이었습니다. 너무 한심했습니다.

처음부터 1,500명 같이 가자고 투쟁했는데, 나만 직접고용 됐다고 갈 순 없는 겁니다. 그 마음이 제일 큽니다. 저는 별로 대단한 걸 했다고 생각하지 않는데 물어보니까 얘기합니다. 민주노총으로 같이 넘어오자고 한 동료들은 1심도 못 받은 사람들입니다. 같이 넘어가자고 했는데 나 혼자 배신 때리고 갈 순 없습니다."

한국노총을 탈퇴한 윤주영 조합원은 톨게이트노조의 합의를 이렇게 평가했다. 윤주영 조합원은 톨게이트노조 동김해지부 지부장이었다.

"한국노총 톨게이트노조 위원장 박선복은 조합원 의견을 취합해 9월 30일 지부장 회의를 열기로 했습니다. 하지만 이마저도 열지 않았습니다.

10월 1일 을지로위원회는 그동안 박선복이 협의안으로 내놓았던 안을 중재안으로 제시했습니다. 민주노총은 반대했지만 톨게이트노조는 수용한다는 의사를 밝혔습니다. 중재안은 이미 정해져 있었던 거라는 생각에 배신감을 감출 수 없었습니다.

어떻게 1심 계류자 900여 명, 아니 전체 1,500여 명의 생존권이 달린 문제를 어떠한 공식적인 회의도 없이 집행부가 독단적으로 결정합니까? 그 이후 10월 8일 톨게이트노조는 문제 제기하는 십 수 명의 조합원을 밴드에서 강제로 탈퇴시켰습니다.

(그 안은) 사측을 위한 안입니다. 박선복은 국정감사를 하루 앞두고 조합원 생각 묻지도 않고 일방적으로 서명했습니다. 노동자를 위한 안이 아닙니다. 대법원 판결 취지 자체가 1,500명 전체 직접고용입니다. 1,500명 모두 도로공사를 위해 도로공사가 지시한 일을 했습니다. 전체가 직접고용 돼야 합니다. 도로공사의 숨통을 트이게 해 준 박선복의 행동은 한때나마 톨게이트노조 조합원이었고 함께 직접고용을 외쳐 온 노동자로서 절대로 용서하지 못할 잘못이라 생각합니다.

항상 박선복은 도로공사가 위험에 처했을 때 구원투수 역할을 했습니다. 9월 9일 이강래가 세종시에서 대법 판결 무시하는 안을 일방적으로 발표했을 때, 저는 세종시로 가려 했습니다. 그런데 박선복은 굳이 지부장 회의를 잡아 투쟁 전술을 바꿔야 한다느니, 도로를 점거해야 한다느니 했습니다. 그래서 오늘 하자고 했습니다. 명분도 있으니까. 그랬더니 집행부 회의에서 논의한다고 했습니다. 결국, 흐지부지됐습니다. 시간 끌기였습니다. 오후에 민주노총 조합원들이 본사를 점거했습니다. 그 소식을 듣고 급하게 밴드에 글을 썼습니다. 지부장 회의가 그렇게 중요한 거였냐, 민주노총 조합원들이 목숨을 걸고 싸우고 있지 않냐? 지금 우리가 있어야 할 곳이 어디냐. 조합원들이 속속 김천으로 내려가기 시작했습니다. 집행부는 오고 싶어 온 게 아닙니다."

한국노총의 문제점에 대해 정명선 조합원은 이렇게 얘기했다.

"6월부터 집행부는 조합원들에게 믿고 따라오라는 말만 반복했고 소통이 전혀 이뤄지지 않았습니다. 개인당 투쟁기금 10만 원씩 모아 만든 9,000만 원이 넘는 투쟁기금이 있었는데 사용처도 미리 정하지 않고 위원장의 임의적 판단으로 먼저 사용해 집행부 내에서도 언성이 높았습니다. 투쟁기금 사용처에 관해 영수증이 첨부된 정산자료를 한 번도 공지한 적이 없습니다. 노조는 전혀 체계가 잡혀 있지 않고 위원장 사조직이라 생각이 들 만큼 뭐라고 표현할 방법이 없는 조직입니다.

2018년 말 많은 노동자가 외주사 사장과 새로 계약서를 써야 했습니다. 자회사 설립을 위해 업체의 계약만료 시한을 맞추기 위해서였습니다. 불이익을 우려한 노동자들이 톨게이트노조에 질문을 했는데 이때도 노조 집행부는 질문한 노동자들을 엄청나게 매도했습니다. 이번엔 합의하려는 안에 대해 여러 노동자가 조목조목 질문하니 집행부는 현장이 술렁댈까 봐 합의서 도장 찍기 하루 전에 문제 제기하는 노동자들을 밴드에서 다 강제로 퇴장시켰습니다.

투쟁기금 10만 원도 냈지만 눈뜨면 아침에 하는 일이 편의점 가서 얼음 생수 사 오는 것이었습니다. 홍은동 이강래 집 앞에 자주 갔는데 그 여름날 얼마나 덥습니까. 정말 운동화 위로 불을 쏘는 것 같았습니다. 그런데 집행부에서 생수 1병 안 줬습니다. 지방에서 오는 조합원들은 한 5일 먹을 음식을 싸 옵니다. 그런데 너는 왜 이것만 싸 왔냐?, 이것만 하냐, 이렇게 이간질을 한 사람도 있었습니다.

여기에 내려와서도 우리가 2,400원 내서 밥을 먹었습니다. 양이 너무 적었습니다. 그러다 민주연합노조에서 밥을 줘서 먹었는데 그것 먹지 말라고 자기들이 공짜로 해 주겠다고 했습니다. 그것도 너무 양이 적었습니다. 구호도 민주노총 구호 따라 하지 말라고 했습니다. 그게 뭐가 중요합니까? 연대 오는 노동자들에게 맞추면 되는 게 아닙니까?"

70여 명의 조합원이 한국노총을 탈퇴했고 20명 이상이 투쟁에 끝까지 참여했다. 한국노총에서 넘어온 조합원들은 더 많은 노동자가 민주노총을 선택할 기회가 있었다고 얘기했다.

"쓰레기 합의안 들이밀었을 때 1심 계류자 절반 가까이가 돌아섰습니다. 이때 민주노총 소속 노조들이 이 톨게이트노조 조합원들의 가입을 받지 않았습니다. 이미 톨게이트노조는 위원장이 캐노피에서 내려올 때 민주노총과 연대는 깨졌다고 공공연하게 말했습니다. 그런데 형식적으로 여기에 와 있으니까, 본사에 내려와 있으니까 도의상 한국노총 노동자들의 가입을 받지 않은 것 같은데 그게 너무 안타깝습니다. 그때 받았더라면 많이 왔을 겁니다. 가입을 기다리는 동안 톨게이트노조 집행부가 텐트마다 면담하면서 집요하게 설득했습니다. 많은 노동자가 팩트도 모르고 집행부 말만 믿고 집에 갔습니다. 민주노총이 옳다는 걸 알지만 투쟁의 어려움 생각하고 집에 간 노동자들도 있습니다." (박남규 조합원)

민주노총 조합원들도 고민을 많이 했다. 조합원 토론에선 이런 얘기들이 나왔다.

"9월 말부터 한국노총이 얼마나 신경 썼는데요. 그때 한 번도 오지 않던 한국노총 김주영 위원장이 본사 내려와서 박선복 위원장에게 600만 원을 주었다고 합니다. 그 이후 민주노총과 같이 밥 먹지 말라고 하고, 구호도 따라 하지 말라고 했답니다. 결사 투쟁 그런 거 하지 말라고. 톨게이트노조 간부들 화성연수원으로 출근했다 여기로 내려와서 계속 신경 썼다는 말도 있습니다. 민주노총에 흡수될까 봐. 탈퇴하면 소송 안 된다 얘기하고. 그럴수록 우리는 한국노총 조합원들에게 얘기해야 합니다."

"한국노총 탈퇴한 분들 빨리 민주노조로 가입시켜야 하는 것 아닙니까. 그분들 엄청 힘든 결단으로 탈퇴를 한 건데 우리가 받아주지 않으면 붕 뜨는 것 아니겠습니까. 농성장 바깥에서 밥도 매번 같이 먹었으면 좋겠습니다."

"지금 투쟁의 변수가 거의 없습니다. 가장 중요한 변수는 한국노총 조합원들입니다. 이 조합원들이 민주노총으로 많이 넘어와 함께 싸우는 것만큼 중요한 변수가 어디 있겠습니까? 모든 힘을 쏟아야 합니다."

없어질 직업

청와대 이호승 경제수석은 13일 기자간담회에서 탄력근로제 확대에 대한 노동계 반대 얘기가 나오자 "개별 회사가 해결할 수 없는 큰 도전이 오고 있다"라며, "톨게이트노조 수납원들이 (농성 등 투쟁을) 하지만 톨게이트 수납원이 없어지는 직업이라는 것은 눈에 보이지 않느냐"고 말했다. 많은 언론이 이 문제를 다뤘다.

　　노동자들은 자존심이 상했다. 10년, 20년 일했더니 이제 닥치고 없어지라는 건가. 이 말은 투쟁하고 있는 조합원뿐 아니라 자회사로 간 5,000여 명의 자존심을 뭉개는 말이기도 했다. 구조조정이 시작되면 거기가 1순위가 될 거라는 말이기도 했다.

　　이호승 경제수석은 기술발전과 산업 환경 변화에 따라 탄력근로제 도입과 대량 인원 감축이 불가피하다는 말을 하고 싶었던 모양이다. 탄력근로제는 노동시간 단축의 효과를 없애고 과로사를 부추길 게 분명한데도 정부는 사장들의 이해를 일방적으로 대변한다.

　　'없어질 일자리'라는 주제는 새로운 주제가 아니다. 지금 이 순간에도 수많은 노동자가 자동화나 신기술을 핑계 댄 해고 때문에 일터에서 쫓겨나

국무총리 공관 앞 1인시위(사진 제공 이용덕)

고 있다. 예전에도 그랬고 지금도 그랬고 노동자들은 본능적으로 질문한다. "그것들은 노동자들의 피와 땀으로 만들어졌다. 따라서 노동강도를 낮추고 노동시간을 단축하는 수단으로 이용해야 한다." 사장들은 반박한다. "나는 이윤을 위해 그것들을 도입했지 당신들을 위해 도입한 것이 아니다. 당신들을 위한 것이라면 내가 뭐 하러 그 피 같은 돈을 투자했겠는가? 그런 정

신 나간 사장은 없다!" 중간의 길이 없기에 해고는 힘의 문제로 결정되어 왔다. 그게 아니라면 방법을 찾아야 할 텐데, 정부도 도로공사도 다른 방법 대신 해고를 선택했다. 하이패스 도입 후 해마다 수백 명이 잘렸다.

스마트톨링 전면 시행은 기술 수준과 개인정보 보호 문제 때문에 2022년 이후로 미뤄졌다. 아직 시간이 남아 있다. 톨게이트 노동자들은 스마트톨링이나 자동화 자체를 반대하지 않았다. 2022년 스마트톨링이 전면 시행되기 전까지 수납 업무를 할 수 있게 해 달라는 거였다. 노동자들은 해마다 많은 노동자가 정년퇴직으로 나가고 있고 하이패스 도입 후에도 하이패스 영상 판독 등 관련 새로운 일이 많이 생겼듯 새로운 일은 계속 생길 것이기 때문에 특별히 인원을 줄이지 않아도 된다고 주장했다. 고용안정 대책을 마련하라고 주장했다. 하지만 적극적으로 얘기하지는 못했다. 어떤 노조가 이 문제 앞에서 자신감을 가질 수 있겠는가? 힘은 정부나 사장이 훨씬 많이 가지고 있고 자동화, 신기술 앞에서 임금이 줄지 않고 노동의 강도도 심해지지 않는 방법으로 일자리를 나누는 대안을 실현한 노조가 거의 없는데, 민주노조운동 전체가 대안을 보여 주고 있지 못한데 말이다.

그래도 톨게이트 노동자들이 틀린 건 아니다. 신기술을 만들어 낸 가장 결정적인 주체는 바로 노동자들이다. 물론 과학자들이나 전문 연구원들이 아무런 기여도 하지 않았다는 뜻은 아니다. 그들도 분명 기술 발전에 기여했다. 그래도 가장 커다란 공헌을 한 당사자는 단연코 노동자들이다. 매일 반복되는 노동자들의 일상적인 노동 속에서 효율적인 작업 방식과 낭비적인 방식에 대한 데이터가 축적된다. 기존 작업 방식에 대한 노동자들의 사소한 불만, 더 나은 작업 형태와 개선방안에 대한 평범한 노동자들의 아이디어가 이미 여러 기업에서 제안제도를 통해 수집되고 있다. 그런 것들을 토대로 하지 않은 채 현실적으로 쓸모 있는 신기술 개발은 이뤄지지 않는다. 그런데도 자동화를 핑계로 수년, 수십 년 일한 노동자를 하루아침에 해고하는 게 정의롭고 인간적인 일인가? 자동화는 노동자에게 봉사하는 일이 될 수 없는가?

이호승 경제수석의 눈은 '없어질 일자리'만 본다. 노동자의 눈은 대안을 본다.

혼자라면 결코 상상도 못했을

농성 초반에는 250여 명의 노동자가 농성장 안에 있었다. 농성장 바깥에도 톨게이트노조 포함해서 100여 명이 넘게 있었다. 작은 텐트를 치고 생활했다. 9월 말부턴 200명 안쪽으로 줄어들기 시작했다. 10월에도 조금씩 줄었다. 대법원 승소자들이 교육소집에 참여해 인원이 줄었고 실망하고 지친 조합원들이 하나둘 떠나갔다.

주말에는 연대 집회도 있고 종교행사가 있어 농성장 안팎에 활기가 있었지만, 주중엔 조용할 때가 많았다. 농성장 바깥에서 열리는 저녁 문화제가 안팎을 연결시켜 주는 중요한 고리였는데 사람이 많지 않을 때가 많았다. 아사히비정규직지회, KEC지회는 주중이나 주말이나 언제든 문화제에 왔다. 사람이 적어 조촐하면 조촐한 대로 문화제를 만들어 갔다. 율동팀과 노래팀은 늘 열심히 연습했다. 하나라도 더 배워 동료들에게, 연대하러 오는 노동자들에게 힘을 주기 위해서였다.

노동자들은 늘 서로를 격려하려고 했다. 노동자들이 동료들에게, 연대하러 온 노동자들에게 했던 수많은 말은 바로 이 말로 압축될 수 있다.

"혼자라면 결코 상상도 못했을 싸움을 당신이 있기에 합니다."

"저희 지회 조합원들을 칭찬합니다. 뚱뚱하지만 스마트한, 어떤 설왕
설래가 있을 때 명쾌하게 딱딱 정리해 주는 우리 지회 중량 담당 경숙, 정년
을 앞두고 아픈 어깨에도 잘 버텨 주시는 춘라 언니, 맨날 씩씩하게 앞장서
는 미숙 언니, 출근 투쟁부터 지금까지 개근하고 있는 경이 언니, 경찰 구사
대와 싸움으로 스트레스 푸는 광미 언니, 큰 목소리로 귀엽게 율동하는 미
정 언니. 늘 유쾌하고 먹거리 챙겨 주는 효숙 언니, 적재적소에 사이다 욕
날려 주는 영란 언니, 늘 활짝 웃는 미소가 기분 좋은 옥경 언니, 모든 일에
앞장서는 미애 언니, 청와대부터 한 번도 집에 안 간 성실한 친구 순자, 작
은 체구에 간식 챙기고 미용도 전문이고 살림하느라 바쁜 란화. 도드라진
사람은 없으나 나서야 할 때는 늘 맨 앞에서 서 있는 우리 안성지회 식구들
칭찬합니다.

우리 며칠 전에 힘들었잖아요. 저도 아주 힘들었어요. 그때 봤던 시가
있어요. 그게 저희랑 맞는 시 같아요. 저를 위로하는 시 같기도 하고요. 박
노해 시인의 <다시 길 떠나는 새벽>입니다.

'먼 길을 걸어온 사람은 알리라.
오늘도 길 찾는 사람은 알리라.
여기가 나의 정처가 아님을
나만의 다른 길이 부르고 있음을.
아 나는 두 세상 사이의 유랑자.
걸으면서 길을 찾는 순례자.

우리가 옳다!

하루하루가 좋은 날이다.

다시 새벽에 길을 떠난다.'"

(박노해 사진에세이 《하루》 중에서)

웃으면서도 울었다

동료애가 투쟁을 좌우했다. 조합원들은 서로를 믿고 버텼다. 공동체를 지키려는 마음이 투쟁을 아래로부터 떠받쳤다. 한 조합원은 이렇게 얘기했다.

"우리 동지들 사연들 들어 보면 눈물이 납니다. 가족이 아파도 눈물로 대신했고 집안 대소사도 외면할 수밖에 없었습니다. 나도 아들 눈 수술할 때도 못 가고 가슴이 무척 아팠습니다. 지금 생각해도 눈물이 납니다. 저보다도 더 힘든 동지들이 잘 버티고 있었습니다. 무릎이 아파 퉁퉁 부었지만 버티고 있었고 안경이 부러져 앞을 볼 수 없었기 때문에 동료의 팔짱을 끼고 씻으러 가야만 했던 동지도 버티고 있었습니다. 팔이 아파 올리지도 못하는 동지도 발등이 부은 동지도 버티고 있었습니다. 혈압, 고지혈증, 당뇨, 피부발진을 앓고 있는 동지도 버텼습니다. 모두 바깥에서 의료 지원 오는 날, 줄 서 약이라도 받아야 버틸 수 있었습니다.

전쟁터 같은 곳에서도 합창부가 있었고 율동부가 있었습니다. 개사를 잘하는 사람, 민들레꽃을 예쁘게 잘 그리는 사람, 글씨를 맵시 있게 잘 쓰는 사람, 발언을 잘하는 사람. 발언을 모두가 두려워해서 벌칙으로 시키는 경우가 많았는데 모두가 나만 아니면 된다고 생각하다가 걸리는 사람 모습을 보며 너무나 재미있어했습니다. 막상 하면 다 발언을 잘했습니다.

농성장 아침 조회

　　농성장은 아수라장 같았지만 나름 질서정연했습니다. 서로 도와가며 청소도 날마다 했습니다. 구역도 정해 놓고 내 집 네 집이 있었지만, 함께 차도 마시고 대화도 진지하게 나눴습니다. 이렇게라도 안 하면 아마도 우울증에 빠질 수 있기 때문이었습니다. 옆에 있는 동지에게 잠깐 우울증이 왔습니다. 날마다 울었습니다. 웃으면서도 울었습니다. 어느 날은 누가 동지의 신경을 건드려서 몇 시간 동안 꼼짝도 안 하고 앉아서 울었습니다. 어떤 위로도 위로가 안 되었습니다. 이튿날 귀가했습니다. 5일 만에 돌아왔습니다. 경쾌하게. 투쟁 현장 동지들 생각에 집에 있을 수 없었기 때문이었을 겁니다."

　　꽉 막힌 공간과 경찰의 감시는 모든 조합원에게 영향을 미쳤다. 하지만 아무리 환경의 힘이 결정적이라도 하더라도 모든 사람에 똑같은 영향을

우리가 옳다!

미치진 않는다. 개인의 성격이 다 다르다. 그걸 무시할 순 없다. 그런데 무시하고 싶지 않았지만 다 배려할 수도 없었다. 그게 풀기 힘든 어려움이었다. 그리고 조합원들은 집에 있는 조합원들에 대한 서운한 감정을 털어놓았다.

"24시간 함께 있으면 볼 거 못 볼 것 다 보게 됩니다. 8시간 같이 있을 때는 속내를 모르는데 늘 함께 있으니까 창자까지 다 알아 버리게 됩니다. 그런 게 좋기도 하지만 나쁘기도 합니다."

"혼자 있는 걸 좋아합니다. 조용히 혼자 있고 싶을 때가 많은데 여기선 그럴 수가 없으니. 스트레스를 풀 방법이 없습니다. 서로 갈등이 쌓일 때 잠시 안 보면 나아질 텐데 그러지 못해 떠난 조합원도 있습니다."

"안 나오는 사람들이 섭섭합니다. 내 투쟁 내가 하는 거지만, 그래서 남 탓하면 안 되지만 그래도 서운합니다. 제 속엔 그게 남아 있습니다. 다 종합병원이고 안 아픈 사람 어디 있겠습니까. 남이고 나고. 집안 볼일 없는 사람 어디 있냐고. 솔직히 집에 가면 전 좋습니다."

조급하지 않으려 해도

노동자들은 더 힘들고 어렵게 싸우는 노동자들을 생각하며 투쟁의 근거를 찾으려 했다. 조급하지 않으려 했다. 결국, 누가 먼저 지치느냐의 싸움이었기 때문이다.

"사실 대법원 판결까지 났잖아요. 다른 어떤 투쟁보다 굉장히 유리하다고 봐요. 언니들이 조급해하는 걸 보면, 저는 결혼을 안 해서 그런지 몰라도 아니면 저는 처음부터 너무 길게 잡았나 봐요. KTX여승무원 판결 대법원에서 뒤집혔는데 어쨌든 그것도 10년 걸렸나. 저는 소송 시작부터 10년은 걸릴 줄 알았어요. (옆에서 다른 조합원이 얘기한다. "뭐라니, 어제 말했잖아. 나 내년 정년이라고.") 알지만 조급하면 지는 거야. 현실적으로 힘든 건 알지만. 10년을 생각했다가 대법원 판결났으니 10년은 안 걸리겠지. 반은 줄었어. 예를 들어 이런 식으로 생각하는 사람도 있을 거라고. 우리 조급한 거 쟤네가 알 거야. 조급할수록 밀려. 어설프게 타협하려 시작한 게 아니잖아. 지금 우리가 선례를 만들고 있는데 우리는 대법원 판결까지 났으니까 이 정도까지 가고 있는데 나머지 영남대병원 박문진 동지 고공농성이나 삼성해고자 김용희 동지 강남역 네거리 고공농성에 비하면 우린 너무나 좋은 조건에서 투쟁하고 있습니다." (이애진 조합원)

노동자들이 적응하는 만큼 도로공사도 경찰도 적응했다. 저들도 버티면 이긴다고 생각했다. 도로공사는 아무 입장 없이 시간을 보냈다. 이강래 사장이 있는 20층에서 조합원들이 있는 2층까지 엘리베이터로 10초 걸릴까? 맘만 먹으면 언제든 대화하고 교섭할 수 있었지만 이강래 사장은 얼굴 한 번 비추지 않았고 교섭의 '교'자도 꺼내지 않았다. 경찰도 될 수 있는 한 충돌을 피하려 했다. 조합원들은 경찰과 충돌하지 않아도 다치고 아팠다. 한 조합원은 허리 디스크가 파열되어 병원에 실려 갔다. 차가운 대리석 바닥에 깔판 하나 깔고 자야 했으니 무리가 오는 건 당연했다. 마음을 다치는 일도 많았다. 아픔을 겪으며 자신을 돌아보고 또 앞으로 나아갔다.

우리가 옳다!

"농성장 바깥에서 텐트를 치고 생활하며 농성을 지원했던 조합원들은 매일 아침 정문 앞에서 선전전을 진행했습니다. 10월 중순 어느 날, 출근하는 한 정규직 직원이 조복자 조합원에게 귓속말로 '시험 보고 들어와'라고 얘기를 합니다. 조복자 조합원은 다시 그 정규직 직원에게 귓속말로 얘기합니다. '그럼 너희는 수납원일 할 수 있어?' 저는 그 얘기를 전해 듣고 스스로 뉘우치게 되더군요. 노동은 평등하구나. 공부 잘하고 시험 잘 봐 정규직 되는 분들도 대단하지요. 하지만 남들이 하기 싫은 일들, 꺼리는 일들을 하는 것도 대단한 거란 걸 새삼 느끼게 되더군요. 세상의 잣대에 제 생각이 길들여진 것이죠. 노동자는 평등한 겁니다." (김승환 조합원)

농성장 안과 밖의 갈등도 커졌다. 농성장 안에서 논의를 해 결정사항을 밖으로 전달하면, 밖에서는 소외감을 느꼈다. 함께 논의해서 결정한 것도 아닌데 무조건 따라야 하는지. 바깥 조건을 생각하지도 않고. 반대로 안에서는 '우리는 이렇게 갇혀 있다시피 힘들게 버티고 있는데 왜 바깥에 있는 조합원들은 안 들어 오냐'고 생각했다. 소통이 잘되지 않았다. 사실 경찰을 뚫고 안으로 들어갈 기회가 아주 많지도 않았다. 갈등과 오해에 지친 조합원들은 하나둘 떠나갔다.

김천 점거 농성은 고립되어 가고 있었다. 언론의 관심도 식었다. 연대도 주춤했다. 한 조합원은 문을 하나씩 부수고 20층까지 올라가면 어떻겠냐고 얘기했다. 답답하니 하는 소리라면서도 표정엔 정말 그러고 싶은 마음이 담겨 있었다. 투쟁 지도부는 김천에서 농성만 계속하고 있을지 고민해야 했다. 9월 말부터 시작된 고민이었는데 이젠 결론을 내릴 필요가 있었다.

제가 여러분에게 직접적인 피해를 준 적이 있습니까?

2019년 10월 17일 이강래 사장은 화성연수원에서 진행되고 있던 대법원 승소자 교육에서 이렇게 말했다.

"도로공사 사장이라고 해서 제 맘대로 할 수 있었겠습니까? 그렇지 않습니다. 도로공사는 공공기관이고 정부 투자기관입니다. 도로공사의 사장은 국토부의 지시나 방침을 벗어나서 결정할 수 없습니다. 우리나라의 모든 공공기관은 공공기관 운영에 관한 법률에 의해서 모든 공공기관을 지휘 감독 통제하는 부서는 기획재정부, 비정규직의 정규직 전환을 관장하는 부서는 노동부. 제가 중요한 결정을 하는데 있어서 1차적으로 국토부, 두 번째 기획재정부와 협의하고 비정규직 정규직 전환 관련해서는 고용노동부에서 협의합니다. 이 문제가 크게 쟁점이 되어 지난 6월부터는 청와대에서 중요한 국정 현안으로 설정을 해서 청와대 시민사회수석실의 중요 업무가 되었습니다.

시민사회수석실의 주요 업무가 되었다는 말의 의미는 누가 결정한다는 뜻인가, 대통령이 결정한다는 뜻입니다. 솔직히 이 문제에 대해 제가 여러분들에게 직접적인 피해를 준 적이 있습니까? 도로공사 사장 하다 보니 그렇지 개인 이강래가 피해를 준 적이 있습니까, 없습니까? 그리고 정치를 하다가 온 사람이기 때문에 어떻게 하면 어려운 분들을 위해 제가 할 수 있는 최대한도로 도와드리겠다는 생각입니다."

박순향 부지부장은 손을 들어 항의했다.

우리가 옳다!

"1,500명 해고한 유일한 사장으로 역사에 길이길이 남을 것입니다. 지금이라도 해결할 의지가 있다면 김천에 가서 로비에 있는 미래의 직원들에게 사과하고 대화해야 하지 않습니까? 본사에 근무하고 있는 사람들만 직원입니까?"

이강래 사장은 김천 갈 생각이 없고, 지금 가서 될 일이 아니라고 했다. 이강래 사장은 자신이 결국 바지사장임을 실토한 셈이다. 정부 지시대로 움직일 수밖에 없다고 얘기했다. 시민사회수석실의 업무가 되었다면서 대통령이 결정한다는 얘기까지 내비쳤다. 노동자들은 알고 있었다. 그래서 "자회사는 가짜 정규직, 정부가 책임져라!"라고 목이 쉬도록 외쳐 오지 않았던가. 그래도 이강래 사장이 저렇게 자세하게 고백할 줄은 몰랐다.

1,500명을 해고하고도 '여러분들에게 직접적인 피해를 준 적이 있습니까?'라니 거의 소시오패스 수준 아닌가. 그것뿐인가? 도로공사는 대법 승소자들을 집에서 먼 거리로 배치했다. 집은 안산인데 대관령으로 발령을 내는 식이었다.

"발령받기 전에 도로공사 인사 담당자에게 집에 혼자 계시는 어머니를 모셔야 하는 상황을 설명했지만, 사정이 반영되지 않았어요. 남편은 건설업에 종사해 지금은 전라도에서 일하고 있는데 저까지 강원도로 가면 잘 걷지도 못하시는 어머니 혼자 계시다 무슨 일이 닥치는 상황이 제일 걱정이에요." (서순분 조합원)

발령 배치된 전체 수납원 380명(투쟁에 참여하고 있는 대법원 승소자

304명과 고용단절자 중 대법 승소자 더한 인원)중 다른 지역 인원은 200명으로 53%를 차지했다. 이 중 한국노총·무노조 수납원(329명)은 다른 지역 배치율이 48%(157명)다. 하지만 민주노총 소속 수납원은 전체 51명 중 43명인 84%가 다른 지역으로 배치됐다. 숙소도 마련해 주지 않고 컨테이너 혹은 지사 대기실에서 생활하라고 했다. 또한, 승소자들에게 별도의 임금 체계를 설정하고, 근무경력을 2년 지난 시점부터 1호봉씩만 가산하겠다고 했다. 이래서 받는 피해는 피해가 아닌가? 정부와 도로공사가 직접고용을 회피하기 위해 자회사를 만들지 않았다면 입지 않았을 피해가 아닌가?

또 피해 본 노동자들이 있었다. 도로공사는 요금수납원들을 '현장지원직'이라는 별도 직군에 배치한 후 졸음쉼터 청소, 화장실 청소, 도로 청소, 녹지 관리를 시켰다. 원래 졸음쉼터에서 일하는 노동자들은 어떻게 되는가? 기존에는 도로공사가 용역업체와 계약했고 그 용역업체 노동자 한 명이 8개 쉼터를 청소했다. 그런데 이제 직접고용이 된 요금수납원들이 졸음쉼터를 청소한다. 쉼터마다 한 명씩 배치한다. 주말에만 용역업체 노동자들이 졸음쉼터를 청소한다. 그만큼 그들의 일이 줄어들지 않았을까? 기자들이 도로공사에 물었지만, 도로공사는 정확한 대답을 회피했다. 용역업체는 분명 인원을 줄였을 것이다. 해고되는 노동자들이 생기지 않았을 리 없다. 노동자들이 피해를 본 게 아니면 무엇인가?

톨게이트 노동자들이 이 문제를 쟁점으로 만들지는 못했다. 졸음쉼터에 누가 어떻게 일하고 있었는지를 알고 있는 노동자들이 거의 없었다. 평소에 접촉이 없었다. 몰랐더라도 저들이 졸음쉼터나 화장실 청소를 시킨다고 오래전부터 공언했던 만큼 더 알아봐야 했다. 하지만 처음 투쟁에 나선 노동자들은 그 문제까지 살피진 못했다.

우리가 옳다!

도로공사는 지독하게 자회사를 사랑했다. 직접고용으로 들어온 노동자들에게 계속 자회사 가겠냐고 묻고 또 물었다.

"관리차장입니다. 본사 전달사항입니다. 본사에서 현장지원직 1차 발령자 대상으로 자회사 전환 의사 여부 파악 요청이 왔습니다. 자회사 전환 의사가 있으신 분은 자회사 전환 희망으로, 전환 의사가 없으신 분은 전환 의사 없음으로 회신해주시기 바랍니다. 감사합니다."

11월에 도로공사가 보낸 문자다. 도로공사는 기간제로 일하는 톨게이트노조 조합원에게도 자회사 보내 주겠다고 계속 회유했다. 그래서 자회사 가겠다고 하면 자회사 영업소노조의 반대해 안 된다고 했다. 2020년 2월, 1차 투쟁이 마무리 된 이후에도 자회사 갈 사람을 다시 조사했다. 개인 사정 때문에 자회사를 선택한 분들도 있었다. 그런데 이번에도 다시 직접 전화해서 자회사 영업소노조 반대로 못 가게 되었다고, 직접고용 가야 한다고 했다. 사람들에게 상처만 줬다.

노동자들은 낯설고 힘든 일을 하다가 다쳤다. 충북 보은지사에 배치받아 청소 업무를 하던 노동자가 낫으로 풀을 베다가 손을 베이기도 했다. 광주영업소로 배치받은 한 노동자는 고속도로 주변의 경사진 비탈길에서 제초작업을 하다 넘어지면서 다리를 다쳤다. 산에 가서 돌을 깨고 나르기도 했다.

5.

끈질긴 투쟁,
하지만 뼈아픈 후퇴

김천인가, 서울인가?

"점거 농성은 톨게이트 투쟁의 상징입니다. 끊임없는 연대를 만들어 왔습니다. 이 농성만큼 사람들의 관심을 받은 투쟁이 어디 있었습니까? 서울에서의 투쟁은 민주노총과 대책위가 맡아야 합니다."

"점거 농성이 사회의 관심과 민주노총의 연대를 이끌어 낸 건 분명합니다. 하지만 고립되고 있습니다. 과연 점거 농성만으로 승리할 수 있습니까? 민주노총과 대책위는 한계가 많습니다. 우리가 직접 발로 뛰어야 연대를 확산시킬 수 있습니다."

"농성하는 노동자들을 서울로 빼면 다시 모이기가 힙듭니다. 이탈하는 조합원들이 많을 수 있습니다. 아픈 사람도 많습니다. 서울 투쟁은 부담이 될 수 있습니다. 조직의 힘을 유지하는 게 더 중요합니다. 그래야 긴 싸움을 할 수 있습니다. 조직의 힘이 무너지면 앞으로 나올 승소 판결도 활용하기 어렵습니다."

"조합원 힘 못 믿고 무슨 투쟁을 할 수 있습니까? 여러 가지 어려움 때문에 서울에 오지 못하는 조합원들이 있을 수 있습니다. 그러면 그 동지들에게 맞는 역할을 맡기면 됩니다. 본사 농성만 한다고 지쳐 있는 조합원들이 떨어져 나가지 않는단 말입니까?"

"어떻게 시작한 농성입니까? 제 발로 나갈 순 없습니다. 여기서 끝을 봐야 합니다. 아무 성과도 없이 그냥 나가면 조합원들이 패배감을 가질 수 있습니다. 김천과 서울 2개의 거점을 유지하는 것도 힘듭니다. 힘을 집중해야 한다면 김천 농성을 유지하는 게 낫습니다. 무조건 서울로 옮긴다고 대책이 있는 게 아닙니다."

"이강래를 넘어 민주당과 정부의 책임을 물어야 합니다. 김천 농성이 정부를 얼마나 압박하고 있습니까? 객관적으로 봅시다. 우리가 여기에만 있으면 정부는 편합니다. 도로공사도 초반과 달리 큰 부담을 느끼지 않습니다. 김천 농성만으로 안 됩니다. 2개의 거점을 유지하는 게 어렵다면 과감하게 결단해서 서울로 집중하는 게 맞습니다."

이런 논쟁이 위로부터 불거졌다. 조합원이 많이 줄었다. 180~200명 선을 유지하다가 150여 명 정도로 줄었다. 조합원들은 실업급여를 받기 위한 구직 활동 때문에 나갔다 다시 들어와야 했는데 나가야 하는 시기가 많이 겹쳤다. 그럴 땐 사람이 더 없었다. 너무 아파서 치료를 받고 와야 하는 조합원들도 늘고 있었다. 공공연대노조 조합원 30여 명이 한국노총 톨게이트노조에 가입했다. 임시직으로 일하면서 이후 판결을 기다리는 쪽을 선택했다.

10월 중순부터 경찰은 조합원들이 건물 오른쪽 창문 쪽으로 들어갔다 나온다는 걸 알면서도 시비를 걸지 않았다. 적극적으로 막아 투쟁 흐름을 살려 주느니 아예 놔두는 편이 톨게이트 투쟁을 더 고립시킬 수 있다는 판단이었을 것이다.

조합원들이나 간부들 모두 연대하러 온 노동자들에게 안에서 힘껏 싸울 수 있도록 바깥에서 힘을 달라고 했다. 그런데 그 힘이 무엇일까? 집회 참여, 지지 방문, 투쟁 물품 후원, 투쟁기금 지원 모두 톨게이트 노동자에게 큰 힘이 되었다. 조합원들은 고마워했고 어떻게든 보답하려 했다. 그런데 사실 승리를 위해선 그 이상의 강한 힘이 필요했다. 간부 중심의 집회 참여에 만족하지 말고 조합원들에게 이 투쟁을 알려 조합원들이 참여할 수 있게 만드는 일, 그래서 매번 많아야 1,000명을 넘지 않는 연대의 규모를 획기적으로 늘리는 일, 자신의 투쟁과 톨게이트 투쟁을 어떻게든 연결해 더 배가된 힘으로 정부를 압박하는 일, 그래서 다시 민주노총의 강력한 연대를 끌어내는 일. 그러나 그런 연대를 조직하는 흐름은 너무 부족했다.

톨게이트 노동자들은 한 달 넘게 할 수 있는 일을 다하고 있었다. 톨게이트 노동자들이 온몸을 던져 경찰을 물러나게 만들고, 결연한 의지로 계속 버텨 낸 것처럼 밖에서도 그런 투쟁이 조직됐다면 서울 투쟁을 고민해야 할 이유가 크게 없었을 수 있다. 하지만 밖에서의 투쟁은 지지부진했다. 민주노총의 주말 연대 집회는 참여하는 조합원 숫자가 매번 비슷했다. 체면치레 수준을 넘지 못했다. 대책위는 10월 5일 희망버스 이후에 이렇다 할 힘을 쓰지 못했다. 톨게이트 노동자들이 움직여야만, 목마른 사람이 우물을 계속 파야만 돌파구가 열릴 수 있었다.

투쟁 거점을 옮길 것인가, 옮기지 말 것인가 이전에 우선 어떤 투쟁을 해야 할지 논의를 해야 했다. 전망을 그려야 했다. 그게 논의의 초점이 되어야 했다. 예를 든다면 이런 계획이었다.

\<전국 순회 투쟁\>
- 간접고용 특히 자회사 투쟁 전개하는 사업장 순회
* 자회사 투쟁 중인 곳: 부산대병원, 서울대분당병원 등 국립대병원, 발전소 비정규직, 철도 자회사, 방송회관, 마사회
* 간접고용 투쟁 사업장: 현대차/기아차 비정규직, 현대모비스/위아 비정규직, 현중/대조 사내하청
- 장기 투쟁 사업장: 영남대병원, 일진다이아몬드 등

\<간접고용 공동 투쟁\>
- 비정규직 이제 그만 단위 또는 대책위 등과 논의하여 기자회견, 증언대, 토론회 등 전개

우리가 옳다!

* 자회사 이제 그만 토론회, 자회사 실상 폭로 증언대회

<정부, 국회, 검찰 투쟁>
- 국회 상대 쟁점화: 기자회견, 국회 국토교통위원회/환경노동위원회 면담 투쟁
- 노동부 상대 투쟁 "1,500명 전원 불법파견이다 즉각 시정 명령 내려라"
- 검찰 상대 투쟁 "불법파견 범죄자 이강래 구속이 검찰 개혁 출발"

<하반기 총파업/총력 투쟁과 연계>
- 노조법 2조 개정! ILO 협약 비준! 비정규단위 합동 기자회견
* ILO가 수차례 한국 정부에 한 권고에 따르면 원청이 사용자로서 비정규노조의 교섭요구에
  응답해야 함. "이강래가 직접 나와!"
* 아울러 민주노총의 노조법 2조 개정[1] 요구(1호 개정하면 특고 노동기본권, 2호 개정하면 간
  접고용 원청 책임)를 쟁점으로 만드는 것

<민주당 국회의원 지역구 사무실 농성>
* 민주당의 책임을 묻고 사태 해결 촉구

---

1 노조법 2조 개정 요구
제2조(정의) 이 법에서 사용하는 용어의 정의는 다음과 같다.
1항. '근로자'라 함은 직업의 종류를 불문하고 임금·급료 기타 이에 준하는 수입에 의하여 생활하는 자를 말한다.
<개정 요구> 1항. '근로자'라 함은 직업의 종류를 불문하고 임금, 급료 기타 이에 준하는 수입에 의하여 생활하는
자를 말한다. 다만, 근로계약을 체결하지 않은 자라 하더라도 다음 각 목의 1에 해당하는 자는 근로자로 본다.
가. 자신이 아닌 다른 사업주의 업무를 위하여 노무를 제공하고 그 사업주 또는 노무수령자로부터 대가를 받아
생활하는 자
나. 실업 상태에 있거나 구직 중인 자
다. 기타 노무를 제공하는 자로서 이 법에 따른 보호의 필요성이 있는 자 중 대통령령으로 정하는 자
2항. 사용자'라 함은 사업주, 사업의 경영담당자 또는 그 사업의 근로자에 관한 사항에 대하여 사업주를 위하여
행동하는 자를 말한다.
<개정 요구> 2항 '사용자'라 함은 사업주, 사업의 경영담당자 또는 그 사업의 근로자에 관한 사항에 대하여 사
업주를 위하여 행동하는 자를 말한다. 근로계약 체결의 형식적 당사자가 아니더라도 당해 노동조합의 상대방
으로서의 지위를 인정할 수 있거나 근로자의 근로 조건에 대하여 실질적인 지배력 또는 영향력이 있는 자도 사
용자로 본다.

아울러 서울 사대문 안과 수도권 어디에서건 집회 또는 기자회견을
열고 거리행진을 계속한다면 총선 전쟁에 들어가야 하는 정부와 민주당 입
장은 매우 부담스러울 것이다. 노동자 시민들이 모여 있는 공간에서 정부

의 노동탄압과 톨게이트 투쟁을 알리면 마찬가지로 부담스러울 분명했다. 국회의원 선거가 4년에 한 번 돌아오기 때문에 그 어느 때보다 유용한 투쟁 방법일 수 있었다.

이런 투쟁을 다 하기는 당연히 어렵다. 하지만 설계도면 없이 집을 지을 순 없는 노릇이다. 그런데 그런 큰 틀의 논의가 부족하다 보니 자꾸 옮기느냐 마느냐만을 갖고 설왕설래가 이어졌다. 이 논쟁은 12월까지 계속됐다. 12월에는 김천과 서울의 날카로운 대립으로 발전하기도 했다.

10월 28일 JTBC는 이강래 사장의 가족회사인 인스코비가 도로공사의 스마트 LED등에 들어가는 핵심 부품인 PLC칩을 사실상 독점적으로 납품하며 폭리를 취해 왔다고 보도했다. 인스코비의 최대주주인 밀레니엄홀딩스의 대표이사는 이강래 사장의 둘째 동생이다. 이사장의 셋째 동생은

서울에서 열린 톨게이트 투쟁 승리 촛불 문화제

우리가 옳다!

인스코비의 사내이사다. 이 사장의 부인은 인스코비의 바이오 자회사 인스바이오팜의 주주다.

이강래 사장은 동생 회사의 도공 납품을 몰랐다고 했다. 인스코비라는 회사를 알고 있고, 자신의 아내가 그 관계사의 주식을 보유하고 있는데도 납품 사실을 몰랐다고 해명했다. 도로공사는 부품업체까지 자신들이 알 수 없다고 했는데, 핵심 부품인 PLC칩 제조사가 3개밖에 안 되는데 어떤 회사 칩을 사용하고 있는지 모른다는 건 쉽게 납득할 수 없는 일이다.

여론이 들끓었으나 청와대는 침묵했다. 민주일반연맹이 이강래 사장을 배임죄로 고소했는데 검찰은 시간을 끌더니 김천과 서울에서의 농성을 끝낸 2020년 1월 31일 이강래 사장 고소 건에 대해 불기소 처분을 내렸다. 불기소 처분 내린 타이밍이 기막히다. 검찰은 불기소 이유도 밝히지 않았다.

지도부는 일단 반쯤 빼서 서울 투쟁을 시작하기로 했다. 11월 7일 톨게이트 노동자들은 일산과 세종에 있는 국토교통부 김현미 장관(민주당 국회의원 겸직)과 민주당 이해찬 원내대표의 지역구 사무실 점거 농성을 시작했다. 그리고 광화문 세종로공원에 천막 4동을 치고 농성을 시작했다.

김천 농성장에서 나오기 전 조합원들의 맘은 복잡했다. 여길 과연 나가야 하나? 정말 힘들게 싸웠는데 여기서 끝을 못 보는구나. 나가기도 전에 눈시울이 붉거졌다. 동료들과 헤어진다는 게 마음 아팠다. 서울 투쟁은 또 얼마나 해야 할지, 얼마나 힘들지, 언제 승리할 수 있을지 예측할 수 없었다. 그래도 열심히 따르기로 했다. 뭐든 해 봐야 아니까.

걱정과 달리 서울 투쟁을 맡은 조합원들은 중간에 빠지지 않고 올라왔다. 돌파구를 마련해야 한다는 지도부의 뜻을 다 헤아리고 있었다. 김현미 장관 사무실에서 농성을 시작하니 도로공사가 반응했다. 관리자들이 와서 김현미 장관 사무실은 빼 주면 안 되겠냐고 얘기했다. 김현미는 국토교통부 장관이기도 했고 그때는 국무총리 후보로도 거론됐다. 노동자들은 우리한테 빼 달라고 하지 말고 광화문에 있는 지도부에게 얘기하라고 했다.

김현미 장관은 국회에서 도로공사가 노사 합의로 자회사를 설립했다는 새빨간 거짓말을 했다. 왜 그랬을까? 톨게이트 노동자 1,500명이 집단 해고 됐는데도 도로공사 주무부서 장관인 김현미 장관이 뒷짐 지고 있는 이유도 친분 때문이라는 분석이 있었다.

"이강래 도로공사 사장이 김현미 장관보다 먼저 국회에 입성한 3선 (16~18대)의 국회의원이자, 전북지역(이강래 남원, 김현미 정읍) 선배기 때문에 눈치를 보고 있다는 시각이 많다."

(이강래 도공 사장의 폭주, 구경만 하는 김현미·노영민,《한겨레》, 2019년 9월 18일)

꽉 막힌 본사 로비를 벗어나 맘껏 신선한 공기를 마실 수 있어 너무 좋았다. 그렇다고 막 티낼 순 없었다. 김천에 있는 동료들이 생각났기 때문이다. 새로운 생활에 적응부터 해야 했다. 가을의 뒤와 겨울의 앞이 만나는 11월, 겨울의 기세가 더 셌고 밤엔 김천보다 더 추웠다. 급하게 농성장을 꾸미고 침낭이 얼마나 있나 점검하고 어디서 잘지 사람들을 나누고 내일 계획을 짰다. 천막에서 다 잘 수 없으니 천막에서 잘 사람은 자고 나머지 사람들은 무리지어 찜질방으로, 민주일반연맹 사무실로 갔다. 그래도 한여름에 했던 아스팔트 노숙은 아니네, 하고 조합원들은 웃으며 헤어졌다.

우리가 옳다!

여성 노동자와 남성 노동자

"남성 조합원 대부분 장애인이죠. 서울, 경기나 경상도 등 통행량이 많은 곳은 장애인들을 많이 안 쓰는데 전라도는 대부분 교통량이 적으니까 중증 장애인들도 있고. 여성 장애인만 뽑다 보니까 인원이 부족해 남성 장애인 쓰기 시작했고. 아시다시피 장애수당 타 먹으려고 뽑잖아요. 그런 목적에도 부합이 되는데, 흙 같은 거 나르는 일 꾸준히 하다 보니 남성 장애인 계속 쓰더라고요. 농성장에서도 함께 지내는 거 불편함 없어요. 익숙하죠. 우리 영업소에서도 여성 노동자가 많고 남성 노동자는 적었는데 잘 어울린 편이에요. 빨래는 좀 불편했는데 여성 조합원들이 다 널다 보니까 널 만한 데도 없고. 환기가 안 되어 마르지도 않고. 처음엔 여기서 빨다가 바깥 조합원들에게 맡겨 빨래방 보내고 있어요. 이런 불편함은 불편함도 아니라고 **봐야죠.**" (진정일 지회장)

싸움의 현장에서 여성 노동자와 남성 노동자의 차별은 볼 수 없었다. 누구나 자기 몫을 다하려 했고 서로를 배려했다. 남성 조합원 몇 명이 광화문 농성장을 항상 지켰다. 발전기 돌리고 청소하고 천막 보수하고 잡다한 일을 다 했다. 이중현 조합원은 평생 안고 가야 하는 손목 통증이 있었는데 온종일 깃발 들고 행진을 했다. 다리가 불편하거나 척추에 철심이 박혀 있는 남성 조합원들은 오체투지를 못해 속으로 미안해했는데 여성 조합원들은 그 마음을 다 알고 있었다.

"모든 남성 동지가 열심히 했지만, 특히 윤서구, 문한수 동지는 수많은 집회와 문화제에서 사회를 봤을 뿐 아니라 궂은일을 도맡았습니다. 눈부신 열정이었습니다."

"본사 점거 때도 그들의 빛나는 헌신은 소리 없이 계속됐습니다. 모두가 잠에서 깨지 않는 이른 새벽 넓은 곳을 혼자 도맡아 청소하는 노동자가 있었습니다. 나이도 제일 연장자입니다. 아침을 먹은 후에는 위층을 또 혼자 청소했습니다. 땀이 이마에 송글송글 맺혀 있었습니다. 두삼균 조합원입니다."

"몸치들이 율동할 때는 모두 웃음보가 터졌습니다. 율동 잘하는 여성 동지들이 율동할 때보다 더 즐거운 시간이었습니다. 우리 모두 힘든 시기를 버틸 수 있는 큰 힘이었습니다. 율동을 잘 못하는 남성 조합원들은 빠지고 싶었을 텐데 개의치 않고 함께해서 좋았습니다."

전체 조합원에서 남성 조합원이 차지하는 비율은 약 20% 정도였다. 숫자와 관계없이 여성 조합원과 남성 조합원은 똘똘 뭉쳤다. 투쟁의 현장에서 뭉치는 것도 중요하지만 일상에서의 삶도 그 못지않게 중요하다. 아니 더 중요하다.

그동안 여성 노동자들은 성희롱, 성폭력뿐만 아니라 여러 가지 차별을 겪었다. 어떤 영업소에는 야근수당과 연차수당을 달리 주는 임금 차별이 있었고 어떤 영업소에는 성별 차이에 따라 일을 불공정하게 분배하는 직무 차별이 있었다. 어떤 영업소에서는 장애인에게 임금을 덜 주는 차별이 있었다. 많은 영업소에서 여성 노동자에게 관리자의 갑질이 집중되었다. 성희롱, 성폭력은 다반사였다.

그전에 노동자들은 뭉칠 수 없었기 때문에 알고도 싸우기 어려웠다.

우리가 옳다!

이제 달라져야 한다. 여성 노동자의 권리가 빼앗기고 있다는 점을 분명히 인식해야 하며, 임금, 승진, 노동 조건에 대한 그 어떠한 차별도 노동조합으로 뭉쳐 함께 대응해야 한다. 투쟁 과정에서 어떤 게 차별이며, 어떻게 싸워야 하는지를 더 많이 토론했더라면, 지난날을 세심하게 돌아보며 앞으로의 방향을 세웠더라면 더 좋았을 것이다. 남녀 차별의 문제는 단지 여성만의 문제가 아니라 자본이 노동자를 분열시켜 모든 노동자를 더 강하게 쥐어짜려는 대표적 수단 아닌가?

한 달 동안 네 번이나

톨게이트 노동자들은 11월 5일부터 3박 4일 동안 투쟁하는 노동자들을 만나러 다녔다. 시민대책위와 '비정규직 이제 그만 공동투쟁'이 함께 움직였다. 톨게이트 조합원 여덟 명과 비정규직 노동자, 시민대책위 활동가 등 30여 명이 참여했다. 아사히 비정규직지회, 경산택시, 대우조선, 한국지엠 창원공장, 현대중공업, 울산과학대, 현대자동차, 한국가스공사, 영남대의료원을 차례로 방문했다. 중간에 민주당 김부겸 국회의원 사무실 항의방문을 진행했다. 가는 곳마다 지역과 현장의 노동자들이 따뜻하게 맞이해 줬다.

특히 이 순회투쟁에는 한국노총 톨게이트노조를 탈퇴하고 민주연합노조 톨게이트지부에 가입한 조합원들도 참여했는데 그들의 생생한 경험담은 다른 노동자들에게 한국노총과 민주노총의 차이를 알게 해 줬고 민주노조가 가야 할 길을 다시 한 번 생각하게 했다. 톨게이트 조합원들도 다른 노동자들이 얼마나 힘들게 싸우고 있는지를 배우며 비정규직 투쟁의 의미를 되새겼다.

"저희가 방문한 어느 현장 할 것 없이 한 곳도 가슴 아프지 않은 곳이 없었지만, 특히 한 달에 27일, 28일을 근무하고도 최저임금에 미달하는 금액으로 팍팍하게 살아가야 하는 대림택시 노조 동지들을 보며 가슴이 아렸고, 열악하고 위험한 환경에서 일하다가 다치거나 죽어도 모든 책임을 노동자의 부주의로 돌리면서 사장 놈들한테 내려지는 처벌이라고는 고작 벌금 30만 원으로 면책시키고 다친 노동자를 트럭에 태우고 병원으로 후송한다는 대우조선 하청 노동자 동지들을 보며 입이 있되, 할 말을 잃었습니다.

그리고 13년 동안 갖은 고초 다 겪으며 복직 투쟁하시는 평균 연령 예순여섯 살의 울산과학대학교 청소노조 동지들을 보면서 겨우 3개월 싸우고 힘들다고 회사의 회유에 맥없이 나가떨어져 나간 수납원 동지들을 생각하며 부끄러운 마음마저 들었습니다.

이 몹쓸 놈의 비정규직이 어떻게 탄생했습니까? 22년 전 무능한 위정자들의 잘못으로 무리하게 OECD에 가입했다가 국가를 부도 직전까지 몰고 갔었고, 위기 극복을 핑계 삼아 고통 분담을 요구하면서 노동자들의 고

11월 8일 연행 직전

우리가 옳다!

혈을 짜냈던 거 아니겠습니까?

위기를 졸업했으면 시스템을 정상으로 돌려놔야 하는데, 기업들에 산업용 전기료 공짜 수준으로 지급, 법인세 할인 등 각종 특혜를 베풀어 배를 불려 주고, 대한민국 전체 노동자의 절반가량을 비정규직으로 내몰아 사회를 튼튼하게 지탱해 주는 중산층이 무너지고, 가진 자들은 배 터져 죽고, 서민들은 배고파 죽는 세상을 만들어 놓았습니다."

(윤주영 조합원 11월8일 투쟁 문화제 발언 일부, 톨게이트 노동자 투쟁승리와 노동개악 저지를 위한 투쟁사업장 3박4일 순회투쟁 기행문,《참세상》, 기록 노동자 시야)

11월 8일 노동자들은 여름에 농성했던 그곳, 효자동 치안센터 앞에 모여 집회를 열고 청와대 면담을 요구했다. 여름에 외쳤던 걸 똑같이 외쳤다. 달라진 게 없었기 때문이다.

"1,500명 집단해고 청와대가 책임져라. 정부가 공공부문 비정규직 제로 얘기하지 하지 않았느냐. 그런데 그 약속 어디로 갔느냐. 공기업인 도로공사는 1,500명을 해고했다. 문재인 정부가 대답해야 하지 않느냐. 책임져야 하지 않느냐. 면담이라도 하자."

경찰은 인도까지 막았다. 노동자들은 집요하게 틈을 찾았다. 경찰차와 펜스 사이를 좁은 공간을 뚫고 들어갔다. 옆 골목까지 들어가게 됐다. 한 경찰이 도명화 지부장을 냅다 밀어 넘어뜨렸다. 노동자들은 경찰의 사과를 요구하며 앉았다. 갑자기 경찰들이 연행을 시작했다. 11명을 잡아갔다. 나중에 민주일반연맹 강동화 사무처장 포함 두 명을 추가로 연행했다. 강동화 사무처장에게는 구속영장이 청구되었는데 기각되어 3일 만에 풀려났다.

이날 김천에서 투쟁 문화제가 열렸다. 이튿날은 '전태일 열사 정신계승 노동자대회'였다. 연행 소식은 곳곳으로 퍼졌다. 톨게이트 노동자들의 끈질긴 투쟁이 다시 한 번 전국의 노동자에게 알려졌다. 도명화 지부장이 수만 명이 모인 전국노동자대회의 무대에 올랐다.

"이강래 사장은 권한 없는 바지사장이라 했습니다. 그래서 저희는 국토교통부 장관 김현미와 민주당 이해찬 사무실을 찾아가 농성을 시작했습니다. 물어보고 싶었습니다. 과연 이 대한민국에선 말도 안 되는 해고를 당하고 잘못된 일을 돌려놓는 걸 이렇게 목숨 걸고 해야 하는지. 이제는 대답을 기다리지 않겠습니다. 저희가 찾아가겠습니다. 매일이 전쟁입니다. 어제는 소중한 동지 13명이 연행되었습니다. 문재인 대통령 만나러 가는 길이 이렇게 멀고 험난한지 몰랐습니다. 이제는 진짜 청와대가 이 사태 해결해야 합니다. 하루라도 빨리 김천 본사에 두고 온 우리 동지들 만나고 싶습

전태일 열사 정신계승 전국노동자대회

우리가 옳다!

니다. 우리가 더 열심히 싸우겠습니다. 제대로 된 승리로 마무리하고 싶습니다. 민주노총이 함께하여 외롭지 않은 투쟁이 되게 해 주십시오. 민주노총 조합원의 자부심을 지키도록 해 주십시오. 감사합니다."

15일엔 도명화 지부장, 노동해방투쟁연대(준) 이청우 활동가 포함 네 명이 연행되었고 25일엔 김승화 조합원, 민주연합노조 김동환 조직국장, 필자 포함 네 명이 연행됐다. 필자는 8일, 25일 두 번 연행되어 구속영장이 청구되었는데 기각됐다. 12월 2일엔 11월 25일 연행된 적이 있던 인천지역일반노조 김종수 사무국장이 또 연행됐다 풀려났다.

자유한국당 황교안 대표가 청와대 앞에서 단식하자 문재인 대통령은 "집 앞에 온 손님이니 찾아봬라"라고 하며 강기정 정무수석을 보냈다. 황교안 대표의 단식농성장인 청와대 분수대 앞에서 지지자 수백 명이 집회해도 경찰은 수수방관했다. 톨게이트 노동자들에겐 달랐다. 면담하러 가겠다는데도 막고 한 달 동안 네 번이나 노동자들을 연행했다. 박근혜 정부 때의 경

연행되고 있는 도명화 지부장

찰과 뭐가 다른가.

정부는 계속 무시했다. 문재인 대통령은 11월 19일 MBC 상암동 사옥에서 '2019년 국민과의 대화'를 생방송으로 개최했다. 많은 톨게이트 노동자가 참가를 요청했지만 단 한 명도 초대받지 못했다. 조합원들은 찬바람이 몰아쳤던 19일 저녁 MBC 상암동 사옥 앞 광장에서 대통령 면담과 사태 해결을 요구하는 기자회견을 열었다.

김천 조합원들의 고민

조합원들은 몸을 사리지 않았다. 물론 7월의 기세는 아니었다. 그때는 민주노총 조합원만 300여 명이 훨씬 넘었는데 11월에는 100여 명 안팎이었다. 그래도 최선을 다해 싸워야 한다는 생각은 분명했다.

"첫날 11명 연행되고 또 강동화 사무처장이 연행되었을 때 끝까지 싸우려 했습니다. 저녁 늦게까지 싸웠는데 조합원들 마음이 다 잡혀가자, 한번 끝까지 해 보자, 그런 마음이었습니다. 그런데 연맹에서 대오를 뺐습니다. 그때 상당히 실망했습니다. 이렇게 해서 되겠나. 도명화 지부장 연행되었을 때도 비슷했습니다." (서경숙 조합원)

난생처음 유치장 신세를 진 조합원들은 뭐부터 해야 할지 몰랐다. 유치장 들어가기 전까지는 스마트폰을 쓸 수 있다. 동료들과 가족에게 계속 연락하며 걱정하지 말라고 했다. 사실 본인들의 걱정이 더 컸다. 가족들이 걱정할 걸 걱정했고 '빨간 줄'이 그어져 나중에 문제 생기지 않을까 걱정했

우리가 옳다!

다. 유치장이 너무 더러울까 걱정했다. 그래도 후회하지 않았다. 시간이 지날수록 당당해졌다. 조사받기 전 노동자들은 이렇게 얘기했다.

"우리가 너무 오래 김천에서 있었습니다. 좀 일찍 일부라도 나와서 이렇게 싸웠어야 했는데 좀 아쉽습니다. 내년 6월이 정년인데 후회하지는 않습니다. 정말 많은 경험을 했고. 유치장도 경험입니다. 노동자들이 싸우지 않으면 아무것도 얻지 못한다는 걸 이제 알았습니다. 함께 살아간다는 건 너무나 힘듭니다. 그래도 함께 살아야지. 그리고 젊은이들이 좀 더 나은 생활을 누릴 수 있도록 우리 세대가 노력해야 합니다. 그런 거 생각하면 뿌듯합니다. 유치장 온 거 나쁘지 않습니다." (김경희 조합원)

"투쟁해야 알려집니다. 우리 잡히고 나서도 계속 싸우고 있다고 하네요. 잡혀가면 또 남은 사람이 싸우면 되니까. 동료들 믿고 기죽지 맙시다." (홍순주 조합원)

경찰서 안에서도 조합원들은 서로를 챙겼다. 경찰이 조사를 시작하면서 민주연합노조 조합원에게 "당신들 때문에 퇴근도 못 한다"라고 했는데 옆방에서 조사를 받던 인천지역일반노조 조합원이 이 말을 들었다. 분명 부담을 주려는 말 같았다. 먼저 조사를 마치고 나온 인천 조합원은 경찰에 강력하게 항의했다. "우리 때문에 퇴근을 못 한다고? 우리가 퇴근하지 말라고 했어? 인도도 아닌 골목에서 가만히 있는데 잡았잖아. 우리가 무슨 죄를 지었는데, 얘기해 봐. 재판도 안 받았는데 무슨 범죄자 취급이야. 왜 그런 식으로 부담 주고 협박하는 거야." 경찰들은 부담 주려는 뜻이 아니었고 자기들 일인데 책임 떠넘기듯 얘기해 미안하다며 사과했다.

조합원들은 매일 광화문에서 청와대까지 행진했고, 청와대 앞에서 집회했다. 거의 매일 고양시 김현미 사무실 앞에 가서 집회하고 선전전을 진행했다. 저녁에는 광화문에서 매일 문화제를 했다. 안타깝게도 연대오는 사람들이 많지 않았다. 그래도 서로 감동 주고 서로 힘을 받는 문화제는 여러 번 있었다. 특히 전교조 해고자들과 함께한 수요 문화제가 인상 깊었다고 했다. 전교조 해고자원직복직투쟁특별위원회 손호만 위원장의 이렇게 얘기했다.

"이번 투쟁에서 전교조 해고자들은 톨게이트 동지들이 보내 준 연대와 뜨거운 응원에 감동의 눈물을 흘렸다. 특히 서울고용노동청 점거 농성 때 보내 준 응원의 동영상 그리고 광화문 촛불 문화제에서 보여 준 연대의 함성은 '함께 싸워 함께 승리하자'는 구호를 가슴 깊이 새기게 만들었다. 톨게이트 동지들의 직접고용 쟁취 투쟁과 전교조 해고자들의 법외노조 취소 및 원직복직 쟁취 투쟁이 결코 따로 떨어진 각자의 투쟁이 아니라 문재인 정권의 노동 탄압, 노동 개악으로부터 비롯된 하나의 문제라는 것을 절절히 느끼게 되었다."

(역사의 비극을 되풀이할 순 없습니다-정년 1년 남은 전교조 해고자의 뜨거운 호소, 노동해방투쟁연대 (준) 홈페이지, 2019년 11월 24일)

김천에 있는 조합원들도 애가 탔다. 서울에 있는 조합원들이 계속 연행되면서 힘들게 싸우고 있었기 때문이었다. 11월 16일 농성장 곳곳에 비닐을 치며 월동 준비도 했지만 다가올 겨울보다 지금이 더 걱정이었다. 11월 18일 민주연합 60여 명, 공공연대노조 30여 명 포함 약 100여 명이 농성장을 지키고 있었다. 조합원들은 서울의 소식을 들으며 김천에 있는 조합원들도 더 올라가야 하나 고민을 많이 했다.

민주연합노조의 경우 11월 21일 오전 토론에서는 거점을 서울로 옮기자는 의견이 강했지만, 오후엔 김천 지키면서 필요하면 인원 보강해 주자는 의견이 강했다.

"여기저기 떠벌려 놓고 수습도 못 하고 우리한테 알아서 하라는 겁니까? 조직의 정확한 계획과 지침을 얘기해 주십시오."

"일부만 나가면 계속 거점이 나뉘는 거고, 제대로 된 전력 보강도 안 됩니다. 가려면 다 함께 갑시다."

"다 빼면 이탈자가 나올 수 있습니다. 무작정 빼면 어떻게 합니까. 남은 다른 노조 사람들은."

11월 서울에서의 투쟁이 활력 있게 펼쳐지자 김천에서도 여러 조합원이 서울로 가야 한다는 고민을 많이 했다. 2개의 거점을 유지하더라도 좀 더 서울 쪽에 무게 중심을 실어야 한다고 생각했다. 물론 여전히 김천에 무게 중심을 둬야 한다는 의견도 있었지만 12월처럼 대립이 날카롭지는 않았다. 김천에 있었던 조합원의 얘기다.

"저도 가고 싶어요. 분회 동지들과 같이 가고 싶은데. 분회 동지들도 절반 이상 그렇게 생각해요. 그렇게 되면 여기 인원이 얼마 안 남아요. 저희 공공연대노조나 민주연합노조 차원에서 여기 남아 있어야 한다는 인원수가 부족하다고 생각하고 있어요. 공공연대가 여기 남아 40명은 있어야 한다고 했는데 30명을 겨우 넘고 있어요. 안 나오는 동지들을 설득하고 있어요. 현실은 결정에 맡길 수밖에 없어요. 동지들이 걱정되고 힘을 보태고 싶어요. 오늘은 청와대, 내일은 국회, 모레는 의원 사무실. 매일매일 꿈속에서도 보이게."

또다시 을지로위원회

11월 13일 《서울신문》에 '해고 넉 달 만에… 톨게이트 노동자·이강래 만난다'라는 기사가 떴다. 드디어 교섭이 열리나? 믿을 수 없었다.

　도로공사는 10월 22일 김천 본사에서 농성하고 있는 노동자들에게 1억 원의 손해배상을 청구하는 소장을 대구지방법원 김천지원에 제출했다. 노동자들이 점거 과정에서 자동문을 파손하고 화분을 망쳤으며 집기를 망가뜨렸다는 이유였다. 업무에 심각한 지장을 주었다고도 했다. 2층 로비만을 점거했는데 업무에 지장이 있었다? 자동문, 화분, 집기가 1억? 혹시 경찰에게 갖다 바친 돈이 1억인가? 저들이 수년, 수십 년 동안 노동자들을 불법파견으로 고용해 누린 이익은 과연 얼마나 될까? 1년 일하나 10년 일하나 노동자들에겐 항상 최저임금만 주었다. 도로공사와 사장들이 빼앗아 간 돈은 얼마일까?

　노동자들은 황당했다. 이렇게 얼토당토않은 손해배상을 청구해 놓고 교섭이라니. 한 손으로는 노동자의 목을 조르고 한 손으로는 악수하는 모양새였다. 그래도 조합원들은 관심이 있었다. 피 말리는 투쟁을 오래 하고 싶은 조합원이 어디 있겠는가?

　이강래는 계속 옵션을 걸었다. 을지로위원회가 함께 참여해야 자신은 교섭에 나올 수 있다고 했다. 을지로위원회를 끼워 넣어 자신에게 쏟아지는 비난을 줄이기 위해서였을까? 노동자들이 을지로위원회에 매달리는 모습을 기대해서일까?

정확히 확인할 수 없는 얘기들이 떠돌아다녔다. 을지로위원회는 10월 9일 자신들이 낸 중재안 이상은 얘기할 게 없어 참여하지 않겠다고 했다더라. 이강래 사장이 자신들을 끼우면서 정작 자신들 말은 듣지 않는다. 민주노총이 자신들 중재안을 걷어차 기분이 상했다고 했다더라. 다른 말도 어처구니없지만, 도로공사를 위한 중재안을 던져 놓고 민주노총이 걷어차 기분이 상했다는 건 적반하장이다. 노동자들이 을지로위원회의 쓰레기 안을 보고 얼마나 분노했는데.

민주일반연맹의 태도는 모호했다. 을지로위원회는 '중재'라는 핑계 아래 노동자를 갈라치고, 노동자의 정당한 권리를 박탈하는 쓰레기 안을 들이밀어 한국노총 톨게이트노조가 서명하도록 만들었다. 그러면서 자신들을 해결사인 것처럼 포장해 정치적 성과를 챙겨 갔다. 이런 사기꾼이 같이 나온다고 하면, 또다시 개입한다고 하면 단호하게 걷어찼어야 했는데 그러지 못했다. 그건 이강래와 을지로위원회가 알아서 할 일이라는 태도였다. 사실상 허용한 셈이다. 그 결과 협상의 위험성은 열 배로 커졌다.

12월 6일 김천지원 판결 승소

11월 30일 민주연합노조 20여 명이 서울로 올라왔다. 서울에 있는 조합원들은 힘을 받았다. 많은 조합원이 12월엔 좀 더 세게 싸워야 한다고 마음먹었다. 12월 6일 김천지원 판결 선고가 잡혔다. 기대했지만 또 불안했다.

대구지방법원 김천지원 민사1부(재판장 박치봉)는 12월 6일, 요금수납원 4,116명(해고자, 자회사 이적자 등 포함)이 도로공사를 상대로 제기한 근로자지위확인 소송에서, 정년이 지난 247명을 제외한 3,869명의 승소 판결을 내렸다. 20여 개의 소송 중에 가장 인원이 많은 소송이었다. 이번 판결엔 2015년 이후 입사자도 다수 포함돼 있었는데, 법원은 입사 시기와 무관하게 불법파견이라고 판결했다. 또한, 법원은 도로공사가 요금수납원들에게 1,441억 원을 지급해야 한다고 판결했다. 임금 차액과 손해배상금을 줘야 한다는 판결이었다.

조합원들은 예전처럼 크게 기뻐하지 않았다. 승소하면 뭐하나, 도로공사는 또 갈라치려 할 텐데. 아니나 다를까, 교섭 전날이었던 12월 10일, 도로공사는 보도자료를 배포했다. 도로공사는 "근로자지위확인 소송 1·2심에서 승소한 톨게이트 요금수납원들뿐 아니라, 1심을 진행 중인 이들에 대해서도 직접 고용하겠다"라는 입장을 냈다. 도로공사는 "8월 29일 대법원, 12월 6일 김천지원 판결을 분석한 결과 정년 도과, 사망자 등을 제외한 나머지 수납원들의 근로자지위가 모두 인정됐다"라며 "나머지 1심 재판에서도 같은 결과가 나올 것으로 판단해 대승적 차원에서 이러한 결정을 하게 됐다"라고 밝혔다.

하지만 2015년 이후 입사자 문제는 기존 입장을 되풀이했다. 6일 판결에도 2015년 이후 입사자가 포함되어 있었지만, 도로공사는 이 판결은 대법원 판결이 나기 전 변론이 종결된 사건이라고 했다. 2015년 이후엔 불법파견 소지를 없앴다는 자신들의 변론이 포함된 판결이 아니라고 주장했다. 2015년 이후 입사자는 우선 임시직으로 채용하고, 향후 최초 판결에 따라 직접고용 여부를 결정하겠다고 했다. 2015년 이후 입사자 150여 명은 또 제외시키겠다는 주장이었다. 정말 터무니없는 주장이었다. 2015년 이후 입사자는 달나라에서 일했는가? 2015년 이후 입사자들도 분명 도로공사 관리자들에게 지시를 받았다. 도로공사는 통행권 재고 파악 양식까지 만들 정도로 세밀하게 관리했다. 그런데 교섭 전날 이런 보도자료를 내놓고 교섭은 뭐 하려 한단 말인가?

12월 11일 교섭

10일 밤 지침이 떨어졌다.

"내일은 노조 조끼 벗고 국회에 들어갑니다. 평상복으로 일하는 것처럼 국회 일정 소화하는 것처럼 들어가셔야 합니다. 교섭은 의원회관 307호에서 진행됩니다. 2~3분씩 짝지어 자연스럽게 들어가고 도서관이든 헌정회관이든 따뜻한 곳에서 대기하다가 11시 30분까지 의원회관으로 집결하시면 됩니다. 의원회관 문이 2개입니다. 정문과 후문. 민주연합은 정문인데 후문 쪽 공공연대 있는 곳에도 반 정도가 합류해야 합니다."

교섭이 잘못되면 이강래에게 항의하자는 뜻이었다. 조합원들은 긴장했다. 들어갈 수 있을까, 들키지 않을까. 다행히 일찍 들어가서 그런지 별 탈이 없었다. 무슨 국회토론회 간다고 둘러댔다. 조합원들은 주로 2층에서 대기했는데 3층에 있던 이명금 공공연대노조 부지회장은 경비들에게 강제로 끌려 나왔다.

민주당 우원식, 박홍근 국회의원이 낀 가운데 교섭이 열렸다. 이강래 입장은 어제 보도자료로 나온 도로공사 입장 그대로였다. 아니 더 강력하게 나왔다. "난 18일 사퇴하면 끝이다. 2015년 이후 입사자까지 직접고용하라는 건 자기 보고 무릎 꿇고 들어오라는 거다. 공기업이기 때문에 내 맘대로도 할 수 없다. 12월 10일 보도자료는 정규직노조와 협의해서 만든 거다. 정규직노조를 설득해야 했고 그래서 교섭 전에 입장을 냈다"라고 했다. 영업처장은 "본사 점거로 정규직 노동자들이 너무 많이 상처를 받아서 손해배상 및 고소 고발 취하도 어렵다"라고 했다.

이강래는 뻔뻔함 그 자체였다. 도명화 지부장이 "남원까지 가서 끝까지 투쟁하겠다고"고 하니 이강래는 "지금 날 협박하는 거냐"고 화를 냈다. 정규직 얘긴 이강래와 영업처장이 정규직과 비정규직을 더욱 이간질하기 위해 한 말일 수도 있고, 그동안 정규직노조의 태도를 봤을 때 전혀 빈말은 아닐 수도 있는데 진실을 쉽게 확인할 순 없었다.

교섭 중간에 을지로위원회는 또다시 중재안을 던졌다. A안은 '우선 일괄 직고용하되, 2015년 이후 입사자에 대해선 추후 판결에 따라 직고용을 유지하거나 자회사 소속으로 전환하는 방식'이고, B안은 '우선 2015년 이후 입사자에 대해선 임시직(기간제)으로 고용하되, 추후 판결에 따라 직고용 또는 자회사 소속으로 전환하는 방식'이었다.

두 안 모두 본질은 다르지 않다. 2015년 이후 입사자는 이후 또다시 법원 판결을 받아 직접고용 여부를 결정한다는 안이다. 을지로위원회는 16일에 또 교섭을 제안하자고 덧붙였다.

언론은 을지로위원회 중재안을 비중 있게 보도했다. 그리고 앞서 나갔다. 다음은 언론 기사 제목이다.

"도로공사 노·사, 16일까지 요금수납원 직고용 교섭 마무리 짓기로, 입장 차가 반 족장 차이, 16일까지 합의 가능할 듯"

《민중의 소리》, 2019년 12월 11일)

"도로공사-요금수납원 교섭… 짧은 시간 내 결론 날 것"

《오마이뉴스》, 2019년 12월 11일)

언론 보도는 현실과 동떨어진 얘기였다. 을지로위원회는 양쪽의 입장 차가 반 족장(발바닥 반쪽) 차이라고 했는데 절대 아니었다. 을지로위원회는 노동자들의 일방적인 양보를 강요하고 있었다. 을지로위원회는 역시나 거간꾼 행세를 했다. 거간꾼의 제안은 항상 도로공사에 유리했다.

사실 12월 6일 판결이 나고 조합원들은 많은 고민을 했다. 도로공사가 6일 판결에서 승소한 조합원들에게 언제 복귀 명령을 내릴까? 10일 도로공사의 보도자료를 보고 난 후에는 1심 계류자까지 직접고용 시키겠다는데 투쟁으로 결판 짓지 못하면 2015년 이후 입사자들만 외롭게 남는 게 아닐까? 조합원들은 걱정하면서도 함께 가야 한다는 생각을 굽히지 않았다. 10일 오체투지 후 민주연합노조 저녁 평가 회의에서도 다 함께 들어가자는 결의를 모았다.

도명화 지부장도 교섭이 끝난 후 중재안은 결코 받을 수 없으며, 16일까지 뭐라도 해야 한다고 했다. 문한수 정책부장도 저녁 평가회의에서 조합원들에게 A, B안 모두 받을 수 없다, 모두 함께 가야 한다고 말했다. 하지만 어떤 투쟁을 하자고 구체적으로 얘기하진 못했다. 조합원들은 동의했지만 답답했다. 뭐라도 해야 한다고 생각했다. 16일 교섭이면 주말 빼고 목,

금 이틀밖에 없지 않은가. 집회신고 된 사무실이 어디냐, 의원 사무실 당장 가서 집회하자는 의견도 나왔고, 민주노총에게 도움을 요청하자고 했다. 건설노조나 화물연대에 얘기해서 한 번만 도로 점거 도와 달라고 요청하자는 의견도 나왔다. 민주노총은 노동 개악 저지 투쟁에 집중하고 있어 어렵다는 대답이 돌아왔다.

뼈아픈 후퇴

12월 12일 오전 민주일반연맹과 4개 조직 위원장 및 현장대표자 합동회의에서는 다음과 같은 최종 제시안을 결정했다.

1번은 그동안의 주장을 뒤엎는 안이었다. 임시직 얘기만 뺐지 도로공

한국도로공사(이하 '공사'라 한다)와 민주노총 민주일반연맹 전국민주연합노동조합·공공연대노동조합·경남일반노동조합·인천지역일반노동조합(이하 '조합이라 한다)은 정부 가이드라인에 따른 정규직 전환대상 수납원 중 자회사 전환에 동의하지 않은 수납원의 정규직 전환에 대해 다음과 같이 합의한다.

1. 공사는 2019년 12월 6일 대구지법 김천지원의 근로자지위확인 소송 판결에 따라
   ① 1심 계류 주인 나머지 인원들을 2020년 1월 ○○일에 모두 직접고용 한다.
   ② 2015년 이후 입사자는 2019년 12월 6일 판결 이후 향후 법원의 최초 판결에 따라 직접고용 여부를 결정한다.
   ③ 탈락자에 대해서는 고용안정 방안을 마련한다. 단, 개인별 소송은 제안하지 않는다.
2. 공사와 조합원은 직무와 임금 등 근로조건에 관한 사항은 즉시 교섭을 진행하여 결정한다.
3. 본 합의 직후 공사 이강래 사장은 일련의 사태에 대해 유감을 표명하며, 조합은 본사 및 민주당의원실, 광화문에서 진행 중인 농성을 즉각 해제한다.
4. 공사와 조합원은 금번 요금수납원 문제로 쌍방이 제기한 형사(고소·고발 포함) 민사 등 일체의 소[2]를 취하하고, 징계하지 않으며 상호 탄원서를 제출한다.

2 이 소 취하 대상에서 근로자지위확인 중 임금청구의 소는 제외한다.

우리가 옳다!

사의 안과 본질은 다르지 않았다. 결국, 2015년 이후 입사자는 다시 법원 판결을 받아야 한다는 도로공사의 주장을 사실상 받아들였다.

오후에 바로 양평동 민주일반연맹 사무실에서 서울에 있는 민주연합노조 조합원 전체 토론이 있었다. 오전에 민주일반연맹과 현장대표자들의 회의가 진행된 후 급하게 잡힌 토론이었다. 민주당 국회의원 지역구 사무실에서 농성을 하고 있었기 때문에 그곳을 지켜야 하는 조합원들 빼고 약 75명이 참가했다. 대략 7개 조로 나눠 분임토론을 진행했다. 결과를 공개하지는 않았다. 도명화 지부장은 최종 제시안을 떠올리며 이렇게 설명했다.

"이강래가 퇴임하고 부사장이 직무대행 하면 교섭을 할 수 없습니다. 결정할 수 있는 사람이 없어지기 때문에. 새로운 사장이 오는 데만 5개월 걸립니다. 5개월 투쟁했는데 합의서 한 장 없이 들어갈 수 없습니다. 16일 교섭에서 합의 못하면 12월 28일 재판(2015년 이후 입사자 향후 법원 최초 판결이 12월 28일 있을 거라고 예상)에서 이겨 판결대로 들어가게 되는데 그러면 우리가 얻는 실익이 없습니다. 우리가 안(테두리)을 만들지 않으면 교섭위원들이 할 수 있는 게 없습니다. 조합원들도 많이 지친 게 사실입니다. 1심 승소자, 계류자들의 복귀 시기를 1월로 결정해서 다 같이 들어가면 됩니다. 12월 28일 선고할 재판부가 12월 6일 승소 판결 내린 재판부하고 같습니다. 어차피 이길 겁니다."

조합원들은 도명화 지부장이 저렇게 설명하니까 16일 교섭에서 합의서를 못 쓰면 큰일 나는 것 아니냐는 생각을 했다. 복귀 시기 늦추면 된다는 논리에 영향을 받아 결의가 더 떨어졌다. 조합원들은 공사가 1심 승소자,

계류자들에게 언젠가 복귀 명령을 내리면 거부할 수 있을지 확신하지 못했다. 다들 함께 들어가야 한다고 생각했지만, 노조가 정확하게 매듭을 지어 주지 못하고 있었기 때문이다.

도명화 지부장은 "허심탄회하게 얘기해 달라. 오늘 다 결정하는 자리는 아니"라고 했다. 많은 조합원이 자신 생각을 두루뭉술하게 썼다. 끝까지 함께 가야 한다는 생각은 있었지만, 지도부가 16일 합의해야 한다고 하고 대안은 제시하지 않으니 혼란스러웠다. 집행부 의견 따르겠다, 지쳤다, 빨리 매듭지었으면 좋겠다, 을지로위원회 안을 조정했으면 좋겠다, 다만 2015년 이후 입사자에 대한 대안이 마련되었으면 좋겠다 등등의 의견이 나왔다. 패소하면 항소해서라도 끝까지 싸우겠다고 주장한 2015년 이후 입사자도 있고 그냥 법원 판결 보자고 한 입사자도 있었다.

감당하기 힘들었어요

토론이 끝난 후 조합원들은 아직 다 끝난 건 아니니 지켜보자며 서로를 감싸 안았다. 그래도 분위기는 어색했다. 2015년 이후 입사자들은 얼굴을 많이 붉혔다. 함께 싸워야 한다, 더 싸워야 한다고 의견을 밝힌 2015년 이후 입사자들도 있었지만 조직에 부담이 되고 싶지 않다, 먼저 들어가서 기다려 달라고 얘기한 노동자들도 있었다. 이랬든 저랬든 마음은 쓰라렸다. 끝나고 회식을 했는데 이렇게 정리할 거니 고생했다고 삼겹살 사 주나, 이런 얘기도 나왔다.

"우리가 이강래랑 싸운 게 아니라 도로공사랑 싸우는 건데. 이강래 따

우리가 옳다!

위 사퇴하거나 말거나 우린 우리 투쟁해 나가면 되는데. 사장 공백 기간이 5개월이 될 수도 있네, 어쩌네. 사기 꺾는 소리들이나 하고 있고 그랬어요."

"우리가 싸울 의지를 보이면 지도부도 그렇게 할 수밖에 없는 거잖아요. 그런데 2015년 이후 입사자들이 먼저 꼬리를 말더라고요. 조직에 부담이 될까 봐. 그게 말이나 되는지. 악착같이 쟁취할 생각은 안 하고, 그냥 먼저 들어가 있으라는 식으로. 당연히 같이 가는 게 정답인데 왜들 그러는지. 외면하고 싶은가 봐요. 많이들 지쳐 있긴 하니까."

"2015년 이후 입사자 중에 항소해서 끝까지 싸우겠다고 동지들이 있는데요. 저는 그런 말이 쉽게 안 나오더라고요. 제가 2015년 이후 입사자라 제가 싸우자고 하기가. 1심 받았으면 끝까지 싸워 같이 가자고 할 수 있을 것 같은데."

"12월 6일에 승소한 2015년도 이후 입사자 분들도 있잖아요. 승소했지만 도로공사는 또 다른 판결 봐야만 직접고용이 되냐, 안 되냐 결정할 수 있다고 나오잖아요. 이게 안이 안 된다고 보는데 노조가 그런 안을 받아들인다는 게 이해가 안 되는 거죠."

2015년 이전 입사자들도 마음이 아팠다.

"그게 너무 힘들었어요. 감당하기 힘들었어요. 싸우는 건 다 같이 싸웠고 힘든 건 같이 힘들었는데. 우리 지회는 2015년 이후 입사자가 세 명이에요. 한 언니 같은 경우는 생계 투쟁을 해요. 너무 힘들어서. 같이 싸웠는데 그 동지가 어떤 심정이겠냐고요. 저희들은 2015년 이후 동료들을 가장 신경 썼는데 너무 마음이 아파요."

"저희 조는 저를 비롯해서 무조건 같이 가자입니다. 전체적인 결과는 아직 모르지만 다르지 않을 것으로 생각합니다. 힘들고 지친 건 사실이지만 함께 아니면 의미가 없다고 봅니다. 끝까지 함께 가겠습니다."

어떻게 하루 만에

11일과 12일 사이에 갑자기 상황이 바뀌었다. 조합원들이 지쳐 있는 건 확실했다. 예전만큼의 힘은 분명히 없었다. 12월 6일 김천지원 승소 인원에 자신이 포함되어 긴장감이 약해진 조합원들도 있었다. 10일 도로공사가 '1심 계류자까지 포함시키겠다'는 발표를 한 이후엔 11일 교섭에 기대하기도 했다. 1심 판결자 중에는 11일 교섭 끝나면 집에 갈 수 있지 않을까 기대하는 조합원도 있었다. 아파서 쉬어야 하는 조합원들도 늘어났다. 그러나 남아 있던 다수 조합원이 투쟁 의지를 완전히 잃은 건 아니었다. 조합원들은 12월 초에도, 12월 6일 선고 후에도, 12월 11일 교섭이 끝나고 16일 다시 교섭이 잡혔다는 말을 들었을 때도 뭐라도 해야 한다고 생각했다. 이런 조합원들의 의지를 믿지 못했기 때문 아니었을까?

합의서를 써야 한다는 주장을 간단히 무시할 순 없다. 그런데 무슨 내용으로 합의서를 쓰냐가 더 중요했다. 2015년 이후 입사자와 함께 전체가 직접고용 되어야 한다는 요구는 투쟁 내내 노동자들이 지키려 했던 가장 중요한 대의였다. 조합원들은 2015년 이후 입사자들을 이후 최초 법원 판결에 맡기는 걸 줄기차게 거부해 왔다. 이 대의를 심각하게 훼손한 안이다.

이강래가 사퇴하면 교섭을 할 수 없는가? 직무대행하고는 아무것도 할 수 없는가? 정부가 실제 권한을 쥐고 있다고, 정부가 도로공사를 움직일 수 있다고 그토록 얘기했는데 사장 사퇴하면 합의서도 쓸 수 없다는 얘기는 무언가? 그럼 정부와 왜 싸웠나? 10일, 11일엔 끝까지 함께 가자는 얘기를 했는데 하루 만에 무엇이 바뀌었는가? 조합원들이 지쳤다고? 맞다. 그런데 하루 만에 얼마나 더 지쳤는가? 조합원들은 지쳤지만, 더 싸울 힘이 남아 있었고 싸우려 했다.

물론 도로공사와 정부는 사장 공백을 교섭 회피 수단으로 활용하려 했을 것이다. 하지만 이강래가 사퇴하면 정부와 민주당도 더 구석에 몰릴 수밖에 없다. 이강래가 사퇴하면 그 화살이 어디로 가겠는가? 후안무치한 이강래의 사표를 수리해 주고 공천권을 주는 곳이 바로 청와대와 민주당이다. 10일 이강래 사퇴가 언론에 알려졌는데 그 이후 많은 언론이 이강래의 후안무치한 태도를 비판했다. "출마 위해 사퇴하는 이강래 도공 사장, 제정신인가"(《서울신문》, 2019년 12월 12일), "도로공사 갈등 그대론데… 이강래 사장, 총선 출마 위해 퇴임"(《오마이뉴스》, 2019년 12월 17일). 그런데 지도부는 이강래가 사퇴하면 노동자들이 더 어려워진다고만 봤다.

12일 토론 이후에도 조합원들은 겉으론 담담한 표정을 지으려 했다. 투쟁도 이어 가려 했다. 하지만 마음은 벌집이라도 쑤셔 놓은 듯 시끄러웠다. 분열의 얼룩이 여기저기 번져 갔다.

12월 14일 김천 본사 농성장 민주연합노조 토론에서도 도명화 지부장은 현실의 한계를 강조했다. 4월까지 다 같이 투쟁할 수 있으면 끝까지 가겠지만 과연 그럴 수 있겠느냐? 조합원들이 이러저러한 조건을 달고, 그 조건이 있을 때만 투쟁을 하겠다고 하는데 그건 위험하다고 했다. 같이 가자 말해 놓고 나중에 흐지부지 빠지면 어떻게 하냐?, 도로공사가 12월에 교육 일정을 잡으면 과연 집에 있는 조합원들이 안 가고 버틸 수 있겠느냐, 지금 싸우고 있는 동지들이 끝까지 함께한다면 가겠지만 중간에 흔들려 나가 떨어지는 동지들이 나온다면, 본인 또한 자신 없다고 얘기했다. 도명화 지부장은 12월 12일 민주일반연맹과 현장대표자들의 회의에서 결정된 내용, 자신이 동의한 내용을 바탕으로 얘기했다.

바로 들어가는 게 중요한 게 아니라 한두 발 늦게 들어가더라도 전체가 함께 들어갈 방법을 찾아야 하고, 임금이나 처우 문제도 더 많이 얘기해야 한다는 조합원들의 의견도 있긴 있었지만, 더 깊게 토론되지는 못했다. 김천 조합원들은 지도부의 생각을 쉽게 동의할 수 없었다.

그런데 12월 14일 김천 민주연합노조 톨게이트지부 조합원 토론이 있기 전인 13일, 실무 교섭에서 이미 2015년 이후 입사자 문제를 양보하는 (패소자 고용안정 마련이라는 2015년 이후 입사자들의 직접고용은 향후 최초 판결 결과에 따라 결정한다는 의미를 담고 있다) 안이 도로공사에 전달됐다.

"도로공사는 을지로 2안인 임시직 직고용 후 최초 판결 뒤 고용시점과 임금 소급적용을 수용 하겠다고 밝힘. 노조는 을지로 1안을 변경하여 2020년 1월 ○○일 모두 직고용, 패소자는 고용안정 방안 마련을 주장함. 도로공사 수용하지 못한다는 입장." (2020년 1월 19일 민주일반연맹 보도자료 중에서)

12일 오전 민주일반연맹과 4개 조직 위원장 및 현장대표자 합동회의에서의 결정이 있었고 12일 오후 서울에 있던 민주연합노조 조합원 토론이 있었지만 아직 김천에 있던 조합원들은 토론을 하기 전이었다. 전체 조합원이 충분하게 토론하여 의견을 모으고 요구를 결정하기 전이었다. 시간

우리가 옳다!

이 좀 더 걸리더라도 노동자들은 스스로 토론하고 의견을 조정하며 방침을 결정하는 방법을 배워야 하고 배울 수 있다. 그래야 노동자들은 누군가에게 대신 문제를 해결해 달라고 기대하지 않고 스스로 문제를 해결해 나갈 수 있다. 바로 이것이 투쟁의 중요한 가치 아니겠는가?

12월 16일 교섭을 앞두고 노조대표자 및 현장대표자회의가 서울에서 진행되었고 다음과 같은 최종안이 결정됐다. 1번의 문구가 바뀌었는데 엎어 치냐 메치냐였다. '2015년 이후 입사자'라는 문구가 빠져 있고 복귀 시점을 늦추겠다는 내용이었는데, 결국 2015년 이후 입사자는 다시 재판을 받아 그 결과를 따른다는 거였다. 2번 임금 직무 관련 사항은 '교섭으로 결정'에서 '협의'로 물러섰다. 3, 4번은 지난번 안과 비슷했다.

1. 공사와 조합은 대법원(8월 29일) 판결과 김천지원(12월 6일) 판결 결과를 존중하여 대법원 판결과 12월 6일 김천지원 판결을 존중하여 체결일 기준 소송에 계류 중인 인원에 대해 직접고용 정규직화하는 데 합의한다.
  * 단, 조합원들의 복귀 시점은 김천지원 판결(2019년 12월 6일) 이후의 최초 재판 선고 이후로 하며, 구체적 복귀 날짜는 노사 간 협의하여 결정한다.
  * 패소자에 고용안정 방안은 노사 간 별도 협의한다.
2. 임금 직무 관련 협의를 한다.

이 안은 김천과 공유된 안이 아니었다. 김천 농성장 안에서 공공연대노조는 마지막까지 전체 직접고용을 위해 투쟁하는 것으로 결의했고, 민주일반연맹 남정수 교선실장은 "1번 항은 투쟁 요구와 원칙, 기조의 중대한 변화로 대표자들이 결정할 수 없다"라고 주장했다. 패소자 관련 내용(2015년 이후 입사자 관련 내용)은 농성장 조합원들에게 공개하고 토론을 진행해야 한다"라는 의견을 제시했다. 16일 김천 농성장 저녁 종례에서 남정수 교선실장은 최종 제시안이 잘못되었다는 입장을 냈다.

치열한 토론

17일 이강래 사장 퇴임식이 본사에서 열릴 예정이었다. 서울에 있던 조합원들은 아침 7시에 버스 2대로 내려갔다. 김천의 조합원들은 퇴임식을 저지하기 위해, 이강래 사장을 만나기 위해 새벽부터 움직였다. 서울에서 내려온 조합원들은 정문에서 선전전을 하며 이강래 사장이 언제 들어오는지 계속 지켜봤다. 오른쪽 지하주차장으로도 몰려가기도 했다. 조합원들은 누가 들어가는지 찾기 위해 별의별 방법을 다 썼다. 이애진 조합원의 얘기다.

"한 조합원이 지하주차장에서 일일이 들어가는 사람들의 신분증을 검사하셨답니다. 사복을 입은 여경은 신분증이 있어 통과시켜 주었는데 같이 온 경찰은 신분증이 없어 당황했대요. 스마트폰을 막 뒤지더니 제복 입고 표창 받은 사진을 보여 주면서 그 경찰이 묻더래요. 이렇게 검사하시는 분은 신분증이 있으세요? 그러자 그 조합원이 조끼 입은 등을 엄지손가락으로 가렸대요. 조끼에 쓰여 있는 '민주노총 민주연합노동조합' 경찰이 아, 하며 고개를 끄떡이더래요."

이강래 사장은 전날 몰래 들어왔는지 코빼기도 보이지 않았다. 퇴임식을 취소했다는 얘기가 들려왔는데 나중에 알고 보니 대강당이 아니라 중식당에서 약식 퇴임식을 열고 퇴임사는 사내 내부망에 올렸다. 조합원들은 안에 들어가 농성하고 있던 조합원들과 함께 집회를 열었다. 경찰은 12월 초부터 출입을 통제하지 않았다. 노동자들은 비교적 자유롭게 드나들 수 있었다.

우리가 옳다!

집회가 끝나고 토론이 시작됐다. 아래 내용 중 '조합원'은 모두 다른 사람이다.

도명화 지부장: 11일 교섭에서 도공이 1번 쟁점인 2015년 입사자 문제 우리가 양보하면 마치 다 해 줄 것처럼 얘기해서 그건 안 된다고 했습니다. 을지로 중재안 A안, B안 나왔지만 논의할 만한 게 아니었습니다. 도공은 2번 임금 및 직무 협의에 대해선 절대 안 된다는 입장이었습니다. 협의도 안 되고 의견 주면 들어는 주겠다는 정도였습니다. 4번 고소 고발 및 손배 철회도 불가였습니다. 내 의견과 다르다고 결정사항을 거부할 수는 없습니다. 최종 합의시점에는 찬반투표 당연히 거칩니다.

조합원: 모든 일에 100% 찬성은 없습니다. 어제 오늘 아쉬운 것 많고 저도 최종 제시안 마음에 안 드는 것 있습니다. 개인 의견과 달라도 따라 줘야 합니다. 앞으로 일사분란하게 따라 줬으면 합니다. 그게 아니면 여기서 나가요. 노동자에게 해가 안 된다면 마음에 좀 안 들어도 잘 따라갑시다.

도명화 지부장: 반대한다고 나가라는 건 심한 말입니다. 우리가 한국노총과 다른 건 반대 의견을 가진 조합원도 같이 가는 것. 말실수했습니다. 최소한 이 정도는 양보할 수 있지만 더 양보는 힘들다는 것. 이게 안 되면 투쟁밖에 없다는 것. 우리가 주장하는 게 다 되면 쉽게 합의했을 겁니다. 근데 합의 안 될 땐 투쟁하자는 겁니다. 근데 지금 도공이 말하는 두 가지(2, 4번 거부)는 이해 안 됩니다. 완전 개양아치입니다. 합의 안 되고 결렬되면 이후 어떻게 할지에 대해 토론해 주십시오. 결렬 나면 이후 투쟁해야 합니다. 이강래 퇴임한다고 하는데 그 전에 이강래가 책임져야 합니다. 책임 안 지면 사표 수리해 준 청와대 향한 투쟁을 해야 합니다. 이후 투쟁은 지도부도 논

의해야 합니다.

조합원: 말실수였다.

도명화 지부장: 12월 6일 판결났을 때 1심 판결에 따라 안 갈 수 있는(복귀하지 않겠다는) 결의가 모아졌다고 봅니다. 밀어붙여서 투쟁해 볼 만하다고 생각했습니다. 오체투지 끝나는 날(12월 10일) 도공이 보도자료 냈습니다. 그때부터 엄청 술렁거렸습니다. 인원 확 달라졌습니다. 2015년 이후 입사자 70명 따로 나뉘어져 있는데 민주연합노조에 40명 있습니다. 12월에 선고받을 사람이 21명, 2월에 선고받을 사람이 19명. 2015년 이후 입사자들은 갑자기 지목되는 바람에 엄청 불편해했습니다. 김천 와서 토론할 때 토론조 짜는데 2015년 이후 입사자가 '우리가 빠지는 게 맞지 않냐?'고 의견 줬습니다. 왜냐고 물으니 2015년 이후가 아닌 사람들이 토론할 때 불편할 것 같다고 대답했습니다. 이때까지 같이 투쟁해 왔는데 토론도 함께 허심탄회하게 해야 합니다. 분리하려고 토론한 건 아닙니다. 벌써부터 우리 스스로 갈라졌구나, 느껴졌습니다. 이 과정에서 우리가 결의 모아 계속 투쟁하는 게 맞는데 일방적으로 출근 명령했을 때 남아서 끝까지 투쟁할 사람이 몇이나 될까 고민 안 할 수 없었습니다.

지금도 사실 여름 투쟁 때만큼 많이 나오진 않고 있습니다. 근데 더 불안한 것은, 안 움직이는 조합원들이 확 가 버리는 것입니다.

조합원: 이 안건을 언제 우리에게 제대로 설명해 주었습니까?

조합원: 10명이 남을 수도 있고 몇 명이 남을 수도 있는데 끝까지 싸워야 합니다.

조합원: 현실적으로 생각합시다. 이 동력으로 끌고 왔습니다. 2015년 이후 입사자 20~30명이 남아서 지금처럼 광화문 천막 치고 국회의원 사무실 농

성 들어가는 것은 힘들 것입니다. 20~30명이 싸우는 방법도 여러 가지 있을 테지만요. 그런데 이후 판결이 날 것입니다. 그 판결 무시하고 계속 뭘로 싸울 겁니까?

조합원: 판결 날 때까지 싸워야죠.

조합원: 현실적으로 생각하면 앞으로 한 달이나 한 달 반 정도 싸울 시간이 있는 것 같은데 2015년 입사자까지 포함해서 요구하고 싸우기엔 시간 충분합니다. 장담할 순 없지만요.

조합원: 저는 2015년 이후 입사자인데 우리 합의서 작성하고 들어가야 이후에도 싸울 수 있습니다. 전체가 끝까지 싸우다가 법의 판단으로 들어가면 싸울 힘도 없습니다. 굉장히 희박한 가능성이지만 안전장치를 달아 놨으니까 2015년 이후 입사자들도 1안 문구에 크게 걱정할 필요 없다고 봅니다. 법원 판결대로 들어가는 것은 차후에 우리가 들어가서 더 많이 고생해야 한다는 것입니다. 아무 힘도 못 쓰게 됩니다. 법 판결로 가는 건 피해야.(다른 발언보다 박수가 많이 나옴.)

조합원: 지금까지 같이 싸워 놓고…….

도명화 지부장: 불안해하는 거 아는데 불안해할 필요 없습니다.

조합원: 너무 불안합니다.

도명화 지부장: 어제 김천 현장에 없어서 자세히 모르는데 얘기 들었을 때 약간의 혼란이 있었다고 합니다. 기조가 무너지는 건 맞습니다. 이런 말하기 참 그런데 우리가 1,500명 직접고용 요구로 투쟁 시작했는데 어느 날부터 1,500명 안 됐습니다. 계산하기도 싫습니다. 현장 복귀가 계속 발생했습니다. 1,500 안 된다는 건 다 알았습니다. 그다음부터 같이 들어가자는 말을 더 많이 했습니다. 기조 무너졌지만 우리가 할 수 있는 게 여기까지라고

다들 판단을 해서, 합의서라도 받고 들어가되 법 판결로 들어가진 말자, 그래서 만들어 낸 안입니다. 저도 100% 동의하는 건 아닙니다. 제 고집대로 제가 결정하는 거라면 그렇게 안 했습니다.

조합원: 어제 들었을 때 갈라친다는 느낌이 들었습니다. 교섭 들어가기 전에 우리가 이런 안으로 협의할 거라고 미리 얘기해 주고 이런 이런 의미에서 하는 거라고 설명해 줬어야 했습니다. 그런데 이런 과정 없이 협의 들어가고. 거기에 속이 많이 상했습니다.

도명화 지부장: 최종 제시안을 12일 여러분에게 말하기(토론) 바로 전 회의에서 받았습니다. 교섭대표단이 다 모인 자리였습니다. 그 자리에서 동의가 이루어졌고 나는 그 후 조합원에게 설명한 것입니다. 도공은 계속 갈라치기를 하려고 했습니다. 지금도 2015년 이후 입사자 빼려는 이유는 갈라치기입니다. 적어도 현장에 들어가는 시점은 같이 맞추면 되겠다고 판단한 것입니다.

김천 농성을 총괄했던 민주일반연맹 남정수 교선실장이 마이크를 잡고 얘기했다. 남정수 실장의 발언 일부다.

"1,2,3,4번 내용 다 복잡하지 않아요. 간단한 내용입니다. 1번 항 중심으로 싸워 온 건 다 아시는 거고. 그 요구가 12월 10일 도로공사가 발표한 입장과 크게 다르지 않다고 봅니다. 동일합니다. 현재 도로공사 입장은 12월 10일 날 자기들이 발표한 기준 그대로 적용하겠다는 겁니다. 별도 합의가 없다면. 6일 판결을 기준으로 1심 계류자 직접고용 합니다. 다만 2015년 이후 입사자는 다음 재판 결과에 따르라는 겁니다. 명확한 거예요. 우리가

우리가 옳다!

합의를 하든 안 하든 이 기준대로 가는 겁니다. 그럼에도 우리가 싸웠던 이유는 김천지원 판결에도 2015년 이후 입사자가 포함이 되어 있었고 2015년 이후 이게 단서 조항 꼬리표가 붙는 건 을지로위원회 안에도 없던 거고, 이강래가 꼬리표를 붙여서 나온 안입니다. 정부든 민주당이든 을지로든 명분이 없어요. 제가 확인한 바로는 오직 명분이 없어서 직원들이 반발해서라는 말을 했다는 얘기도 들었습니다. 도로공사가 코너에 몰린 건 분명한 사실입니다.

우리 투쟁이 옳다고 시작했고 정당성 가지고 있고. 판결 앞당기기도 했고 판결 내용 전체적으로 넓히기도 했고. 시간이 갔지만. 이 상황에서 계속 싸우다 보면 2015년 이후 입사자 판결이 언젠가 나오겠죠. 12월 말이든 1월 초든. 똑같은 방식으로 정리될 가능성이 높습니다. 90%로 이기든 100%로 이기든. 합의서 한 장 없이 정리될 가능성도 있죠. 진짜 아름다운 합의를 잘해서 최대한 성과를 잘 마무리하는 게 최상입니다. 그런데 최상은 대단히 어려워진 조건인 걸 알아요. 저들이 100% 항복을 싫어한다는 것도 알고 있고. 그래서 선택과 집중을 해야 한다는 걸 알고 있고 그중에 가장 핵심은 직접고용과 관련된 이 쟁점입니다. 요구안으로 들어간 건 패소자 시점 맞추자는 것 하나 있고 2015년 이후 별도의 고용안정 마련 안이 있습니다. 이건 지금까지 우리가 투쟁해 온 과정과 요구와 명분과 정신과 다른 안을 제출한 것입니다.

진짜 상황에 따라서 그렇게 하는 게 우리가 정말 얻는 게 많다면 불가피하게라도 수정해서라도 교섭에 붙고 싸워 가야 합니다. 그런데 이건 전술 변화 이런 차원이 아니라 중대한 기조와 요구의 변화고 그 변화가 어디까지 영향을 미치겠습니까. 그렇기 때문에 그런 과정과 절차가 대단히 중요했다고 봅니다. 제가 연맹과 소통을 잘못한 건 둘째 치고. 어쨌든 도명화 동지는 이런저런 의견 수렴을 하셨다 하는데 그게 김천과 서울의 차이인 줄은 모르겠으나 안의 변화에 대해서 정확하게 제시합니다. 저는 이것이 숨길 안이라고 보지는 않습니다. 특별하게 다른 안은 아니기 때문에.

합의를 하지 않고 가나 법원 판결로 가나 결과는 똑같습니다. 패소자 대안 없습니다. 다만 합의하지 않으면 패소자에 대해선 우리 손으로 별도 고용안정 방안 마련한다는 합의를 하지 않는 것입니다. 어떻게 싸우는 건가는 둘째 치고. 그랬을 때 어떤 게 실익이 더 많을까. 현재 투쟁 국면에서, 도공은 안 움직이는 국면에서. 20일~30일 안에 판결 날 것 같은데 주어진 시간이에요. 다들 그렇게 예상하잖아요. 도공도 그렇게 얘기했잖아요. 판결 28일쯤 난다. 그런데 너무 토론되지 않고. 동지들 그럼에도 다 생각을 해 봤는데 합의 한 장 없이 들어가서 판결 받고 들어가느니 부족하지만 이거라도 합의해서 들어가는 방식이 있다면 수정 요구안을 가지고 가는 것이 우리가 더 힘 있게 갈 수 있는 안이다. 다수 뜻이 모아지고 결의가 모아지면 그렇게 가야 하고. 그런데 지금처럼 교섭이 잘 안 될 경우는 어떻게 할 것이냐. 누가 옳다 그르다 이전에 중대한 변화입니다. 특히 지도부의 책임성이. 저를 포함해 책임성을 전제해서 토론이 되어야 하고."

원래 예정되어 있던 16일 교섭은 이강래가 나오지 않아 실무 교섭으로 대체됐다. 역시 합의는 불가능했다. 도로공사가 17일 오전에 전달한 최종 입장은 기존에 알고 있던 입장과 크게 다르지 않았다.

19일 민주일반연맹은 "직접고용 관련해 대폭 양보한 수정안을 제출했음에도 도로공사는 당연하고 통상적인 임금 및 직무 관련 협의를 하자는 합의안을 거부했고 손해배상 및 고소 고발 취하를 거부했다. 이를 강력히 규탄한다"라며 "더 무의미한 교섭을 진행할 수 없기에 교섭 결렬을 공식 선언한다"라고 밝혔다. 조건 없는 직접고용도, 임금 및 직무 관련 협의도, 다른 것도 다 받아들일 수 없다는 얘기였다.

민주일반연맹은 "노조의 직접고용 관련 양보안에도 불구하고 나머지를 핑계로 교섭을 통한 합의를 거부하는 행태는 도로공사가 공공기관인지조차 의심하게 만든다. 악질자본의 행태보다 못한 작태"라며 "이에 지난 교섭에서 제시한 노조의 직접고용 관련 요구안을 폐기한다"라고 밝혔다.

다시 원점으로 돌아왔다. 차라리 잘되었다고 생각한 조합원들도 있었고 2015년 이후 입사자들은 한시름 놓기도 했다. 그러나 기대했다가 실망하는 과정이 반복될 때마다 사기가 꺾이고 지쳤다. 그래도 또 힘을 내려 했다.

"이기고 지고를 떠나 너무 자존심이 상해요. 우리가 매달리는 모습 아니냐는 거죠. 저 양아치 같은 새끼들한테."

"그건 알아요. 교섭이 쉬울 순 없다는 걸. 지도부는 얼마나 힘들겠는지. 조합원들도 지쳐 있는데. 그런데 중심은 잡아야 할 것 같아요."

"분명 이탈자도 있을 거고요. 그럼에도 울 동지들 다시 맘 다잡아서 시작할 겁니다. 그러려고 하고 있습니다."

"저희 함께 갈 겁니다. 오늘도 결의 다졌고요. 중간에 본인 판단으로 가는 사람까지는 막을 수는 없겠지만 얼마 남지 않은 투쟁 힘내서 열심히 싸우겠습니다."

19일 톨게이트 시민사회공동대책위는 청와대 분수대 앞에서 기자회견을 열고 청와대의 책임을 물었다. 이강래 사장은 1,500명을 집단해고하고 대법원의 직접고용 판결조차 무시하며 사태를 방치해 놓은 채 총선 출마를 위해 퇴임했는데 청와대는 단 한마디의 비판도 없이 사표를 수리해 줬다. 청와대는 공기업 사장자리가 총선 출마 징검다리일 뿐임을 다시 한 번 확인시켜 줬다. 경남일반노조 전서정 지회장은 눈물을 흘리며 절절하게 호소했다.

"(이강래 전 사장이) 국회의원에 출마하겠다고 합니다. 노동자들은 다 버려 놓고. 자기 혼자 잘 먹고 잘살겠다는 것입니까. 노동자를 버리는 사람이 국민을 위해 뭘 하겠다는 건지 알 수가 없습니다. 우리는 지금 떼쓰는 게 아닙니다. 법 판결대로 이행하면 되는 겁니다. 하루빨리 우리를 직장으로, 가정으로 돌려보내 주십시오!"

어떻게 힘을 하나로

이강래 총선 출마에 대한 언론의 비판이 쏟아지고 있을 때, 그래서 민주당과 정부를 더 압박할 수 있었고, 압박해야 할 때 민주연합노조 톨게이트지부는 심한 내부 갈등을 겪었다. 최종 제시안 문제로 갈등을 겪었고, 김천과 서울의 생각 차이로 갈등을 겪었다. 4개 노조 모두 내부 갈등과 대립이 있었지만, 그 갈등과 대립이 표면 위로 올라오는 경우는 자주 보기 힘들었다. 서로에 대한 끈끈한 애정과 신뢰가 있었기 때문에 논쟁이 아주 심각한 수준으로 치닫는 경우는 드물었다. 그래도 지도부나 조합원들이 원칙의 문제 또는 반드시 이견을 해소해야 한다고 판단하는 문제는 쉽게 타협이 되지

우리가 옳다!

않았다.

12월 내내 김천 농성장에 있는 민주연합 조합원들은 소외감을 느꼈다. 김천 조합원의 의견이 반영이 안 된다고 판단했다. 김천 농성을 이끄는 지도부의 의견이 배제된다고 봤다. 매번 안을 결정해 놓고 토론을 하라는 느낌을 받았다.

김천은 최종 제시안 내용도 서울보다 더 늦게 알았다. 12일 서울 조합원들은 양평동에서 토론했는데 김천 조합원들은 하지 못했다. 도명화 지부장은 서울과 김천이 동시에 토론해야 한다고 얘기는 했지만 마땅한 방법을 찾을 순 없었다. 누가 가서 설명해야 하는데 자신의 몸을 둘로 쪼갤 수는 없고 대신 갈 사람도 없었다. 김천 조합원들은 소통이 너무 부족하다고 느꼈다. 서울에서 내려오는 얘기는 무조건 따르란 얘기처럼 들렸다.

조합원들이 얘기하는 소외감이란 단지 자신들이 중요한 의사결정 과정에서 배제되었다는 불평불만이 아니었다. 자꾸 갈라지지 말고 힘을 모아야 한다는 절박함이었고 조직에 대한 애정이었다.

도명화 지부장도 힘을 하나로 모아야 한다고 생각했다. 서울에서 함께 싸워야 한다고 생각했다. 얘기했듯 여러 간부가 10월부터, 아니 9월 말부터 이 주제를 고민했다. 여러 회의에서 중요한 주제로 다뤄졌다.

한 조합원이 이렇게 말했다. 민주일반연맹 남정수 교선실장과 대다수 김천의 조합원들도 같은 생각이었다.

"공공기관의 심장을 점거하고 있습니다. 이건 최후의 보루입니다. 이강래가 도로공사 정규직이 여러 가지를 반대한다고 얘기했습니다. 본사 점거를 이어 가야만 도로공사가 반응합니다. 도로공사가 손해배상 1억을 청구했는데 아무 성과 없이 떠날 수 없습니다. 여기서 끝을 봐야 합니다. 확실한 대안 없이 점거를 풀면 투쟁이 바로 무너질 수 있습니다. 현실적 어려움도 고려해야 합니다. 서울 가서 싸우기 힘든 조합원들도 있습니다."

실제로 11월 말과 12월에 김천에서 올라온 조합원들 중에는 그렇게 올라오라고 하더니 별다른 게 없어 실망했다는 조합원도 있었다. 김천은 서울의 지도부가 김천의 투쟁을 폄하한다고 생각했다.

도명화 지부장은 두 달 이상 끌어온 갈등을 이제는 끝내야 한다고 생각했다. 이제 김천엔 민주연합노조 30여 명, 공공연대노조 40여 명 등 많아야 70여 안팎의 조합원만 있었다. 김천은 김천대로 힘들었고 서울은 서울대로 힘들었다. 의견 차이가 좁혀지지 않는데 그대로 두고만 볼 순 없다고 판단했다. 계속 설득해서 일부를 뺐고, 서울에서 투쟁을 만들었지만 역부족이었다. 국회의원 사무실에서 농성할 수 있는 사람도 부족했다. 사람이 부족하니 집회와 행진 모두 활력이 떨어졌다. 청와대, 광화문, 김현미 사무실, 다른 국회의원 사무실, 매일 엄청나게 이동해야 했고, 계속 집회와 문화제를 열었으니 조합원들은 지쳤다. 노력은 했지만, 성과는 잘 나타나지 않았다. 힘을 모아야 했다. 김천 조합원들이 너무 고생하고 있었지만, 정말 헌신하고 있었지만, 김천 투쟁의 의미는 이제 많이 축소되었다고 판단했다. 고통스러웠지만 캐노피를 내려왔듯 결단이 필요한 시점이라고 생각했다. 이강래를 넘어 민주당과 정부 상대로 더 싸워야 한다는 투쟁의 기조와도 잘 맞지 않았다. 지도부의 소통 능력도 문제겠지만 서로 너무 오래 떨어져 있으면 필연적으로 차이가 발생한다. 분열을 안은 채 싸움이 끝나선 안 된다고 판단했다.

우리가 옳다!

도명화 지부장은 김천 조합원들에게 12월 21일 다 올라오라고 지침을 내릴 생각이었다. 그러나 그건 일방적인 밀어붙이기였다. 더 소통해야 했고 더 토론해야 했다. 그런데 소통과 토론이 부족한데 계속 올라오라는 소리만 들리니 김천 농성장에 있는 게 가시방석에 앉아 있는 것 같다는 얘기까지 나왔다. 충분한 소통과 토론을 진행했는데도 의견 차이가 좁혀지지 않는다면 그 상태를 유지하면서 다시 고민하는 게 분열을 막는 방법이었다. 지침으로 강요할 수 없는 문제였다. 3개월 넘게 피눈물 흘리며 농성장을 지켜 온 조합원들의 판단을 어떻게 간단히 무시할 수 있겠는가?

도명화 지부장은 생각을 바꾸고 23일 김천에 내려가 조합원들과 다시 토론을 진행했다. 남은 투쟁 시간만이라도 한곳에 모여 있어야 하고 소통의 문제로 계속 단결이 약해지는 건 더 볼 수 없다고 얘기했다. 민주당과 정부를 상대로 더 싸워야 할 필요성을 제기했다.

김천 조합원들은 김천을 지켜야 할 필요성을 얘기했다.

"100일이 넘는 시간 동안 진물과 피부병을 겪으며 옷이 뜯기고 온몸에 피멍이 들도록 싸워 지킨 이 투쟁 터를 이강래가 떠났다고 우리도 떠날 수는 없습니다."

도명화 지부장은 "찬반투표를 합시다. 서울 투쟁은 너무 힘든 것 같습니다. 김천 조합원들 판단으로 김천을 사수합니다"라는 말에 격앙되어 "제가 끌어낼 수는 없으니 있으려면 녹색 조끼를 벗고 있으세요"라는 심한 말을 하고 말았다. 후회했으나 엎질러진 물이었다. 도명화 지부장은 며칠 후 사과 글을 텔레그램 방에 올렸다. 그 글의 일부다.

"김천의 동지들에게

날씨도 차고 바람도 찹니다. 잘 이겨 나갔으면 하는 바람이지만 강추위와 외로움을 견뎌야 하는 동지들 생각하면 마음이 많이 아픕니다.

사실 서울로 모여 함께 싸워야 한다는 생각은 오래전부터 있었습니다. 본사 점거가 우리 투쟁의 최고 높은 봉우리였고, 정말 동지들의 불꽃 같은 투쟁으로 도로공사의 심장을 흔들며 연대를 만들어 왔습니다. 지금도 동지들이 힘겹게 버티고 있는데, 본사 점거 투쟁이 없다면 우리 투쟁 전체가 없다고 볼 수 있습니다.

그러나 본사 투쟁만으론 한계가 있다고 생각했습니다. 민주당과 청와대를 압박해야 하고 더 넓게 사회적인 연대를 만들어 내야 하는데 김천 본사 농성만으론 역부족이라 생각했기에 고통스럽게 결단하지 않을 수 없었습니다. 그래서 여러 고민 끝에 일부 대오를 뺐습니다.

농성 프로그램을 너무 잘 짜고 있지만 동지들이 무한한 헌신으로 싸우고 있지만 농성장에서 할 수 있는 건 한계가 있다고 봤습니다. 무엇보다 하나로 모아 민주당과 청와대에 맞선 싸움을 하지 않으면 이 싸움 결판을 낼 수 없다는 판단이 있었습니다. 동지들의 고충과 고민도 이해하지만 이런 고충과 고민이 있었기 때문이라는 점 이해를 부탁드립니다.

진심으로 사과를 드립니다. 몇 명이 남든 포기하지 않습니다. 포기하지 않을 것입니다. 어디에 있든 우리는 자랑스러운 톨게이트지부 조합원입니다. 그리고 김천과 서울 끝까지 함께 가야 합니다. 서울 동지들 최선을 다해 줄 거라 믿습니다.

여전히 생각의 차이가 있을 수 있습니다. 하지만 저도 이제 더 이해하며 존중하도록 노력하겠습니다. 그리고 더 토론하겠습니다. 매번 마지막

우리가 옳다!

이라는 각오로 싸웠지만 이제 정말 마지막 국면이라고 생각합니다. 동지들, 최선 다해 농성장에 복귀하지 않고 있는 동지들을 설득해 주십시오. 다시 한 번 미안함과 고마움을 전합니다. 부족한 저를 따라 주면서 단결해 주어 너무 고맙습니다."

대략 10월 중순부터 김천의 전망은 사실상 닫혔다. 물론 상징적 의미는 여전히 있었고 매주 토요일 민주노총 지역본부 순환 집회를 비롯해 연대도 끊긴 건 아니었다. 조합원들도 온갖 고통을 참으며 무한한 인내심으로 저항의 거점을 지켰다. 하지만 김천 투쟁의 한계도 명확해지고 있었다. 농성장에서 할 수 있는 투쟁은 정말로 많지 않았다. 앞에서 얘기했듯 바깥에서의 연대 투쟁이 치솟아 올랐다면 농성장을 지키는 것만으로도 아주 큰 의미가 있었을 것이다. 그러나 상황은 그렇지 않았다.

상대적으로 서울에서의 전망은 열려 있었다. 조합원들은 김현미, 이해찬 국회의원 지역구 사무실 농성과 청와대 면담 투쟁, 투쟁 사업장 순회 투쟁을 하면서 톨게이트 투쟁을 다시 한 번 부각시켰다. 그리고 국회의원 사무실 농성을 확대했다. 2020년 4월 총선이 다가오고 있었다. 예년 같았으면 국회의원 지역구 사무실 농성쯤은 신경도 안 썼을 것이다. 하지만 당장 코앞에 닥친 총선을 신경 써야 하는 국회의원들은 지나가는 새도 조심해야 했다. 그런데 민주당과 정부의 책임이 분명한 톨게이트 사태를 얘기하며 자기 지역을 시끄럽게 만든다면 신경을 쓰지 않을 도리가 없다.

그런데 시끄럽게 만들지 못했다. 국회의원 사무실 앞에서 촛불 문화제나 집회를 열면서 민주노총 조합원을 불러 모아야 했다. 지역의 시민사회단체에 알리고 지역의 여론도 만들어 내야 했다. 그러나 세종시 이해찬 사무실 말고는 그런 일이 거의 진행되지 않았다. 민주노총 충남본부, 대전본부가 힘을 써 이해찬 사무실 앞에서는 집회와 촛불 문화제가 자주 열렸다. 그런데 서울에서는 터무니없이 부족했다. 농성 투쟁 말고는 별다른 계획이 나오지 않았다.

서울 조합원들도 답답했다. 김천 조합원들과 함께 싸우면 좋을 텐데, 언제까지 이렇게 나뉘어 싸워야 하는지. 본사 점거가 지금 어떤 의미가 있는지, 의미가 떨어진다면 뭔가 대안을 마련해야 하는 건 아닌지. 물론 서울은 서울대로, 김천은 김천대로 싸우는 게 더 낫다고 생각한 조합원도 있었지만, 많은 조합원의 눈엔 당시 상황에 뭔가 문제가 있어 보였다.

조합원들은 11월 29일 추가로 이인영, 정세균, 김영주, 이훈, 박주민 국회의원 사무실 등 8곳의 의원 사무실에서 농성을 시작했다. 12월 13일에는 우원식, 박용진, 진영, 강병원, 박홍근, 황희, 김병기, 이훈, 유승희, 금태섭, 한정애 국회의원 사무실 농성에 돌입했다. 하지만 농성을 유지하는 데 급급했다. 더군다나 을지로위원회 우원식, 박홍근 사무실 농성은 하루 만에 접었다. 몇몇 조합원은 우원식, 박홍근이 중재에 나선 을지로위원회 소속이기 때문에 민주일반연맹이 부담을 느껴 뺀 거라고 비판했다. 우원식 사무실이 좁기는 했으나 농성을 못할 정도는 아니었는데 아직도 뭔가 기대를 걸며 뺀 것 아니냐고 불만을 터뜨렸다. 그리고 국회의원 지역구 사무실 농성을 너무 늘린 게 역효과였다. 20곳 이상으로 늘리다 보니 조합원들이 너무 쪼개졌다. 자꾸 한데 모여 소통하고 의지를 확인해야 하는데 너무 흩어져 있으니 서로의 의지를 확인할 길도 없고 자신감도 더 약해졌다.

대부분의 민주당 국회의원들은 이강래를 비판하면서 조합원들이 조용히 있다 가기를 바랐다. 민주당 정세균 국회의원(지금 국무총리)이 만나

자고 해서 봤는데 자신이 할 수 있는 건 없다고 했다. 민감한 반응을 보이는 곳도 있었다. 노웅래 국회의원 사무실에선 민주당 마포구 구의원이 "농성 중인 수납원들에게 노숙자 냄새가 나 역겨웠다"라는 막말을 퍼부으며 조합원들을 괴롭혔고 폭력을 썼다. 2020년 1월 10일 전혜숙 국회의원은 경찰을 동원해 조합원들을 내쫓았다. 여러 곳에서 마찰이 있었다. 몇몇 국회의원은 톨게이트 투쟁이 선거에 영향을 미치지 않을까 전전긍긍했다. 민주노총 서울본부나 시민사회단체와 소통해 그 지역의 민주노총 조합원들의 지지방문을 끌어내고 촛불 문화제나 집회를 만들어 냈다면 분명 효과가 있었을 텐데 그런 일을 만들지 못했다.

만약 서울에서 설득력 있는 대안을 제시하고 효과적인 투쟁을 만들어 갔다면, 최소한 11월처럼 경찰과도 강하게 맞붙으면서 투쟁을 다시 끌어올렸다면, 그것이 아니더라도 힘 있게 투쟁을 마무리할 수 있는 새로운 방법을 제시했다면 김천 조합원들도 수긍했을 것이다. 물론 사람도 부족했고 조합원들도 상당히 지쳐 있어 쉽지 않은 일이었지만 말이다. 12월에도 여러 투쟁이 제안되었지만 대부분 불발되었다.

몇몇 상층 간부는 12월 이후엔 조합원들이 연행되어 법적 부담을 지는 투쟁을 두려워한다고 했다. 두려움 없는 사람이 어디 있겠는가? 그런데 두려움은 빛을 따라다니는 그림자 같다. 빛이 커지면 그림자는 작아지고 빛이 작아지면 그림자는 커진다. 전망이 보이고 확신이 생기면 두려움은 작아지고 전망이 보이지 않고 확신이 떨어지면 두려움이 커진다. 또한, 노동자들은 단지 투쟁이 길어지는 걸 싫어하는 게 아니다. 의미 없는, 전망 없는 투쟁을 싫어한다.

6.

사위어 갔지만
불꽃은 불꽃

자신과의 싸움

노동자들은 계속 쉴 틈 없이 움직였다. 서울로 올라온 날부터 그랬다. 김천에서 나와 또 다른 투쟁을 만든 조합원들은 투쟁이 있는 곳이면 어디든 달려갔다. 청와대 면담 투쟁 말고도 다른 투쟁이 많이 있었다. 11월 25일 문재인 대통령을 만나기 위해 아세안정상회의가 열리는 부산 벡스코에 찾아갔다. 조합원들은 외쳤다. 대통령님 면담합시다! 경찰은 노동자들을 옴짝달싹 못하게 묶어 두었다. 아무 이유도 없이 행진을 막았다. 노동자들은 부산 신세계백화점 앞에서 고립되어 한나절을 보내기도 했다. 경찰은 화장실도 못 가게 했다. 11월 30일 민중대회, 12월 7일 "일하다 죽지 않게! 차별받지 않게!" 김용균 1주기 추모대회에 참여했다. 톨게이트 노동자들은 민주노총 투쟁에 앞장서며 자신들이 계속 싸우고 있음을 알렸다.

12월 조합원들은 마지막 남은 힘을 쥐어짜려 했다. 12월 초 서울에

아세안정상회의가 열리는 부산에서

우리가 옳다!

서 투쟁한 조합원은 민주연합노조 80여 명, 공공연대노조 30여 명, 인천과 경남 합해 12명 정도였다. 김현미 사무실에 5명이 있었고 이해찬 사무실에도 5명이 있었다. 조합원들은 힘들었지만 지침이 내려오면 최대한 다 실천하려 했다. 그리고 동료를 저버리지 말자고 서로 다독였다. 12월 6일 판결이 또 다른 분기점이었는데 그 판결에서 이기더라도 갈라지지 말자고 얘기했다.

"재판은 재판일 뿐입니다. 투쟁으로 직접고용 되어야 합니다. 6일 선고 제외자 중에 불안하다고 얘기하시는 분들 있고 아닌 분들 있는데 이번엔 갈라치기 당하지 말고 먼저 이겼다고 복귀하지 맙시다." (진정일 지회장)

조합원들은 12월 6일 김천지원 판결 전에 좀 더 싸워야 하고, 이후 11일 이강래와의 교섭이 잡혔을 때, 16일 실무 교섭이 잡혔을 때도 그전에 투쟁을 세게 밀어야 한다고 생각했다. 투쟁 방법을 찾으려 했다.

"청와대 앞에서 형식적으로 집회하는 건 의미 없습니다. 하려면 아침부터 밤까지 하고 전체 연행당하던가. 청와대 분수대 들어가 다 눕던가 해야죠. 이제 찔끔 연행당하는 것 의미 없습니다. 그 시간에 지역을 떠들썩하게 했으면 좋겠습니다."

"11일 이강래와의 교섭 때 조합원들 다 국회 안에서 대기하고 있었는데, 교섭 끝나고 그냥 나온 건 이해가 안 갑니다. 뭐라도 하던가. 눌러앉아 연행을 당하던가."

"오늘은 동대문, 내일은 광진구에서 약식 집회하고 그 주변 행진하는 게 좋을 것 같습니다."

"지금까지 남아 있는 사람들은 큰 문제없습니다. 끝까지 함께 가기 위해 싸우고 있습니다. 노동청을 점거하던가. 무슨 수를 내야 합니다."

"민주노총에게 큰 집회라도 제안해야 합니다. 급하게 제안하면 많이 안 모일 수는 있지만 그래도 제안해 봅시다."

처음 투쟁에 나선 조합원들이 많은 방법을 제안하기는 어려웠다. 경험이 없었기 때문이다. 그래도 여러 아이디어를 제안하면서 해 볼 수 있는 게 없는지 지도부에게 물었다. 노동청 점거, 고속도로 점거 얘기도 나왔고 몇 명이라도 고공농성을 다시 하자는 제안도 나왔다. 앞장서 싸웠던 조합원들도 지친 상태였지만 완전히 포기하려 하진 않았다. 겉으론 무기력해 보였어도 전체가 함께 들어가야 한다, 2015년 이후 입사자와 함께 들어가야 한다는 동료애는 여전했다.

물론 모든 여건이 녹록지는 않았다. 위로부터는 투쟁 계획이 잘 나오지 않았다. 국회의원 사무실 농성 확대, 오체투지 정도였다. 조합원들은 민주일반연맹이 몇 억을 썼고, 민주연합노조가 몇 억을 썼고 이제 통장에 몇 천만 원 남았다는 소리를 들을 땐 마음이 착잡했다. 톨게이트 노동자들의 투쟁을 부담스러워한다고 생각했다.

민주일반연맹이나 민주연합노조, 공공연대노조, 그리고 다른 노조 모두 힘에 부쳤다. 민주노총의 뒷받침이 잘 안 되는 상황에서 민주일반연맹이 많은 일을 해 왔다. 여러 번 집회를 개최했고 간부들도 이 투쟁에 전적으로 매달렸으며 돈도 아낌없이 썼다. 그래서 힘든 게 사실이라 하더라도 방법을 찾을 필요가 있었다. 모두가 톨게이트 투쟁은 비정규직 투쟁을 대표하는 투쟁이라 하지 않았던가? 톨게이트 투쟁은 비정규직 투쟁 전체를 끌어올리는 지렛대 역할을 하고 있지 않았던가? 민주노총과 투쟁하는 노동자들에게 더 많은 지원을 요청하고, 시민사회단체의 동참을 호소하면서 부족한 부분을 채워 갈 수 있지 않았을까? 시민사회대책위가 제안한 '새해 첫 소망 톨게이트 노동자 1,500명 직접고용, 1,500인 선언 및 신문광고 모금 운동'에 정말 많은 사람이 참여해 주었는데, 그만큼 톨게이트 투쟁은 여전히 많은 노동자 민중의 지지를 받고 있었다.

어쨌든 조합원들은 자신들이 내리막길에 서 있다는 걸 알고 있었다. 그래도 또 할 일을 다 했다. 자신과의 싸움이었다. 그 누구도 대신할 수 없는 투쟁이란 걸 절감했다. 결국 최종 선택은 자기 자신에게 달려 있다는 걸 깨달았다. 후회하지 않는다면 그것만으로도 가치는 충분하다고 생각했다. 그래도 빨리 끝나면 좋겠지만, 여기까지 와서 포기하면 후회할 수밖에 없다고 생각했다. 자신에게 부끄럽지 않으려고 더 열심히 움직였다. 아침에 일어나 국회의원 사무실 앞에서 선전전을 하고 10시까지 광화문에 가서 밥을 먹고 하루 일정을 소화했다. 광화문 농성장에 비하면 국회의원 사무실은 호텔이었지만 불편한 곳도 있었다. 건물이 낡은 곳은 씻을 데가 없어 지하철 화장실 가서 씻어야 했다. 일찍 문이 닫히는 건물이 있어 밤에는 또 갇혀 있어야 했다. 황희 사무실에선 직원들이 노동자들을 도둑놈 취급하며 사무실 안에 따로 자물쇠를 만들었다. 사무장이나 비서관들이 막말을 퍼붓는 곳도 많이 있었다. 조합원들은 시비를 거는 사무실에 우르르 몰려 가 항의했다.

많은 조합원이 집회 때 간이 의자를 썼다. 이제 오래 앉아 있기도 힘들었다. 허리와 무릎이 성치 않았다. 모두 많이 아팠다. 자기도 아픈데 아픈 동료를 보면 집에 가서 쉬었다 오라고 챙겼다. 비판보다는 배려가 힘이 됐고, 그 힘으로 움직였다. 동대문 정세균 사무실 앞에서 집회했고 광장시장과 종로 일대를 누비며 선전물을 돌렸다. 지친 몸으로 지하철을 타고 다시 국회의원 사무실로 돌아와 또 내일을 준비했다. 외로운 강행군이었다.

12월 26~27일 조합원들은 전북 임실·순창·남원 민주당 예비 후보[1]로 등록한 이강래 전 사장 규탄 투쟁을 전개했다. 민주일반연맹 호남권 노동자들, 민주노총 전북지역 노동자들이 함께했다. 27일 오후 2시 이강래 선거 사무소 개소식이 있었다. 이강래는 조금도 반성하지 않는 모습을 보였다. 조합원들은 이강래를 만나서 항의했다.

조합원: 우리가 7개월 동안 얼마나 내몰리고. 당신이 도로공사에서 똑바로 못했기 때문에 우리가 이렇게 됐습니다.

조합원: 16일 교섭하자고 해 놓고.

이강래: 여러분 추운데 고생하셨고.

조합원: 세상에!

이강래: 저도 도로공사 사장으로서 도로공사 입장이 있습니다. 저는 도로공사 직원들이나 정부 관련된 기관 입장을 다 염두에 두고 조율하면서 해결할 수밖에 없는 입장입니다. 잘 아시는 거겠지만 12월 6일 1심 판결이 나고 대부분의 쟁점 다 해결됐습니다.

조합원 모두: 해결 안 됐잖아요. 뭐가 해결이 되었다는 겁니까.

조합원: 그렇게 거짓말하지 말라고요. 뭐가 해결되었다는 거예요? 뭣이 해결되었습니까?

---

1 이강래 사장은 2020년 3월 6일 민주당 본선 후보로 확정됐다.

우리가 옳다!

이강래: 마지막 남은 쟁점은 고소 고발 철회 문제예요.

조합원: 2015년 이후 입사자들 문제는 어떻게 할 건데요?

이강래: (화를 내며) 들어 보세요!

조합원: 소리 지르지 마세요! 소리 지르지 마시라고.

이강래: 고소 고발은 제가 해결하고자 했지만 도로공사 직원들이 정서적으로 도저히 받아들일 수가 없어서 도로공사 직원들 입장에서는 그동안 가슴에 피멍이 들어 있어요.

조합원 모두: 저희는요! 왜 이리 뻔뻔스러워.

이강래: 고소 고발 문제는 민주노총도 사과하기로 했습니다. 사과를 하는 과정을 거쳐야.

조합원: 민주노총 누가 사과하겠다고 했습니까?

이강래: 나는 도로공사 사장 마치고 나온 사람이에요. 더 이상 나한테 얘기하지 마세요.

조합원들: 해결하라고 했잖아.

이강래: 오케이. 그 정도.

조합원: 이강래 당신, 그렇게 도둑 같은 마음으로 어떻게 살아.

또 한 번의 실망

12월 30일 세종로 공원 저녁 문화제에서 민주일반연맹 강동화 사무처장은 실무 교섭 결과를 보고했다.

"의견을 조율하는 자리였지, 합의하는 자리는 아니었습니다. 핵심만

간략하게 말씀을 드리겠습니다. 여러 가지 논란이 많았던 1항과 관련해서 2015년 입사자 관련해서는 문구로는 정리되지 않았지만 우리 최종안에서 단서 조항을 삭제하는 걸로 조율되고 있습니다. 그 얘기가 무슨 내용인가 하면 2015년 이후 입사자에 대해선 언급 자체를 하지 않는 것으로 진행이 됐다, 이렇게 보시면 될 것 같습니다. 1항은 우리 내부적으로도 여러 가지 의견이 있었고 사측과 첨예하게 대립했던 문제인데, 문구가 어떻게 될지는 모르겠지만 일정하게 선을 넘은(합의가 가능한) 것이라고 판단할 수 있지 않겠느냐고 봅니다.

그다음 두 번째 2항과 3항에 대해선 별도로 깊게 토론하지 않았습니다. 4항은 많이 토론되었다고 합니다. 이때까지 언급이 없던 도명화 지부장님 복직 문제가 언급되었습니다. 도로공사는 해고를 생각한다고 얘기했고 우리는 아니다, 일할 생각이 충분히 있다, 이렇게 얘기했고요. 문제가 결국은 징계 문제와 관련이 있습니다. 대법승소자인 도명화 지부장에게도 교육받으라 했고 출근하라고 했지만, 우리 동지들과 함께 투쟁하기 위해서 거부하고 같이 투쟁하고 계시다 아닙니까. 회사는 해고할 생각이 있는 거고 우린 아니다, 일할 생각이 있다고 밝혔고, 만약 피치 못할 징계가 있다면 중징계 말고 경징계로 해야 하는 것 아니냐, 이렇게 얘기했다고 합니다. 또 하나는 대법 판결자들 10일 정도 교육 거부했다 아닙니까. 이것도 도로공사가 고민을 하고 있다고 했는데 우리는 견책 내지 주의 정도로 해야 한다는 의견을 줬습니다.

실제 실무 교섭 담당했던 동지가 김천 농성장에서 설명을 하고 있을 겁니다. 내일 아니 오늘 저녁 늦게 상경하면 문서로 정리해 조합원들에게 보고 드릴 겁니다. 실무 교섭이 1월 6일로 잡혔는데 우리가 어떤 입장을 갖고

우리가 옳다!

실무 교섭에 임할 것인가 조합원 동지들과 간부 동지들이 의견을 모아 주시고, 제 개인적인 생각은 그 이전에 현장대표자들하고 조직대표자들하고 교섭책임자하고 연맹위원장하고 같이 모여 이후 방향을 얘기할 거라 봅니다."

징계 자체를 반대한 게 아니라 경징계, 중징계 구분하며 징계를 인정하는 듯한 태도를 보인 것도 논쟁의 여지가 많았는데, 조합원들은 문제제기를 하진 않았다. 아직 징계가 확정된 것도 아니며 도명화 지부장과 함께 들어가야 한다고 생각하고 있었기 때문이다. 이후에라도 도로공사가 도명화 지부장을 해고하면 함께 싸울 마음은 당연히 가지고 있었기 때문이다. 물러설 수 없다고 봤던 2015년 이후 입사자 문제가 풀릴 것 같다고 하니 한계는 많이 있지만, 투쟁이 마무리될 수 있겠다는 생각을 했다. 2015년 이후 입사자들도 조건 없는 직접고용으로 함께 들어갈 수 있다면 나머지 문제는 이후에 풀어 가면 되지 않을까? 고소 고발 손해배상 문제를 취하시키지 못해 자존심이 상하고 도와주었던 노동자들에게 면목이 없지만, 어차피 들어가서도 싸워야 하니 차차 해결해 나가면 된다고 생각했다.

그래서 2020년 1월 4~5일 많은 조합원이 집에 갈 생각을 했다. 김영호 국회의원 사무실에서도 짐을 싸는 조합원이 있었고, 강병원 사무실에서도 집에 갈 것 같다고 가족에게 전화하는 조합원이 있었다.

안타까운 상황

결과는 조합원들의 예상과 달랐다. 1월 6일 실무 교섭이 있었는데 실무 교섭 해석을 둘러싸고 또 혼선이 발생했다. 누군가는 도로공사가 1번 쟁점을 수용했다고 얘기했고, 누군가는 아니라고 했다. 나중에 자세히 들어 보니 도로공사 입장은 변한 게 없었다. 영업처장은 자신이 마지막에 제안한 2015년 입사자 단서 조항 삭제, 고용방안 원칙적 합의는 개인 의견이었다고 했다. 조합원들은 분명 1번 쟁점이 풀릴 것 같다는 얘기를 들었는데 도로공사 입장은 그대로였다. 조합원들은 허탈했다. 자신들이 들은 얘기는 뭔가. 또 뒤통수 맞은 건가. 김장환 영업처장이 말을 바꾸었다는 얘기도 있었고 원래 개인 입장이라고 했는데 조합원들에게 잘못 전달되었다는 얘기도 있었다. 조합원들은 자신들만 바보가 되는 느낌이었다.

민주일반연맹에서는 '2015년 이후 입사자 단서 조항을 삭제한 고용방안으로 합의보고 다른 문제는 추후 협의하자'는 최종안을 제시했다. 영업처장은 8일 또는 9일까지 답변을 주기로 했다. 1월 9일 도로공사에서 답변이 왔다. 노조 최종 제시안은 받을 수 없고 자신들의 입장을 받으라는 얘기였다. 민주일반연맹은 교섭은 더 의미 없다고 보고 투쟁 계획을 논의하자고 했다.

민주당도 도로공사의 입장에 발맞춰 조합원들을 압박하기 시작했다. 1월 9일 민주당에서 국회의원 사무실에서 농성하고 있는 노동자들을 강제로 해산시키겠다고 연락이 왔다. 10일 민주당 전혜숙 의원은 경찰을 동원해 농성하고 있는 조합원 네 명을 강제로 쫓아냈다.

조합원들은 실망감을 감추지 않았다. 그동안 느꼈던 감정을 쏟아 냈다.

"대안도 없이 일하고 후속대책은 없고요. 교섭 내용은 집에 있는 사람한테 듣질 않나. 소통 부족을 얼마나 얘기해야 합니까? 싸울 땐 앞에 나가 싸우는데. 현장에 있는 조합원들은 항상 아쉽네요. 1월 6일 조합원들 그래도 기대를 하고 몸 아픈 사람도 일부러 나와서 쭉 기다리고 있었는데요."

"6개월 동안 너무 빡세게 달려와서 지친 건 사실입니다. 중요할 땐 특별한 일 없으면 집에 가지 말라고 해서 가지 않은 동지들도 많습니다. 매번 9월에 끝난다, 10월에 끝난다, 11월에 끝난다, 첫눈 오기 전에 끝내자. 왜 그렇게 얘기했습니까? 차라리 그렇게 얘기하지 말았어야 했습니다. 필요하면 장기적 계획 세우고 로테이션 돌리면 되지 않습니까."

"하라는 대로 다 했습니다. 한두 번도 아니고 몇 번째 이렇게 미끄러지는 겁니까. 누가 투쟁을 빨리 끝내고 싶어 하는지 보였습니다. 결국, 우리를 못 믿은 겁니다. 그럴 수는 있습니다. 떨어져 나가는 사람들 있으니까. 그래도 싸우겠다는 사람은 믿고 뭘 해 봐야죠. 실패하더라도."

"연맹은 교섭할 때만 들어가는 분들인지, 그게 중요한 게 아니라 전술을 잘 짜 싸우도록 만들어 주고 실무 교섭은 오히려 현장대표가 들어가야 하는 거 아닙니까."

사실 마지막 투쟁의 기회는 12월이었다. 1월로 접어든 다음엔 조합원들조차 투쟁에 대한 기대를 많이 접었다. 지칠 대로 지쳤고 지도부에 대한 실망과 내부 분열까지 겹쳐 다시 힘을 끌어올리기 어려웠다. 12월의 고통을 문한수 지회장은 이렇게 얘기했다.

"어떻게 하면 더 밀어붙이는 투쟁으로 저들의 갈라치기를 깨고 조합원들이 자신감과 성취감을 느끼며 복귀할 수 있을까? 그렇게 복귀해야 더 많은 사람을 모아 낼 수 있을 텐데. 고민을 참 많이 했습니다. 상층이 움직이지 않을 때, 상층의 결정이 한계가 많을 때 또 다른 전환점을 만들어 낼 수 있는 대안을 제시해야 했습니다. 싸워야 한다는 건 알았지만 어떻게 싸우고 어떻게 만들어 낼 것인지 답을 찾지 못했습니다. 정말 힘들었고 동지들에게도 미안했습니다."

마지막까지 최선을 다하는 노동자들

조합원들은 무슨 일을 해야 하는지 알았다. 상황을 역전시킬 방법은 없다. 우리 자신을 지켜야 한다. 자존심을 지켜야 한다. 서로를 격려해야 한다. 그리고 노동자다운 삶을 다짐해야 한다.

"교섭 날짜가 잡히고 나서부터, 교섭 날짜가 잡힐 때마다 더 기운들이 빠져나가는 부분들이 보였습니다. 투쟁도 힘들고 교섭이 이뤄지지 않을 때마다 기운이 빠지는 건 사실이었습니다. 우리도 사람이니까요. 당연하죠. 헌데 이런 걸 노린 것이 도로공사 아닐까요? 떠나가는 맘을 잡는 건 정말 어려운 일입니다. 너나 잘해라 말씀하실 수도 있습니다. 하지만 이것만은 깊이 생각을 해 주시길 바랍니다.

— 나는 어째서 민주노총을 선택을 한 것인가?
— 나는 어떻게 행동해야 될 것인가?
— 투쟁이 힘들다고 하는데 정말 힘든 것인가?
— 조합원이 빠지고 있는 상황인데 도로공사는 교섭을 할 것인가?
— 교섭안을 더 단단히 하고 가고 싶은데 왜 더 밀어붙이지 못한 건가?
생각나는 대로 질문을 던져 보았습니다. 우리 조합원들 이렇게 투쟁 잘하고, 단결도 좋고, 결속력도 좋은데 민주노총 지도부!! 우리 좀 팍팍 연

우리가 옳다!

대해 줘!! 민주일반연맹 저희 좀 끝까지 지지해 주세요!! 목에 힘주고 밀어붙일 수 있는 거 아닙니까? 헌데 우리 모습은 어떻습니까?

2019년 7월, 하라는 대로, 시키는 대로 하면 되는 투쟁이었다면 2020년은 우리 스스로가 단단한 조직이 돼야 함을 생각해 주시겠습니까? 부탁드립니다. 깊이 생각을 해 주시고, 행동으로 동참해 주시겠습니까? 기다리겠습니다. 동지님들. 더 도로공사에 흔들리지 말고, 2019년도 빛나고 아름답게 투쟁하였습니다. 무라도 잘라 보자고 칼을 들었습니다. 투쟁의 끝이 없지만 우리의 자존심 우리가 지켜 냅시다." (김승화 조합원)

"사랑하는 조합원 동지들에게

올해 정년인 조미경이 드립니다.

다 아시겠지만 전 지금 직접고용 되어도 얼마 다닐 수 없습니다. 자회사 갔으면 정년 1년 연장으로 더 다닐 수 있지만 전 직접고용을 선택했고 올해 정년입니다. 그래도 후회하지 않습니다. 그리고 동지들에게 보탬이 되고 싶습니다.

마지막인 것 같은데…… 힘든 건 사실입니다. 힘들어도 다시 나와 주시길, 서로를 탓하지 말고 힘을 모아 주시길 동지님들에게 간곡히 호소합니다. 이건 내 싸움입니다. 누가 하라고 해서 어거지로 등 떠밀려서 투쟁하진 않았잖아요. 내 권리 찾고자 투쟁 현장으로 달려 나와 지금까지 싸워 왔어요.

동지님들! 그리고 수많은 연대를 기억했으면 좋겠습니다. 우리 투쟁이 잘 마무리되어야 다른 노동자들도 힘 받을 수 있지 않을까요? 우리 조금만 더 서로서로 보듬어서 조금만 더 힘차게 가열차게 나아가요. 내일 도공이 꼼수를 부려 우리의 안에 태클을 걸더라도 우린 이겨 낼 수 있을 거예요.

힘들더라도 조금만 더 파이팅하시게요. 동지들 사랑합니다.” (조미경 조합원)

　“생계 때문에 어쩔 수 없다는 자기합리화를 버리고 직접고용을 위해 주저 없이 해고를 받아들였기에 한여름 물에 담갔다 건진 것처럼 땀이 줄 줄 흐르는 동지를 보아도, 화장실에서 세수 한 번 했다고 온갖 욕을 먹어도 서로를 바라보며 해맑게 웃을 수 있었습니다. 불의를 거부하며 스스로 내 삶을 지키고 있다는 자부심이 있었기 때문입니다.

　비정규직 노동자로서 자본의 세상을 넘어 노동의 소중함과 가치를 지킬 수 있는 세상을 위해 단결하고 연대할 것을 다짐하고 있습니다. 이제 해고 노동자로 6개월을 싸웠으니 내 노동이 세상을 만든다는 자부심까지는 아니어도 적어도 우리가 누구냐는 질문에는 답할 수 있을 것 같습니다. 나는 투쟁하는 노동자라고.

　그리고 건강한 에너지를 유지하며 주변을 돌아보고 더 간악하고 촘촘하게 노동자의 더운 피를 빨아대는 자본과 정부에 더 잘 대항할 수 있도록 공부도 하는 노동자가 되리라 조심스레 저 자신에게 약속도 해 봅니다”

(이정미 조합원, <비정규직 이제 그만 소식지> 3호)

　김천에 있는 조합원들도 마지막까지 최선을 다했다. 김정인 조합원의 글은 김천 조합원들이 어떻게 노력했는지 알 수 있게 한다.

　“11월 김천 본사와 청와대로 대오가 나누어지면서부터 김천 본사 대오들은 바빠지기 시작했습니다. 대오가 줄었기에 율동을 안 하던 동지들도 율동을 하게 되었고, 합창을 안 하던 동지들도 합창팀에 들어가 노동가를 부르기 시작했습니다. 대오가 줄어드니 모든 동지가 어떤 것이든 해야 했습니다. 시간이 흘러 대오가 더 빠지자 심지어 율동과 합창 둘 다 하는 동지들도 생겨났습니다. 문화제 사회도 동지들이 돌아가면서 보았고, 모든 프로그램을 동지들 스스로 만들어 갔습니다. 주말이면 오는 개신교, 천주교, 불교 종교행사에 모든 동지가 참석해야 했습니다.

12월에는 많은 일이 있었습니다. 도로공사의 일방적인 발표, 교섭, 이강래 사장의 퇴임식 등 많은 일이 있었습니다. 대오가 적어질수록 김천 본사 동지들은 조끼 색에 연연하지 않고 서로를 챙기며 돈독해졌습니다. 조끼를 바꾸어 입는 프로그램도 있었는데, 조끼를 바꾸어 입고는 서로 잘 어울린다며 웃으면서 율동도 하고 사진도 찍으며 노조를 뛰어넘어 더 가까워졌습니다. 그러다 보니 가족 같은 분위기가 형성된 것 같습니다. 청와대팀이 김천 본사로 왔을 때 김천 동지들이 청와대 동지들을 보면서 너무 반가워 무조건 포옹을 하니 청와대팀이 '이건 뭐지?' 하는 표정을 짓는 모습을 간혹 볼 수가 있었습니다.

크리스마스이브에 연대 동지들과 문화제를 했습니다. 그때 사회를 제가 보게 되었는데 나름 이벤트로 농성장 안의 동지들에게 주려고 선물을 사서 인희 동지와 함께 포장했습니다. 그런데 연대 온 동지들에게 있는 대로 다 퍼 주어서 하나도 남지 않았습니다. 크리스마스 선물이라고 얼마나 해맑게 주던지 너무 순수해 보였습니다.

중식 투쟁 때 어떻게 하면 도로공사 구사대들에게 우리의 정당함을 알릴 수 있을까, 많은 일을 했던 것 같습니다. 1층 로비에서 볼 수 있도록 2층에 '결사 투쟁' 현수막을 걸기도 하고, 차츰 밖으로 나가 투쟁을 해 나갔습니다. 그렇게 하면서 출입이 자유로워졌습니다.

1월에는 아침 출근 선전전과 중식 투쟁을 도로공사 직원들이 드나드는 문 앞에서 했고, 강도를 높여 상여도 메고 상복을 입었으며, 아홉 마리의 뱀도 만들었습니다. 여러 가지 구상을 하며, 도로공사를 압박해 나갔습니다. 대오가 적기에 투쟁은 쉽지가 않았습니다. 너무 대오가 적은 날에는 투쟁을 접기도 하였지만, 그것도 잠시 적거나 말거나 계속 투쟁을 해 나가기 시작하였습니다. 시간이 흐를수록 동지들은 스스로 제안을 하기도 하고 토론도 더 많이 하면서 더 빠른 해결을 위해 노력했습니다. 그렇게 동지들 스스로 제안을 하고 투쟁을 만들어 가는 과정은 모두에게 자신감을 심어 주었던 것 같습니다. 한 동지가 생각납니다. '밖에서 투쟁을 하는 동안에는 아픈 것을 잊어버린다. 이상하게도 투쟁하는 동안은 안 아픈데 농성장 안으로 돌아오기만 하면 아프다'라고 말을 하기도 했습니다.

　대오가 줄어들었지만 농성장 안 살림살이는 점점 늘어 갔습니다. 농성 공간이 넓어지다 보니 집처럼 꾸미는 일들이 생겼습니다. 옷장과 신발장도 만들고, 화장대도 만들고. 2층과 4층 천장이 뻥 뚫려 있어 더 추웠던 공공연대 서식지의 천장엔 비닐을 덮어 하우스처럼 만들기도 했습니다. 크리스마스에는 트리를 만들고, 카드를 써 여러 곳에 걸어 놓기도 하였습니다. 연대 온 분들이 신기해했던 것 같습니다.

　김천 본사 농성장 안의 동지들이 편해 보인다고, 아무것도 하지 않은 채 농성장만 지키고 있다고 생각하는 이들이 있는 줄 압니다. 제가 본 김천 농성장 안의 동지들 모습은 각자 아픔을 가슴에 묻고 하루하루 버티었고, 치열하게 투쟁했습니다. 서로의 눈물을 닦아 주고 위로하며 버티었습니다. 농성장을 지켰다기보다 처절하게 버티었던 시간들이었던 것 같습니다."(김정인 조합원)

연대의 고마움을 잊지 않으며

새로운 투쟁 계획은 없었다. 1월 17일 도명화 지부장과 유창근 지회장이 조건 없는 직접고용을 촉구하며 청와대 앞에서 단식에 들어갔다. 마지막까지 투쟁을 책임지겠다는 각오였다. 조합원들이 단식농성 기자회견을 하고 있었을 때 도로공사는 보도자료를 배포했다.

도로공사는 '2015년 이후 입사자에 대해 법원 판결 전이지만 이들을 우선 직접고용하고, 조만간 있을 것으로 예상되는 법원의 판결 결과에 따라 승소한 수납원은 직접고용이 유지되며, 패소한 수납원은 그 효력이 소멸된다'라는 입장을 발표했다. 더 교섭할 필요도 없다는 뜻이었고, 노동자들이 단식하거나 말거나 자신들은 자신들의 방침을 일방적으로 시행하겠다는 거였다. 일단 직접고용 하는 것만 달라졌지 '법원 판결에 따라 패소하면 직접고용이 해제된다'라는 단서 조항은 끝까지 유지했다.

조합원들은 민주당 국회의원 사무실 농성을 유지했고, 집회를 계속했다. 오체투지를 하면서 계속 투쟁을 알렸다. 특히 마사회 비리와 부조리를 고발하고 스스로 목숨을 끊은 문중원 열사 투쟁[2]에 함께하기 위해 노력했다.

지난 11월 29일 한국마사회 부산경남공원에서 기수로 일하던 문중

---

2 2020년 3월 6일, 문중원 열사가 스스로 목숨을 끊은 지 99일째 되는 날, 문중원 열사 대책위와 마사회는 합의했다. 과도한 경쟁을 완화하기 위해 부가순위 상금 공제율을 높이고, 기수가 일정 기준을 충족하면 어느 정도 소득을 보장하도록 지원하기로 했다. 또 조교사 개업 심사 기준을 투명하고 객관적으로 개선하고, 동점자의 경우 면허 취득 시기와 경마 활동 경력순으로 개업 우선권을 부여하기로 했다. 조교사가 기수에게 부당한 지시를 하지 못하도록 기수의 권익 보호가 명시된 기승 계약서 표준안을 만들고, 이를 적극적으로 권장한다는 데도 합의했다. 문중원 기수 죽음을 둘러싼 책임자 처벌과 관련해서는 향후 책임자가 밝혀질 경우 형사 책임과 별도로 면직 등 중징계를 한다는 수준에서 합의했다. 마사회는 유족에게 유감을 표명하고 장례 등을 지원하기로 했다.

원 열사가 "세상에 이런 직장이 어디 있는지…… 더럽고 치사해서 정말 더는 못하겠다"는 내용이 포함된 세 장의 유서를 남기고 스스로 목숨을 끊었다. 부정경마 지시를 벗어날 수 없는 부조리, 일부 조교사들의 부당한 지시에도 시키는 대로 충성할 수밖에 없는 다단계 구조, 자비를 들여 해외연수까지 받고 조교사 자격을 취득했지만 마사회 간부와의 친분에 따라 마방을 받을 수 있는지가 결정되는 현실. 저항할 권리도 없고 퇴직금도 없는 비참한 특수고용 노동자. 문중원 열사의 유서에 담긴 내용들이다. 부산경남경마공원에서는 2005년 개장 이래 일곱 명의 기수와 마필 관리사가 스스로 목숨을 끊었다.

마사회가 자신의 책임을 인정하지 않자 유가족들은 12월 27일 시신을 모시고 톨게이트 노동자들의 농성장 옆에 분향소를 차렸다. 공기업인 마사회의 운영을 관리·감독해야 할 정부의 책임을 묻기 위해서였다. 톨게이트 노동자들은 자신들의 문화제를 끝내고 문중원 열사 추모 문화제에 참가했다. 자신들은 가장 깜깜한 때였지만 어렵게 싸우는 사람들에게 작은 빛이라도 되어 주려 했다. 문중원 열사 부인 오은주 님은 톨게이트 투쟁 문화제에 와서 고맙다고 인사했다. 톨게이트 노동자들에게 힘을 받았다고 했다.

"사실 저는 가정의 울타리 안에서만 살고 있었어요. 정말 몰랐어요. 우리나라에 그렇게 많은 비정규직 노동자가 있고 부당하게 해고된 사람이 많은지. (옆에서 같이 농성 중이던) 톨게이트 수납원들에게 고개를 들 수 없을 정도였습니다. 제가 너무 늦게 온 것 같았고 너무 무관심했다는 생각에 죄송스러웠어요. 그런데 사실 톨게이트는 저희하고 분위기가 다르잖아요.

설날 합동차례

그래도 문화제할 때 웃으면서 투쟁하는 모습을 보면서 투쟁할 수 있는 힘이 저기에서 나오는구나라는 생각도 들었습니다. 똑같이 한마음 한뜻으로 웃으면서 투쟁하는 모습을 보니까, 저는 웃으면서 투쟁을 할 순 없지만, 저런 마음으로 싸워야 한다는 걸 느꼈습니다. 톨게이트 분들은 우리가 옳다고 얘기하며 투쟁하는데 저도 그렇게 생각하거든요. 제 남편이 옳고 우리의 주장이 옳다고. 많이 배웠고 느낀 것도 많습니다. 포기하지 않으면 언젠가 끝이 있다는 것도."

('겨울은 반드시 봄을 데리고 옵니다', 노동해방투쟁연대(준) 홈페이지, 2020년 2월 22일)

1월 21일 강동화 사무처장이 물과 소금까지 끊는 아사단식에 들어갔다가 주위의 간곡한 만류로 단식 5일째 되던 날 병원에 실려 갔다. 혈압이 너무 치솟아 위험했다. 설에도 떡국 한 그릇 못 먹고 단식을 이어 가는 도명화 지부장과 유창근 지회장을 보며 조합원들의 가슴은 미어졌다. 유창근 지회장은 문재인 정부의 노동정책을 강력히 규탄했다.

"추석 쇠면 집으로 돌아갈 줄 알고 김천 농성장에서 추석 쇠면서 많은 동지가 울고 분노했는데, 시간이 지나 이제 설 전에는 우리 동지들이 집으로 내려가서 명절을 맞이할 줄 알았습니다. 그런데 문재인 정부는 우리를 집으로 돌아가게 하지 않고 있습니다. 여기까지 온 것은 문재인 정부가 책임을 져야 합니다. 맞죠, 동지들. 문재인 정부가 하려고만 했으면 충분히 해결할 수 있었습니다. 문재인 정부는 처음에 노동 존중을 얘기했고 노동자들이 대접받는 세상을 만들겠다고 했습니다. 그것은 다 거짓말이었습니다. 이제는 저희들이 물러설 길이 없습니다. 조건 없는 직접고용, 민형사상 고소 취하 이거 반드시 우리가 쟁취해야 합니다. 꼭 이 투쟁 승리해서 도로공사로 들어갑시다." (단식 6일차, 1월 22일 문화제)

그렇다. 문재인 정부가 하려고만 했으면 충분히 해결할 수 있는 일이었다. 그렇지만 청와대는 자회사 정책을 조금도 굽히지 않았다. 잘못을 인정하지 않았다. 이강래 사장의 사표까지 수리해 줬다. 그러나 노동자들은 무엇이 잘못되었는지를 분명히 밝혔다.

1월 28일 민주일반연맹 위원장과 각 노조 위원장, 현장대표자들이 모여 '1월 31일에 김천 농성장 민주당 국회의원 사무실 농성을 정리하고, 2월 1일 민주일반연맹 결의대회를 끝으로 1차 투쟁을 마무리 한다'는 결정을 내렸다. 결국 2015년 이후 입사자에 대한 꼬리표를 떼지 못하고, 고소 고발 손해배상 취하도 받아 내지 못했으며, 임금과 직무에 대한 교섭이나 협의 약속도 받아 내지 못한 채 1차 투쟁을 마무리하기로 했다.

　　마지막까지도 소통이 매끄럽지 않아 김천 조합원들은 이 사실을 뒤늦게 알았다. 서울에 있던 대부분의 조합원들은 정리 국면에 들어섰음을 알았다. 한국노총 톨게이트노조가 교섭단위 분리 신청을 했기 때문에 빨리 들어가 조합원을 조직해야만 다수 노조가 될 수 있다는 얘기가 있었다. 그러나 그것보다는 더 싸울 힘이 없었던 게 정리할 수밖에 없던 핵심 이유였다.

　　도로공사의 단서 조항을 없애고 조건 없는 직접고용으로 투쟁을 마무리하려면 극적인 도약을 만들어 내거나 아니면 장기 투쟁을 결의해야 하는데 그럴 수 있는 힘이 없었다. 대안이 없었던 것이다. 누구도 더 싸워야 한다고 주장하지 못했다. 마무리에 만족해서가 아니라 더 싸워야 한다고 주장한들 그게 실현될 가능성이 없었기 때문이다. 박순향 부지부장이 김천에 내려가 민주연합노조 조합원들과 대화를 나누었고 조합원들도 상황을 받아들였다. 대단히 아쉬웠지만 지금 이 상태로 투쟁을 계속 이어 갈 수 없다는 점에 공감했다.

엄청 변화했죠

1월 31일 서울에 있던 조합원들은 버스 2대로 김천에 내려갔다. 전날 김천도 마무리 문화제를 했던 터라 이미 짐을 다 싸 놓고 있었다. 조합원들은 또 부둥켜안았다. 사진을 찍고 또 찍었다. 해산 결의대회가 끝난 후에도 아쉬워서 발길을 떼지 못했다. 완전히 승리하고 떠나는 거라면 얼마나 좋을까?

민주일반연맹 결의대회

그래도 후회 없이 싸웠다.

민주연합노조는 바로 서울에 모여 총회를 열기로 했고, 공공연대노조
는 이튿날 민주일반연맹 결의대회 후에 총회를 하기로 했다. 2월 1일 민주
일반연맹 결의대회엔 민주일반연맹 조합원들뿐 아니라 시민사회대책위,
그리고 지금까지 연대했던 많은 노동자가 함께 했다. 조합원들을 앞으로
나아가기 위해 뒤를 돌아봤다.

"아무것도 모르는 상태에서 투쟁 시작했는데 세상 보는 시각도 달라
졌고 모르는 것도 많이 알게 됐습니다. 저 같은 사람도 싸울 수 있어서, 동
지들과 같이할 수 있어서 좋았습니다. 우리보다 투쟁을 하고 싶어도 못하
는 사람을 한 번은 더 생각하게 됐고, 우리끼리 말하는 투쟁의 전사가 되었

우리가 옳다!

다고나 할까요? 그런 갑옷을 하나 장착했다고 할까요?"

"엄청 변화했죠. 엄청 당당하잖아요. 남을 돌아볼 줄 아는 사람이 된 것 같아요. 저희도 투쟁하기 전엔 이기적이었어요. 서로가 서로에게. 지금은 남을 먼저 배려하려 하고 주위를 둘러보려고 해요"

"사람의 소중함, 연대의 소중함을 많이 느꼈습니다. 진짜 그 연대의 힘이 없었으면 이 자리까지 오지지 못했을 거예요. 제가 어제 김천 농성 해단식에서 그랬잖아요. 평생 살면서 갚겠다고. 진짜 평생 살면서 갚고 싶어요."

"연대해 주신 분들에게 정말 감사하고 우리도 연대가 필요하다면 이제는 같이 동참해 주고 싶어요. 오늘까지도 연대해 주신 분들에게 정말 감사하고."

"이 투쟁에서 가장 아쉬웠던 점은 조합원들은 너무나 잘 싸웠지만, 교섭이 시작되는 12월부터 교섭에 너무 기대하다 보니까 제대로 된 투쟁을 이어 가지 못했다는 거예요. 그게 제일 아쉬워요. 아쉽지만 이후에는 그런 과오를 범하지 않을 투쟁을 할 수 있을 거라 보기 때문에 좋은 공부였다고 생각합니다."

"2015년 이후 입사자에게 미안한 부분이 많아요. 계속 1,500명 함께 들어가자, 조건 없는 직접고용 쟁취하자고 외쳤지만 구호대로 되지 않아서 아직 재판이 남아 있는 사람들에게 미안한 부분이 많아요."

"지난 1월 17일 KBS '시사 직격'에서 우리 투쟁을 다룬 '겁 없는 여자들'을 방송했잖아요. 잘 만들었지만 아쉬운 점도 있었습니다. 제목과 다르게 우리를 너무 불쌍하게 그리지 않았나 하는 거예요. 우리는 자회사의 문제점을 알렸습니다. 비정규직 노동자, 여성 노동자의 힘을 보여 줬습니다. 당당함을 잃지 않아야 한다고 생각해요. 뭉치면 뭐든 할 수 있으니까."

"저희는 신생노조나 마찬가지입니다. 그래서 간부도 별로 없습니다. 경험도 없었습니다. 앞으론 소수 간부에 의존하지 말고 조합원들이 주체가 되는 투쟁을 만들어 가야 합니다. 또 싸울 수밖에 없을 겁니다. 앞으로 더 잘 싸워서 전체 비정규직의 문제를 해결하는 데 보탬이 되고 싶습니다. 우리 세대가 너무 방치해 왔기 때문에 우리 스스로도 고통을 겪고 있지만 청년들이 너무 큰 고통을 겪고 있다고 생각해요. 앞으론 무관심하지 않을 겁니다."

누가 얘기하지 않더라도 조합원들 스스로 이 투쟁의 성과와 한계를 고민하고 있다. 2015년 이후 입사자들의 아픔도 남아 있다. 이 투쟁 과정에서 너무 외로웠기 때문에 지금 많이 힘들다고 얘기하는 노동자도 있다. 몇 년 동안 함께해 온 동료들이 떠나고, 서로 갈라졌기 때문에 과연 무엇을 위해 7개월 동안 싸웠는지 잘 모르겠다는 노동자도 있다. 같은 목표를 가진 동지들끼리 뭉쳐 싸우며 단결력을 키웠지만 그 이면에 너무 가까이 있다 보니 서로 볼 거 못 볼 거 보며 마음 상하는 일이 생기면서 감정의 골이 깊어져 가슴 아프다는 노동자도 있다. 아직 병원 치료를 받고 있는 노동자들도 있다.

모든 아픔, 상처 그리고 투쟁에서 나타난 한계를 확인하는 일은 결코 낙담이 아니다. 개인의 삶도 물론이거니와 투쟁도 평평하고 결코 곧은길이 아니라 험하고 기복이 있는 길이다. 조합원들은 앞으로도 이 부분을 많이 확인하고 생각할 것이다. 그래서 낙담하고 주저앉는 게 아니라 더 나은 미래를 준비할 것이다. 이것은 결코 내 주관적인 희망이 아니다. 세상을 뒤흔든 톨게이트 노동자들의 7개월은 모진 고통을 이겨 나갈 수 있는 노동자들의 무궁무진한 잠재력을 보여 주었기 때문이다.

시련에 단련된 사람들은 언젠가 이 사회 전체를 바꿔 낼 수 있을 것이다. 노동자들의 잠재력을 완전히 꽃피운다면 비정규직 철폐, 정리해고 철폐, 임금 삭감 없고 노동 강도 강화 없는 노동시간으로 일자리 창출, 무상의료·무상교육 등 노동자들과 가난한 민중의 절박한 요구를 실현하는 새로운 세상을 만들 수 있다.

7.
함께한 노동자들의
이야기

사진 제공 함인희

1
노동자가 하나 되는
감동을 느꼈습니다

- 금속노조 구미지부 아사히비정규직지회 차헌호 지회장

아사히글라스는 김천 바로 밑 구미 4공단에 위치한 일본계 기업이다. 일제 강점기 전쟁범죄를 저지른 기업이다. 텔레비전에 들어가는 LCD 유리기판을 제조해 연평균 1조 원의 매출을 올렸다. 아사히 비정규직 노동자들은 2015년 민주노조를 설립했다. 노조를 만들고 한 달 만에 조합원 전원이 문자 한 통으로 해고당했다. 178명이 쫓겨났다. 하청업체는 폐업했다. 우리는 포기하지 않았다. 아사히, 노동부, 시청, 검찰을 상대로 끈질기게 싸웠다. 검찰이 아사히를 불법파견으로 기소하게 만들었고 근로자지위확인소송 1심도 이겼다.

아사히비정규직지회가 막 첫걸음을 뗀 2015년 톨게이트 노동자들을 처음 만났다. 서산 톨게이트 노동자들은 우리와 비슷한 시기에 노동조합을 만들어 한창 투쟁하고 있었다. 노동자들은 이듬해 천막 농성을 하기 위해 김천 도로공사 본사 앞으로 왔다. 도명화 지부장은 아사히 비정규직 노동자들처럼 해고자였다. 그때 본 도명화 지부장, 박순향 부지부장은 아직은 어설픈 새내기 간부들이었다. 2019년 다시 만났는데 다른 사람이 되어 있었다. 자회사를 막아 내고 직접고용 가겠다는 각오와 결의가 남달랐다. 열심히 노동자를 만나고 치열하게 싸워 왔다는 게 한눈에 보였다.

톨게이트 투쟁은 정말 내 가슴을 뛰게 한 투쟁이다. "우리가 옳다! 1,500명 직접고용!"이라는 구호는 비정규직 노동자의 당당함이었다. 톨게이트 노동자들은 명확하게 요구했고 대담하게 투쟁했다. 평균 연령 50대인 그들과 함께 춤추고, 함께 울고, 함께 웃을 수 있어서 행복했다. 가장 잊을 수 없는 일 가운데 하나는 한국노총 톨게이트 노동자들과의 만남이다.

노동자는 하나

작년 9월 9일, 톨게이트 노동자들이 김천 본사를 점거했다. 300여 명이 본사 점거에 들어갔다. 민주노총 노동자들은 이강래 사장이 발표를 하는 세종시로 달려갔고, 한국노총은 경기도 성남에 있는 장애인복지회관에서 지부장단 회의를 잡았다. 한국노총 안에서도 세종시로 달려가자고 제안한 지부장이 있었지만 묵살당했다.

민주노총 노동자들은 순식간에 본사를 점거했다. 한국노총 노동자들은 본사 점거 소식을 밴드를 통해서 알았다. 한국노총 톨게이트노조 동김해지부 윤주영 지부장은 한국노총 밴드에 "민주노총은 싸우고 있다. 우리가 있어야 할 곳이 어디냐?"며 김천 본사로 달려가자고 글을 올렸다. 그는 집으로 가는 버스 안에서 소식을 듣고, 이튿날 짐을 싸서 본사로 달려갔다. 하명지 동지도 집에서 소식을 듣고 그날 바로 본사로 달려갔다. '당장 점거 농성에 힘을 실어야 한다'는 마음뿐이었다. 점거 소식을 들은 그 순간 이길 수 있다는 확신이 들었다고 한다. 민주노총 조합원들과 함께 싸우려는 50

여 명의 한국노총 조합원이 바로 본사로 모였다. 그들은 함께 점거에 들어가지는 못했지만 밖에서 농성을 했고 안에 있는 조합원들을 지원했다. 한국노총 지도부는 조합원들이 본사로 달려가는 걸 막을 수 없었다. 그렇게 모인 한국노총 조합원이 300여 명이다. 그들은 도로공사 본관 정문 입구와 건물 주위에 텐트를 치고 농성을 시작했다. 상급단체가 달라도 투쟁하는 노동자는 하나였다.

투쟁은 민주노총, 한국노총 구별 없이 모든 노동자를 변화시켰다. 한국노총 안에는 훌륭한 노동자들이 많았다. 2019년 10월, 톨게이트노조 김영옥 조합원은 1심에서 승소한 상태였다. 한국노총의 합의안 기준을 적용하면 직접고용으로 들어갈 수 있었지만 동료들을 두고 갈 수 없다며 남아서 끝까지 투쟁했다. 많은 노동자가 아프고 힘든 사연을 가슴에 품고 흔들림 없이 투쟁했다. 누구도 예전처럼 무시당하며 살고 싶지 않았다.

놀랄 만한 힘

아사히비정규직지회는 초반부터 톨게이트 투쟁을 중요하게 생각했다. 비정규직과 민주노조운동에 큰 영향을 미칠 수 있는 투쟁이었기 때문이다. 우리는 톨게이트 노동자들이 본사로 내려오기 전에 김천 본사 앞 집회신고를 내고 선전전을 했다. 아니나 다를까, 우리가 생각한 대로 톨게이트 투쟁은 거침없이 뻗어 나가 2019년 가장 중요한 노동자 투쟁이 됐다. 우리 조합원 중 누구도 "아사히 투쟁은 안 하고, 톨게이트 투쟁만 집중 하냐?"고 말하는 조합원이 없었다. 우리는 톨게이트 투쟁에 연대하며 많은 것을 배웠다. 뒤늦은 지지와 지원에 머물러선 안 된다. 앞장서 전망을 열어 나가는 실천

우리가 옳다!

과 연대가 절실히 필요하다.

톨게이트 노동자들은 비정규직 노동자, 여성 노동자 안에 숨어 있던 놀랄 만한 힘을 보여 줬다. 그들은 경찰의 강제연행을 온몸으로 막아 냈다. 상의 탈의를 하며 처절하게 맞섰다. 노동자들의 집단적 의지가 저들의 폭력보다 강했다. 경찰이 강제로 끌어낸다는 소식이 들려왔을 때 모두 함께 어깨 걸고 노래를 불렀는데 정말 감동이었다. 모두 울었다.

언제부터인가 노동운동에서 능동적이고 과감한 투쟁은 점점 사라지고 있다. 법원 판결과 국회의원의 힘을 빌려 해결하는 것만이 노동자들의 요구를 해결하는 유일한 방법처럼 되고 있다. 톨게이트 노동자들은 노동자 스스로의 단결과 투쟁이 세상을 바꿔 낼 수 있는 유일한 희망임을 증명했다. 아쉬움도 많고, 한계도 있었지만 톨게이트 투쟁은 가슴에 깊이 남는다.

톨게이트 노동자들은 이제 새로운 길을 간다. 톨게이트 노동자들이 1,500명 전체 직접고용 투쟁을 통해 얻은 소중한 경험과 연대를 잊지 않기를 바란다. 노동자는 우리를 넘어 전체를 향해 나아가야 세상을 바꿀 수 있다. 노동자들에게 잔인한 이 세상을 바꾸자.

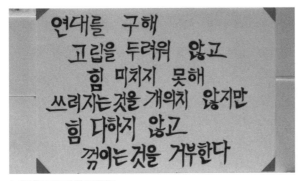

노동자들의 결의가 담긴 벽자보

2

톨게이트 노동자들이 있기에
행복한 순간이었습니다

- 금속노조 구미지부 KEC지회 이종희 전 지회장

KEC는 경북 구미에 있는 반도체 공장이다. 이명박 정부는 복수노조 제도를 앞세워 수많은 민주노조를 탄압했는데 대표적인 곳이 KEC다. KEC는 2010년 용역깡패 수백 명을 투입해 여성 노동자들을 기숙사에서 쫓아냈고 직장을 폐쇄했다. 어용노조를 세웠다. 두 번이나 정리해고를 시도했다. KEC지회는 지난 10년 동안 쉼 없이 싸워 민주노조의 깃발을 지키고 있다. 비록 그 과정에서 소수노조가 되었고 손해배상 38억 원을 맞는 등 숱한 어려움을 겪었지만 똘똘 뭉쳐 지금도 현장에서 여러 투쟁을 하고 있으며 우리보다 더 힘든 노동자들을 찾아 연대하고 있다.

조끼 색깔이 달라도

톨게이트 투쟁은 우연히 일어난 게 아니라고 생각한다. 그동안 수많은 비정규직 노동자가 열악한 현실과 잘못된 사회구조를 바꾸기 위해 투쟁했다. 톨게이트 투쟁은 그 연장선에 있다. 톨게이트 노동자들은 앞으로 봇물처럼

우리가 옳다!

터져 나올 비정규직 투쟁의 예고편 같았다.

톨게이트 노동자 대부분은 여성이고 장애인이다. 이 사회에서 사회적 약자로 분류된다. 하지만 투쟁을 시작했을 때 그들은 더 이상 사회적 약자가 아니었다.

조끼 색깔이 다른 여러 노조의 노동자들이 조직의 벽을 무너뜨리며 함께 싸웠다. 한국노총과 민주노총은 함께 투쟁할 수 없다는 선입견을 깨뜨리며 투쟁 속에서 하나의 울타리를 만들었다. 나는 이런 식의 투쟁을 처음 봤다. 투쟁 초반 서울 집회에서 함께 싸우는 모습을 보며 큰 울림을 받았다. 톨게이트 노동자들이 자랑스러웠다.

KEC지회는 2016년 서산 톨게이트 투쟁으로 톨게이트 투쟁을 알게 되었다. 그때 KEC지회도 8년 동안 지회를 이끌어왔던 김성훈 전 지회장이 구속되어 어려움을 겪고 있었기 때문에 더욱더 연대의 중요성을 느끼게 되었다.

시간이 흘러 2019년 톨게이트 노동자들이 직접고용 쟁취를 위해 크게 뭉쳤다. 구미 아사히비정규직지회가 먼저 이 투쟁의 의미를 알고 점거 전부터 연대했다. 연대투쟁은 우리 앞에 사건이 직접 펼쳐질 때만 할 수 있는 거라 생각했는데 아사히비정규직지회는 그렇지 않았다. 많이 배웠다. KEC지회도 연대라면 어느 조직에도 지지 않을 거라 여겼는데 말이다.

2019년 9월 9일 KEC지회는 노조파괴 10년, 이제는 끝장내자는 각오로 전국 집회를 열었다. 그렇게 많은 노동자가 와 줄 거라곤 생각하지 못했다. 누구보다도 먼저 톨게이트 노동자들이 달려와 힘을 실어 주었고 힘찬 발언도 해 주었다. 우리가 도리어 큰 힘을 받는 순간이었다. 조합원들은 톨게이트 동지들의 연대가 너무나 고마웠고 감동적이었다고 말했다.

자신의 인생을 걸고

집회가 끝나자마자 톨게이트 노동자들이 김천 본사를 점거했다는 소식이 들려 왔다. 그 이후 우리는 계속 봤다. 사회적 약자로 분류되었던 여성 노동자들이 민주노총의 맨 앞에 서서 자신의 인생을 걸고 싸우는 모습을, 더 이상 시키면 시키는 대로 살지 않겠다는 굳센 결의를, 나 자신의 주인으로, 당당한 노동자로 살아 보고 싶다는 간절한 열망을.

KEC지회도 다르지 않았다. 2010년 투쟁이 벌어지기 전에는 정말 자본의 노예로 살아왔다. 노동조합은 그저 남자들이 운영하는 곳이며 여성들은 보조역할만 하는 줄 알았고 노동조합의 참된 역할과 방향성은 관심이 별로 없었다. 2010년 투쟁이 터지면서 여성 노동자들이 앞장서기 시작했다. 누구보다 힘차게 싸웠다. 이제는 여성 간부가 더 많고 여성 지회장이 노동조합을 이끌어 간다.

톨게이트 여성 노동자들도 밝은 에너지로 조직을 이끌었다. 눈물도 많이 흘렸지만 힘들 때일수록 더 웃으며 세세하게 동료들을 챙겼다. 정말 재주가 많았다. 글도 잘 쓰고 발언도 잘 하고 율동도 잘 하고. 문화제 갈 때마다 힘이 났다. 특히 전체가 율동을 하는 모습에선 어느 젊은이 못지않은 열정을 느꼈다.

모든 노동자를 대표한다는 마음으로

김천 본사 농성을 정리하며 한없이 눈물을 흘리는 톨게이트 동지들을 보며 2010년 342일 파업을 철회하고 현장에 복귀하기 전, KEC지회 총회 모습

우리가 옳다!

이 생각났다. 민주광장에 다시 깃발을 펄럭일 수 있을까? 이 운동장에서 언제 한 번 모여 집회라도 한 번 하는 순간이 올까? 지금 톨게이트 동지들보다 훨씬 더 절망스런 순간이었다. 아무것도 쟁취하지 못하고 계속 싸우겠다는 결의만 가지고 훗날을 기약했기 때문이다.

하지만 지금 KEC지회는 당당하다. 정리해고도 막아 냈고 구조고도화라 불리는 폐업도 두 차례 막아 냈다. 소수노조지만 우리 조합원들만이 아니라 모든 노동자를 대표한다는 마음으로 싸운다. 그래야만 민주노조를 지킬 수 있고 자본의 공격을 막아 낼 수 있기 때문이다. 우리가 싸워야 할 대상은 자본과 가진 자들의 정부이지 같이 일하는 동료가 아니다.

톨게이트 동지들도 초심을 버리지 말았으면 좋겠다. 작은 거라도 내가 먼저 실천하는 게 중요하다. 그런데 연대하고 끊임없이 배워야 제대로 실천할 수 있다. 비록 결과가 아주 만족스럽지 않고 투쟁 과정에서도 여러 가지 문제점이 있었지만 톨게이트 노동자들은 많은 희망을 보여 줬다. 2019년 비정규직 투쟁의 한 획을 그었다. 무엇보다 함께 싸우는 노동자로 거듭났음을 잊지 말았으면 한다. 동지들 있기에 행복한 순간이었다. 정말로 고맙다. 앞으로도 비정규직 없는 세상, 노동자가 인간답게 살 수 있는 세상을 함께 만들어 갔으면 좋겠다.

8.

아직 발견되지
않은 별

인간답게 살고 싶은 간절함

톨게이트 노동자들이 처음부터 대단한 투쟁을 결심한 건 전혀 아니었다. 도로공사와 정부의 자회사 강행에 동의할 수 없었다. 법원 판결이 있었기 때문에 자신감을 가질 수 있었다. 법원 판결 이상을 요구한 건 아니었다. 그것조차 정부와 도로공사는 쉽게 인정하지 않았다. 인간답게 살고 싶은 간절함조차.

"밤낮으로 교대근무하면서 10년 넘게 다닌 영업소 생활! 급여는 한 달을 다니든 10년을 다니든 똑같은 월급! 그동안의 비정규직의 아픔을 느끼며, 지금이라도 앞 10년의 삶이 아닌 정말 인간다운 삶을 살고 싶고, 지금이 바로 그 때라는 생각에 잠시 힘들고 어려울지라도 꼭 직접고용 쟁취하여 비정규직이 아닌 정규직이 되리라는 굳은 확신을 가지고 이 자리를 지키고 있습니다. 또한 서로가 서로를 불신하고, 괴롭히고, 나 살자고 다른 사람을 짓밟는, 거짓말을 일삼았다면 이제는 말 그대로 인간답게 살고 싶은 간절함."

(김연자 조합원, 〈김천 도로공사 농성장에서 보내는 편지22〉, 남정수 페이스북)

노동자들은 하루하루 투쟁하면서 배웠다. 톨게이트 투쟁이 단지 직접고용을 회피하는 도로공사와의 투쟁만이 아니고 자회사를 조장하는 정부에 책임을 물어야 하는 투쟁임을. 자회사를 막아 내고 온전한 정규직 전환을 위해서는 노동자가 함께 싸워야 한다는 것을. 수많은 노동자의 지지와 연대를 받으며 책임감을 더 느꼈고 부끄럽지 않은 투쟁으로 보답하고자 했다. 최선을 다해 싸웠다.

우리가 옳다!

하지만 톨게이트 노동자들이 자신의 투쟁 잠재력을 다 사용했다고는 말할 수 없다. 투쟁하는 노동자들은 투쟁의 전반적 정책에 영향력을 거의 미칠 수 없었다. 주요 정책은 노조 지도부의 손에만 계속 머물러 있었다. 노동자들이 자신의 대의를 더 밀고 갈 수 있는 상황에서 후퇴를 주문하는 게 아니라 혼신을 다해 대의를 지킬 수 있는 방법을 찾는 지도부, 평범한 노동자들의 잠재력을 한껏 해방시키는 일이 자신의 임무임을 자각하고 실천하는 지도부는 아직 탄생하지 못했다.

결정적으로 정부를 물리칠 만한 연대의 힘이 부족했다. 승부처였던 2019년 9월 초중반, 민주노총의 힘은 너무나 약했다. 9월 23일 민주노총 대의원대회 이후 민주노총 차원의 연대 투쟁은 제대로 기획조차 되지 않았다. 민주노총 지도부에게 톨게이트 투쟁을 비롯해 여러 곳에서 터져 나온 자회사 저지 투쟁을 하나로 묶어 투쟁전선을 확대하겠다는 의지와 지도력을 찾아볼 순 없었다. 아래로부터 톨게이트 투쟁을 지지·엄호하면서 전체 노동자의 투쟁을 발전시키려는 전투적 투사들의 힘도 대단히 부족했다.

민주노총에 대한 조합원들의 애정은 정말로 크다. 하지만 다른 수많은 신생노조 노동자와 마찬가지로 톨게이트 노동자들도 민주노총이 안고 있는 여러 문제를 지적했다. 조합원들은 노동자를 억누르는 관료주의와 정규직만의 이익, 자기 사업장의 이익만 추구하는 조합주의를 지적했다. 민주노총에 가입하지 않은 평범한 노동자들의 눈에도 보이는데 치열하게 싸웠던 조합원들의 눈에 안 보였을 리가 없다.

톨게이트 노동자들이 목욕물 버리려다 자칫 아이까지 버리는 잘못을 할 노동자들은 결코 아니다. 노동자들은 자신의 투쟁과 민주노총을 떼어 놓고 생각하지 않았고 앞으로도 그럴 것이다. 처음으로 투쟁에 나선 노동자들에게 민주노총은 강렬한 인상을 남겼다. 조합원들은 연대 투쟁을 아주 소중하게 생각한다. 그런데 목욕물은 어떻게 버려야 할까, 톨게이트 노동자들의 고민은 아직 아주 조금씩 이 주제에 닿아 가고 있다.

절망을 넘어

"도로공사에서 입사원서 통보 받았을 때 얼마나 당당하고 기운 뻗쳤는지 모릅니다. 교육 받으면서도 남들과는 다르단 뿌듯함도 있었습니다. 도로공사니까 뭔가 다른 줄 알고 궂은일도 시간외 노동도 당연한 것처럼 했습니다. 1년에 한 번 쓰는 근로계약서도 도로공사니까 의심 없이 썼습니다. 근무복이 자랑스러워 출퇴근할 때도 입었다. 바보였습니다. 5년이 넘어도 최저임금만 주는데 이럴 수도 있나? 그때부터 궁금해 하며 계약직이라는 게 뭔지 알았습니다. 정규직이 아닌 언제나 쫓겨날 수 있는 비정규직이었습니다. 창피했습니다. 주위 사람들한테 제대로 말을 못했습니다.

언론은 힘들게 일하는 노동자들이 최저임금을 받는 게 당연하다 했고 사고를 당해도 노동자의 부주의 때문이라고 했습니다. 가장 큰 충격은 청년 노동자 김용균의 죽음이었습니다. 우리가 그렇게 열심히 일해도 벗어날 수 없는 비정규직의 설움. 죽어도 파리 목숨처럼 덧없는 거구나. 그때 정말 눈을 떴습니다. 그 이후 영업소에서 권리를 찾을 수 있는 기회가 생겼습니다. 15년 동안 제대로 못 받은 임금과 정규직 지위를 되찾을 수 있는 소송을 시작했습니다. 혼자보단 여럿이 뭉쳐야 공기업을 이길 수 있을 것 같았습니다. 할 수 있다는 걸 보여 주겠노라고 다짐하고 시작했습니다."

(이민자 조합원)

우리가 옳다!

이민자 조합원은 태안화력 청년노동자 김용균의 죽음이 큰 충격이었다고 얘기했다. 그리고 그게 눈을 뜬 계기였다고 했다. 김용균의 죽음은 우리 사회에 큰 충격을 던졌다. 김용균의 죽음 이전에 구의역 김군의 죽음도 이 사회에 큰 충격을 던졌다.

톨게이트 노동자들의 투쟁도 그 어떤 노동자들에게는 큰 충격으로 다가갔을 것이다. 여성 비정규직 노동자의 처참한 현실이, 상의를 탈의하면서까지 처절하게 싸울 수밖에 없는 현실이 충격이었을 것이다.

촛불 투쟁으로 정부가 바뀌었지만 노동자의 삶은 거의 그대로다. 거의 그대로면 그나마 운이 좋은 것일지도 모른다. 수많은 비정규직, 실업자가 더 내려가려야 내려갈 수 없는 바닥에 서 있다. 하루에도 여섯 명이 일터에서 목숨을 잃어 가고 있다. 실업과 가난의 공포 아래 비참한 삶을 살다가 삶을 포기하고 있는 청년들과 가난한 민중이 있다. 바닥을 쳤으니 이미 올라갈 일만 남지 않았느냐고 말할 수 있을까? 그건 바닥까지 추락해 보지 않은 사람들이나 하는 말일는지도 모른다. 이미 이 사회는 경쟁의 지옥이고, 그 지옥에서 안간힘을 쓰며 버티는 것조차 힘든 사람들에게 희망은 아득히 멀다.

그렇다고 희망을 포기해야 하는가? 그렇지 않다고 톨게이트 노동자들은 얘기하고 있다. 이 사회의 가장 밑바닥에 있던 노동자들이 분명한 희망을 쏘아 올리며 얘기하고 있다. 처음 투쟁에 나선 톨게이트 노동자들이 이렇게 싸울 수 있을 거라고 누가 예상할 수 있었겠는가? 그러나 제대로 뭉친 노동자들은 그 누구의 예상도 뛰어넘었다. 그들에게 쏟아졌던 착취와 억압이 강했던 만큼, 그에 맞선 투쟁 역시 강렬했다.

수백 명의 여성 노동자가 함께 행동하는 게 가능한가? 여성 노동자들과 남성 노동자들이 하나로 단결하는 게 가능한가? 충분히 가능했다. 도로 공사와 정부는 노동자들을 갈가리 쪼개려 했지만 노동자들은 함께 뭉쳐 싸웠다. 그것만으로도 이 투쟁은 충분히 의미가 있다. 그런데 그것 이상이었다. 투쟁에 참여한 노동자들의 사이의 유대감, 연대의식도 만들어 냈다. 정부의 가짜 정규직화 정책이 얼마나 문제인지도 드러냈다. 최근에 보기 힘들었던 노동자 투쟁에 대한 사회적 관심과 폭넓은 지지를 이끌어 냈다. 한마디로 노동자들에게 얼마나 큰 잠재력이 있는지 보여 줬다.

톨게이트 노동자들처럼 수많은 가난한 비정규직이 민주노총의 문을 두드리고 있다. 최근 3년 동안 민주노총 조합원은 거의 30만 가까이 늘었다. 민주노총을 선택한 이유는 민주노총이 아니고서는 단결해 싸울 무기가 없다는 판단 때문일 것이고, 자신의 고통스런 삶을 바꾸고 싶다는 간절한 열망이 있기 때문일 것이다. 이 열망을 폭발시킬 수 있을까? 여기에 노동자의 미래가 달려 있다.

없어질 일자리 그리고 공정성

톨게이트 투쟁이 한창 진행되는 동안 이 투쟁의 정당성을 깎아내리기 위한 공격이 끊이지 않았다. '비정규직의 정규직화'는 죽어라 공부해서 시험을 치르고 공기업에 채용된 정규직들의 노력을 물거품으로 만드는 불공정한 처사라거나, 과학기술 발전으로 톨게이트 수납 업무 자체가 어차피 없어질 일이기 때문에 이들의 일자리를 유지하려 애쓰는 건 불합리하다는 게 대표적인 주장이었다.

청와대도, 정치권도, 그리고 특히 자본주의적 시각을 옹호하는 데 앞장서는 주류 언론들도 이 문제 앞에서는 단호하고 일관되고 집요하게 공격적인 태도를 보였다. 뒤집어 보면 그만큼 저들에게 중대한 문제라는 의미이기도 하다.

시험 점수라는 허울 좋은 잣대를 세워 놓고, 그 앞에 노동자를 줄 세우기 하면서 등급을 나누는 것, 그렇게 노동자를 갈라놓고 서로 질시하고 경계하게 만드는 것, 그럼으로써 노동자들이 함께 똘똘 뭉쳐 저항할 가능성을 무너뜨리는 것, 이것은 자본주의라는 지배질서를 단단하게 유지하기 위해 자본과 정권이 사용하는 대표적인 분열 책략의 일종이다. 자본주의라는 억압적인 구조 전체와 떼 놓고 바라볼 수 없다는 뜻이다.

그 점에서는 과학기술의 발전을 산업에 적용하면서 정리해고처럼 노동자에게 피해를 전가하는 것도 마찬가지다. 투자 대비 최대의 이윤을 거둬들이려는 자본에게 비용절감과 효율성 증대는 지상목표가 되는 반면, 그 과정에서 노동자의 고용안정 요구는 걷어 내야 할 귀찮은 걸림돌 정도로 여겨질 뿐이다. 그것이 자본주의의 작동 원리다.

바로 그것이었다. 저들은 자본주의의 작동 원리를 지키고 싶은 것이다. 톨게이트 노동자들은 등급 매기기, 이른바 시험이라는 '공정성'의 허구적 실체를 금세 간파했다. 시험 점수라는 편협한 잣대가 아니라, 10년 20년 현장에서 일하며 습득한 진짜 업무 능력이 중요하다는 사실을 누구보다도 잘 알고 있었다.

과학기술을 산업에 응용하면서 노동 조건에 변화가 일어날 수밖에 없다는 사실도 물론 알고 있었다. 하지만 그것이 반드시 폭력적 인원 감축으로 이뤄질 필요는 전혀 없다는 것도 본능적으로 느끼고 있었다. 이른바 스마트톨링 시스템을 도입하더라도 그것이 원활하게 가동되려면 여전히 상당한 일손이 필요하고, 오히려 새로운 업무가 추가되기도 하며, 정년에 따른 자연 감원이라는 요소도 영향을 미치기 때문에, 일방적인 해고가 아니라 새로운 직무 교육을 전제로 한 업무 조정과 같은 방식으로 대응하는 게 충분히 가능했다.

문제는 이것이 '비용과 이윤 앞에서 인정은 금물'이라는 자본주의의 원리와 충돌한다는 점이다. 톨게이트 노동자들은 연대와 협동이라는 노동자의 원리를 따랐다. 원리와 원리가 충돌할 때 그 갈등은 첨예할 수밖에 없다. 문재인 정부가 내걸었던 노동 존중이나 사람이 먼저다 따위의 그럴싸한 구호들은 이 첨예한 충돌 앞에서 흔적도 없이 녹아내렸다. 저들은 이 싸움이 결국 힘으로 결판날 수밖에 없다는 걸 잘 알고 있었기 때문에, 완강하게 버텼고, 포악하게 톨게이트 노동자들을 밀어붙였다.

결국 톨게이트 노동자들이 틀렸던 게 아니라, 단지 아직은 충분히 강하게 힘을 끌어모으지 못했을 뿐이다. 톨게이트 노동자들만의 문제가 아니다. 저들이 꺼내 놓은 분열적 잣대가 아니라 단결 투쟁이라는 방식으로 노동자의 권리와 처지를 더 잘 지킬 수 있다는 걸 민주노조운동 전체가 아직 입증해 보이지 못했다. 합리적인 직무 교육과 노동시간 단축을 바탕으로 일자리를 나누는 게 과학기술 발전의 성과를 향유하는 더 나은 방식이라는 걸 보여 주지 못했다.

이것은 이강래 같은 자들을 설득하는 문제가 아니다. 힘으로 쟁취해야 한다. 그런 투쟁에 나서는 게 결코 불가능한 게 아니라는 걸 톨게이트 노동자들이 보여 줬다. 이번에 완전한 승리를 거머쥐진 못했지만, 어떻게 하면 더 잘 싸울 수 있는지도 배웠다. 다음에는 더 잘 싸울 수 있을 것이고, 더 멀리 전진할 수 있을 것이다.

우리가 옳다!

우리가 옳다

노동자들이 가장 많이 외친 구호다. "우리가 옳다, 직접고용 쟁취하자!" 노동자들은 옳음의 근거로 법원 판결을 많이 얘기했다. 정확히 말하면 법원 판결조차 노동자들의 주장이 옳음을 입증해 줬는데 정부와 도로공사는 법원 판결조차 이행하지 않느냐는 주장이었다. 그렇다. 노동자들이 옳다. 보수적인 법원조차도 인정할 만큼 불법파견은 명확했고 거기서부터 투쟁의 정당성을 끌어내는 것 역시 당연했다. 세상의 모든 사장이 맨날 노동자들의 정당한 요구와 투쟁을 매도하면서 법을 강조하지 않았던가? 그런데 왜 이강래 사장은 법조차 지키지 않는가?

그런데 만에 하나라도 2015년 이후 입사자에 법원의 최초 판결에서 노동자들이 패소한다면, 노동자들의 주장은 옳지 않은 게 되는가? 그렇게 생각하는 노동자들은 없을 것이다. 지금도 법원은 수많은 노동자의 해고, 임금, 노동 조건, 산업재해 소송에서 자본가들의 손을 들어 주고 있다. 2016년 구의역 김군 사고 관련, 하청대표는 징역 1년에 집행유예 2년, 전 서울메트로 대표는 벌금 1,000만 원 만을 받았다. 최근 10년간 산재사망사고에 대한 금고 이상의 형은 1,468건 중 6건으로 0.4%다. 산재사망 노동자 1명당 벌금은 450만 원 내외다. 만약 노동자들이 법의 테두리에만 갇힌다면 노동자들의 손발이 묶인다.

노동자들은 가진 자들에게 철저히 유리한 법을 뛰어넘어야 한다. 법이 인정하는 것만을 요구한다면 사장들도 그 이상은 결코 내주지 않을 것이다. 법에서 인정한 것도 이번 톨게이트 투쟁에서 볼 수 있듯 노동자들이 투쟁해야만 얻을 수 있지만 말이다.

결국, 근본적 질문은 노동자의 삶이 먼저냐, 이윤이 먼저냐. 이 가치관으로 싸워야만 노동자들은 더 인간답고 풍요로운 세계를 건설할 수 있다. 보수언론은 도로공사가 28조 빚에 허덕이고 있는데 정규직화가 웬 말이냐고 떠들었다. 진짜 공공의 이익을 위한 것이라면 적자가 꼭 나쁜 것일 수 없다. 그런데 김용균 노동자를 죽게 만든 발전사, 1,500명을 해고한 도로공사 등 지금의 공기업은 모두 수익성 논리를 앞세우고 있다. 진짜 공공의 이익을 위한 방향으로 작동시키지 않고 수익성을 좇다 경영실패나 빚 문제가 불거지면 꼭 노동자들에게 희생을 강요한다. 노동자들이 공기업을 통제할 권한은 전혀 없는데 책임은 노동자들이나 국민들에게 떠넘긴다.

지금처럼 불황이 계속되는 위기 상황에서는 개별 사장들만이 아니라 공기업, 정부도 결코 물러서려고 하지 않는다. 사장들과 정부는 손을 맞잡은 채 탄력근로제 확대, 직무급제 확대, 대체근로 전면 허용, 파업 권리 축소 등 노동 개악을 관철시키려 한다. 노동조합 활동 및 파업의 자유를 실질적으로 봉쇄하는 정책들을 도입하려 한다. 문재인 정부가 2019년에 밀어붙이려 했고 지금도 포기하지 않고 있는 노동 개악이다. '노동 존중' 구호는 금세 부도수표라는 사실이 드러나기 시작했다. 가진 자들의 사회를 유지하고 사장들을 도우려는 정부에게서 다른 일을 기대할 수 있겠는가?

이윤 논리로 작동하는 사회는 멈출 수 없는가? 노동자의 삶을 우선하는 사회 체제는 불가능한가? 일자리 삭감을 금지하고, 모든 노동자가 일할 수 있도록 일자리를 서로 나누는 것, 노동시간을 단축하고 노동강도를 낮추는 것, 노동자가 공기업을 통제하여 진짜로 공익에 맞게 공기업을 운영하는 것은 불가능한가? 사장들의 이윤이 우선이기 때문에 불가능한가?

노동자계급에겐 엄청난 잠재력이 있다. 노동자들은 생산과 판매, 서비스의 주체로 마음먹으면 세상을 멈출 수 있는 힘을 갖고 있다. 단결과 협동, 연대로 세상을 바꿀 수 있는 힘이 있다. 톨게이트 투쟁은 그 힘의 아주 작은 일부를 보여 주었을 뿐이다. 아직 발견되지 못한 별은 수없이 많다.

톨게이트 노동자들은 정규직 노동자가 되더라도 자신들의 처지가 근본적으로 바뀌지 않는다는 점을 잘 알고 있다. 도로공사는 직접고용 된 수납원들을 '현장지원직'으로 묶어 여전히 최저임금 수준의 임금만을 지급하고 있다. 조합원들은 정규직도 해고에서 자유로울 수 없다는 점도 잘 알고 있다. 조합원들은 앞으로도 뭉쳐서 싸워야만 한다고 생각한다. 그리고 정규직이 되더라도 자신만의 이익을 좇는 이기적 노동자가 되지 않겠다고 다짐했다. 더 많은 노동자, 더 어려운 노동자의 손을 잡고 도로공사와 사회를 바꾸겠다고 약속했다.

톨게이트 노동자들을 잊지 말자. 톨게이트 노동자들의 필사적인 노력이 헛되이 사라지게 하지 말자. 도로공사는 대법 승소자들이 교육소집에 늦게 응했다고 징계를 준비하고 있다. 고소 고발, 손해배상도 철회하지 않고 있다. 앞으로 대규모 징계로 노동자들을 위축시키려 할 것이다. 톨게이트 투쟁은 끝나지 않았다. 1,500명 전체의 완전하고 온전한 직접고용, 나아가 자회사 노동자들을 포함한 모든 노동자의 직접고용을 위해 마음을 모으자. 톨게이트 노동자들이 민주노조를 지킬 수 있도록, 도로공사 전체 노동자의 단결을 만들어 낼 수 있도록 더 많은 응원을 보내자.

"톨게이트 노동자 여러분, 당신들은 옳았습니다. 우리는 비정규직 없는 세상, 노동자가 주인 되는 세상을 만드는 투쟁의 과정에서 다시 만날 것입니다."

세상을 뒤흔든 톨게이트 노동자들의 7개월

우리가 옳다!

© 이용덕, 2020

발행일 초판 1쇄 2020년 4월 23일
        2쇄 2020년 4월 29일
글 이용덕
사진 제공 《충남노동자뉴스 길》 백승호 기자
편집 김유민
디자인 이진미
펴낸이 김경미
펴낸곳 숨쉬는책공장
등록번호 제2018-000085호
주소 서울시 은평구 갈현로25길 5-10 A동 201호 (03324)
전화 070-8833-3170 팩스 02-3144-3109
전자우편 sumbook2014@gmail.com
페이스북 / soombook2014 트위터 @soombook

값 16,000원 | ISBN 979-11-86452-60-8
잘못된 책은 구입한 서점에서 바꿔 드립니다.
이 도서의 국립중앙도서관 출판예정도서목록(CIP)은
서지정보유통지원시스템 홈페이지(http://seoji.nl.go.kr)와
국가자료종합목록 구축시스템(http://kolis-net.nl.go.kr)에서
이용하실 수 있습니다. (CIP제어번호 : CIP2020014786)